KB067153

________________ 님의 소중한 미래를 위해

이 책을 드립니다.

초등학교 입학 전 학부모가 가장 알고 싶은 최다질문 TOP90

초등교사 안쌤이 알려주는 행복한 학교생활의 모든 것

초등학교 입학 전 학부모가 가장 알고 싶은 최다질문 TOP90

안상현 지음

메이트북스

메이트북스 우리는 책이 독자를 위한 것임을 잊지 않는다.
우리는 독자의 꿈을 사랑하고,
그 꿈이 실현될 수 있는 도구를 세상에 내놓는다.

초등학교 입학 전 학부모가 가장 알고 싶은 최다질문 TOP 90

초판 1쇄 발행 2022년 2월 1일 | **지은이** 안상현
펴낸곳 (주)원앤원콘텐츠그룹 | **펴낸이** 강현규·정영훈
책임편집 안정연 | **편집** 오희라 | **디자인** 최정아
마케팅 김형진·서정윤·차승환 | **경영지원** 최향숙 | **홍보** 이선미·정채훈
등록번호 제301-2006-001호 | **등록일자** 2013년 5월 24일
주소 04607 서울시 중구 다산로 139 랜더스빌딩 5층 | **전화** (02)2234-7117
팩스 (02)2234-1086 | **홈페이지** matebooks.co.kr | **이메일** khg0109@hanmail.net
값 18,000원 | **ISBN** 979-11-6002-367-1 03370

잘못 만들어진 책은 구입하신 서점에서 교환해 드립니다.
이 책을 무단 복사·복제·전재하는 것은 저작권법에 저촉됩니다.

큰 희망이
큰 사람을 만든다.

• 토머스 풀러(영국의 종교인, 역사학자) •

지은이의 말

“아이들의 학교생활이 행복하면 좋겠습니다.”

이 말은 제 교직 생활에 항상 기준을 잡아 주는 가치관(교육관)입니다. 약 10년간 매년 새로운 학생·학부모들을 만나고, 교실에서 함께 생활하고 또 소통하면서 내린 결론입니다.

초등 저학년은 정말 중요한 시기입니다. 자녀들은 초등학교 입학을 기점으로 중학교·고등학교까지 12년이란 세월을 학교에서 보내게 됩니다. 특히, 초등 1·2학년은 학교에 첫 발걸음을 내딛는 순간이면서 학교에 대한 '첫인상'을 갖고 판단하는 단계입니다.

저학년 때부터 '얼른 등교하고 싶어.' '학교생활이 행복해.'라는 마음을 지니게 되는 아이들은 고학년이 되어서도 긍정적인 마음을 유지할 개연성이 높고, 반대의 경우에는 많은 부분에서 부정적인 마음이 생길 수 있습니다. 그렇다면 어떻게 해야 자녀들의 학교생활에 도움을 줄 수 있을까요?

"1학년 학부모는 아이와 같은 1학년입니다."

아이들은 유치원(어린이집)에서 초등학교라는 새로운 환경에 들어가면 모든 것이 낯설기도 하고 어색하기도 합니다. 부모님도 비슷한 상황일 수밖에 없습니다. 자녀의 초등학교 입학이 기쁘고 설레기도 하지만, 한편으로는 긴장되어 걱정이 앞서기도 합니다. '입학하기 전에 무엇을 준비해야 하지?' '아직 한글을 제대로 떼지 못했는데 괜찮으려나?' '숫자 공부 미리 시켜야 하나?' 등 학습 지도에 관한 걱정뿐 아니라 '아직 혼자서 못 하는 것들이 많은데 학교 가서 선생님에게 혼나지는 않을까?' '편식하는데 괜찮을까?' 등 궁금한 사항이 정말 많습니다.

그렇지만 담임 선생님에게 모든 것을 물어보자니 '선생님이 싫어하면 어쩌지…' 하는 마음에 어디 편히 물어볼 곳도 찾기 어려웠을 거라고 생각합니다. 그 고민을 어떻게 해결해야 할지, 누구에게 상담받아야 할지 모른 채 혼자 끙끙 앓는 분들이 많은 현실이 정말 안타까웠습니다.

"최대한 많은 궁금증을 해결해 드리고 걱정도 덜어 드리고 싶어요."

아이 처지에서 먼저 생각하고 학부모와 교사 마음으로 다가가려고 했습니다. 실제 1학년 담임 생활을 하면서 아이들과 학부모가 가장 많이 걱정하는 내용을 토대로 어떤 도움을 줄 수 있을지 고민 끝에 '입학 전 준비 사항, 생활 지도, 친구 관계, 학습 지도, 학교 행사와 지원 제도, 기타 궁금증' 6가지 주제를 선정하였습니다.

"여러분의 친근한 담임이 되어 함께 학교생활을 행복하게 만들어 가고 싶어요."

이것이 '초등교사안쌤'이라는 유튜브 채널을 운영하는 제 마음입니다. 해마다 학교 상황이 바뀌고 학급이 바뀌더라도 학생과 학부모가 흔들리지 않고 중심을 잡을 수 있도록 입학은 물론 저학년에 관한 기본 방향과 구체 방안을 제시했습니다. 제가 학생과 학부모의 친숙한 담임이 되어 초등 저학년 생활이 행복했으면 합니다. 자녀의 올바른 성장과 행복한 학교생활을 위해 항상 신경 쓰고 노력하는 학부모들에게 조금이나마 도움이 되면 좋겠습니다.

안상현

90
QUESTIONS ABOUT
SCHOOL

2장 학부모가 가장 많이 물어보는 아이의 생활 지도 15가지

3장 학부모가 가장 많이 질문하는 친구 관계 11가지

4장 학부모가 가장 알고 싶어 하는 학습 지도 17가지

5장 학부모가 꼭 알아야 할 학교 행사 및 지원 제도 16가지

6장 학부모가 가장 많이 질문하는 기타 궁금증 14가지

학부모들을 위한 안쌤의 동영상 강의 차례

초등학교 입학생 학부모들이 꼭 알아야 하거나 이해하기 어려운 내용에는
동영상 강의를 더했습니다.
독자들의 이해를 돕기 위한 저자의 동영상 강의도 놓치지 마세요!

질문 TOP 80

생활 통지표를
어떻게 해석하면 될까요? • 359

질문 TOP 81

스승의 날이나 종업식 날,
선생님에게 선물해도 될까요? • 364

질문 TOP 82

여름 방학에는
무엇을 해야 할까요? • 368

질문 TOP 82

새학기 시작 전 꼭 해야 하는
교과서 공부법 • 371

질문 TOP 82

여름방학 및
방학숙제 안내 • 371

질문 TOP 83

겨울 방학에는
무엇을 해야 할까요? • 372

질문 TOP 83

교과서 공부법 및
교과서 복습 • 374

아이의 입학을 앞둔 부모에게 초등학교는 유치원이나 어린이집과 다르게 느껴집니다. 궁금한 것도 많고 준비해야 할 것도 많다고 생각하니 자연스럽게 걱정이 많아집니다. 그러나 막연하게 준비하기도 모호하고, 여기저기 물어볼 곳도 마땅하지 않습니다. 입학을 앞둔 학생, 학부모가 가장 궁금해하는 사항을 정리하고, 아이가 학교생활을 제대로 하려면 입학 전 무엇을 신경 써야 하는지 알아보았습니다.

1

예비 학부모가 가장 궁금해하는 입학 전 준비 사항 17가지

질문 TOP 01

한글은 입학 전에 떼어야 하나요?

저자 직강 동영상 강의로 이해 쑥쑥

QR코드를 스캔해서 동영상 강의를 보고
이 칼럼을 읽으면 훨씬 이해가 잘됩니다!

초등학교에 입학하는 아이를 둔 부모들에게서 가장 많이 듣는 질문이 바로 '한글'과 관련된 것입니다. "우리 애가 아직 한글을 못 뗐어요." "한글을 읽을 수는 있는데 쓰지는 못해요." 같은 고민을 하는 예비 초등 학부모가 많으리라고 봅니다.

게다가 주변에서 들려오는 이야기를 하나씩 들어보면 벌써 읽고 말하기를 능숙하게 한다는 아이도 있고, 받아쓰기 연습을 하는 아이까지 있다고 하니 고민은 걱정으로 이어집니다. 자연스럽게 우리 아이에게도 한글 공부를 시켜야겠다는 생각이 들면서 마음이 급해집니다.

현재 초등학교에 적용되는 2015 개정 교육과정에서는 한글 책임 교육 정책에 따라 초등학교 1학년 1학기 교과서의 한글 부담을 줄였습니다. 한글 책임 교육은 전국 초등학교 1학년 학생이 누구나 2학년으로 올라가기 전에 한글을 해득하도록 학교가 책임지고 교육한다는 것입니다. 1학년 1학기와 2학년까지 한글 교육 시간을 확대*하면서 한글을 깨치지

한글 교육 시간 확대

1학년 1학기
한글 교육 27시간 → 51시간 확대,
선행 전제한 활동 지양

1학기

2학기

출처: 교육부 1학년 국어 교과서

않은 아이들의 부담을 줄여 주고, 미취학 아동 부모의 불안을 해소하기 위해서입니다.

1학년 담임을 하면서 '1학년 학부모들은 처음이기도 하지만 아이들이 입학하고 나서 무엇을 배우는지 모르기 때문에 더 초조해하고 불안해한다'는 사실을 알게 되었습니다. 먼저 초등학교 1학년 국어 교과서를 단원별로 살펴보겠습니다. 국어 교과서는 교육부에서 주관하기 때문에 모든 학교에서 같은 교재를 씁니다.

교과서 단원 구성을 보고 나니 조금 부담이 덜하지 않나요? 아이들은 입학하면 학교 적응 기간을 보냅니다. 처음 입학하는 아이들이 학교에 쉽게 적응하도록 교실에서 수업하는 시간을 3시간, 4시간, 5시간으로 점차 늘려 나갑니다. 그러고 나서 국어 공부를 시작하는데 첫 단계인 'ㄱ'부터 배웁니다. 2단원에서 'ㄱ~ㅎ' 자음을 배우고, 3단원에서 'ㅏ~ㅣ' 모음을 배웁니다. 4단원에 가야 자음과 모음이 합쳐진 글자가 나옵니다. 받침이 있는 글자와 문장을 쓰는 활동은 2학기에 배웁니다. 아이들이 특히 어려워하는 겹받침은 2학년까지 반복해서 배울 수 있도록 합니다.

학생들을 보면 한글을 익힌 정도가 정말 다양합니다. 이미 한글을 떼고 들어온 학생, 쓰기까지 가능한 학생, 읽을 수 있는 학생 그리고 전혀 읽지 못하는 학생이 있습니다. 이 중 중간 정도 수준인 교과서 읽기는 가능하고 쉬운 단어들과 일부 문장은 쓸 수 있는 학생이 70~80%로 가장 많습니다. 나머지는 각각 배움이 빠르거나 느린 학생으로 보면 됩니다.

저는 학생들 구성이 70~80% 수준이 적합하다고 봅니다. 그러면 크게 부담스럽지도, 어렵지도 않습니다. 대부분 가족과 생활하면서 필요한 말을 충분히 익혔고, 어린이집과 유치원을 거치면서 다양한 단어와 문장을 보며 자랐으므로 기본 단어와 문장은 익숙하게 사용할 수 있습니다. 부모님이 읽어주거나 직접 보면서 익힌 그림과 글자 등을 아는 어휘력 수준 차이는 있을 수밖에 없습니다.

많은 학부모가 염려하는 부분이 우리 아이가 한글을 완벽히 떼고 입학해야 한다는 것입니다. '다른 아이들은 다 하고 가는데.' '우리 아이가 나 때문에 괜히 자신감이 떨어지고, 학교생활에 적응을 못 하면 어쩌지?' 하지만 전혀 그렇지 않습니다. 글자를 쓰긴 쓰는데 순서를 제대로 모르는 아이, 삐뚤빼뚤 쓰는 아이, 자기 이름만 쓸 줄 아는 아이, 자음과 모음 순서를 모르는 아이 등 정말 다양합니다.

이런 내용을 바로 '초등학교'에서 배웁니다. 아이들이 어려워하고 모르는 것은 당연합니다. 오히려 모든 것을 알고 들어온 아이는 수업 시간에 집중하지 못할 수 있고, 한글을 아예 모른다면 자신감이 떨어질 수 있습니다.

이런 걱정을 없앤다며 입학하기 전부터 한글 학습지를 풀게 하거나 받아쓰기 연습을 시키고 심지어 일기까지 쓰게 하는 가정이 있습니다. 아이 성향에 따라 다르겠지만 이렇게 하다가 오히려 역효과를 불러올 수 있습니다. 글씨 쓰기를 싫어하게 되거나 맞춤법이 어렵다는 생각을 어릴 때부터 한다면 앞으로 국어 시간이 재미없을 수 있습니다.

오히려 학교에서는 1학년 1학기에는 알림장, 받아쓰기, (그림)일기 쓰기는 하지 않게 합니다. 아이들이 아직 한글을 배우는 과정이기 때문입니다. 아이들이 한글을 부담스러워하지 않도록 이런 수업 외 활동(받아쓰기, 일기 등)은 2학기에 하는데, 가정에서도 학교와 발맞춰 나간다면 아이들도 즐거워하며 하나하나 차분히 한글을 익히게 될 것입니다.

안쌤의 꿀팁

한글을 완벽하게 떼고 들어오는 학생은 거의 없습니다. 1학년에서 자음, 모음을 배우고 2학년까지 받침 공부를 합니다. 입학 전부터 과도한 국어 공부, 한글 암기 등의 활동을 하면 오히려 아이들이 한글 공부를 싫어하거나 부담스럽게 하는 역효과를 불러올 수 있습니다. 어린이집, 유치원 그리고 가정에서 평상시 하던 대로 다양한 어휘에 노출하게 하면 좋겠습니다. 책을 읽어 주면서든 길을 가면서 간판 등을 보면서든 실생활과 연관 지어 아이들의 흥미를 불러일으켜 주세요.

질문 TOP 02

숫자나 곱셈구구(구구단)는 다 알고 가야 하나요?

저자 직강 동영상 강의로 이해 쑥쑥

QR코드를 스캔해서 동영상 강의를 보고
이 칼럼을 읽으면 훨씬 이해가 잘됩니다!

'한글'과 마찬가지로 '수학'도 걱정이 많이 되는 과목입니다. 기본적인 수를 알고 가야 하는지, 1~9까지는 아는데 100, 1,000, 10,000 등 어느 단위까지 알려 줘야 할지 고민하는 가정도 있고, 심지어 곱셈구구(구구단)까지 미리 연습하는 가정도 보았습니다.

아이들은 보통 일상생활에서 그리고 유치원에서 자연스럽게 수를 배우고 익히는데, 입학을 앞두면 주변에서 다양한 소리가 들립니다. "숫자 모르고 가면 큰일 나." "옆집 아이는 벌써 9단까지 끝냈대." 우리 아이만 모르고 가는 건 아닌지 불안합니다.

아이들은 기본 수를 이미 충분히 압니다. 누리 과정* 에서도 수의 기초 개념을 지도하기 때문입니다. 이때 아이들은 생활 속에서 사용되는 수의 여러 가지 의미를 알고, 스무 개 정도의 구체물을 세어 보며 수량을 알아보는 활동을 경험했습니다.

> **누리 과정**
> 유치원이나 어린이집에 다니는 만 3~5세 어린이의 공평한 교육과 보육 기회를 보장하려 2012년부터 공통으로 시행하도록 한 표준 교육 내용

구체적으로는 1부터 9까지 한 자릿수에 대한 이해에

1학기

2학기

출처: 교육부 1학년 수학 교과서

기초하여 10 이상 큰 수인 스무 개 정도 물체를 수로 알아보는 학습도 했습니다. 가정에서도 진도를 더 나갈 필요 없이 누리 과정에서 배운 내용을 잘 알고 있는지 자연스럽게 확인하면 됩니다.

그럼 초등학교에서는 무엇을 배우는지 1학년 수학 교과서를 단원별로 살펴보겠습니다. 수학 교과서도 교육부에서 주관하기 때문에 모든 학교에서 같은 교재를 씁니다.

1단원 '9까지의 수'를 예로 들어보겠습니다. 1~5까지의 수를 먼저 배우고, 그다음 시간에는 쓰는 연습을 합니다. 이어서 6~9까지의 수를 세어 보고, 그다음 시간에 쓰는 연습을 합니다. 아이들이 어려워하지 않도록 한 단계씩 나아갑니다.

이렇듯 갓 입학한 1학년 학생들이 부담스럽지 않게 되어 있습니다. 심지어 세 자릿수나 곱셈은 2학년 1학기에 배웁니다. 곱셈구구(구구단)는 2학기에 연습하고요. 그러니 입학 전부터 '우리 애는 99까지밖에 모르는데.' '곱셈구구 못 뗐는데 어떡하지?' 하며 걱정할 필요가 전혀 없습니다. 2학년 때 배울 내용이니 입학하고 나서 천천히 접하면 됩니다.

수학도 익힌 정도가 아이마다 다르긴 하지만 차이가 크게 나지는 않습니다. 1~9까지 알고 오는 아이, 99까지는 아는 아이 또는 선행 학습으로 곱셈구구까지 외우는 아이 등이 있습니다. 하지만 숫자는 실생활에서 자연스럽게 접하므로 숫자를 아예 모르는 아이는 거의 없습니다. 그렇기에 1학년 내용에서는 대부분 수학 시간에 큰 소리로 발표하고, 자신 있게 참여하고, 문제를 풀 수 있습니다.

물론 세 자릿수나 곱셈까지 배운 아이들은 자신들이 알고 있다는 것을 자랑스러워하고 실력을 뽐내고 싶어하긴 합니다. 각각 장단점이 있지만 누리과정에서 배운 내용을 정확히 이해하고, 평상시 대화와 놀이 등에서 익히는 것이 적당합니다. 전자는 기본 수를 아는 것이고, 후자는 집집마다 조금씩 다르겠지만 배우라고 강요하지 말라는 뜻입니다.

많은 학부모가 기대하는 것이 '우리 아이가 수학을 잘했으면' 하는 바람입니다. 이를 위해서는 1·2학년 때 어떻게 보내는지가 매우 중요합니다. 학습적인 부분만 얘기하는 게 아닙니다. 물론 학습적인 부분도 중요하지만 저학년 때는 심리적인 부분도 큽니다.

기본적인 내용이니 꼭 익혀야 하지만 저학년 때는 아이들이 수학에서 큰 차이를 보이지 않습니다. 3·4학년으로 올라갈수록 점점 어려워지고, 5·6학년이 되면 격차가 나타납니다.

수학 교과에서 초등학교의 목표는 3가지입니다. 수학의 기초 개념·원리·

법칙을 이해하는 것, 생활 주변 현상을 수학적으로 이해하고 문제를 해결하는 것, 수학 학습의 즐거움을 느끼는 것입니다. 1·2학년 때는 무엇보다 수학에서 '즐거움'을 느껴야 합니다.

그런데 걱정을 없애겠다고 입학 전부터 어려운 수를 익히게 하고, 곱셈구구를 외우게 하는 가정이 있습니다. 아이 성향에 따라 다르겠지만 이렇게 하다가 오히려 아이에게 역효과를 불러올 수 있습니다. 수학은 개념 이해와 원리가 매우 중요한 과목인데, 이런 것은 신경 쓰지 않고 단순 암기로 진도만 나가는 것은 앞으로 수학 학습에 걸림돌이 될 수 있습니다.

안쌤의 꿀팁

입학 전부터 아이들에게 선행 학습을 시켜서 부담을 줄 필요는 전혀 없습니다. 누리 과정에서 익힌 기본 수만 알고 입학해도 충분합니다. 수학은 앞으로 12년간 아이들이 배우게 됩니다. 즉, 수학이라는 과목을 부담스러워하지 않도록, 나아가 흥미를 느끼도록 해 주어야 합니다. 수학을 싫어하다가 결국 포기하기 때문입니다. 그러니 입학 전과 저학년 때는 단순 암기, 학습지, 문제 풀이로 접근하지 말고 실생활에서 친숙하게 다가가도록 해 주세요.

질문 TOP 03 혼자서 의사 표현을 잘하지 못하는데 어떤 말을 미리 연습해야 할까요?

자기 생각을 제대로 표현하지 못하거나 자기주장을 어려워하는 아이들이 생각보다 많습니다. 가정에서는 자연스럽게 의사 표현을 잘하는 아이들도 학교에서는 다른 모습을 보이는 경우도 종종 있습니다. 부끄럼이 많아서 그럴 수도 있고, 새로운 선생님과 친구 등 환경이 낯설어서 그럴 수도 있습니다.

아이에게 정말 필요한 순간이나 급한 순간에도 선생님이나 주위 친구들에게 아무런 말을 하지 않아서 곤란한 상황에 빠지는 일이 생깁니다. '말할까 말까? 말씀드려도 될까?' 고민하는 순간에도 시간은 흐르고 상황은 더 나빠질 수 있습니다. 결코 잘못한 일도, 혼날 일도 아니라는 것을 알려 주세요.

1학년 교실에서 자주 발생하는 일을 대표적인 몇 가지 사례를 들어 보여 드리겠습니다. 혼자서 의사 표현을 하기 어려워하는 아이도 최소한 이런 말은 하도록 연습하면 좋겠습니다.

1. "화장실 가고 싶어요." "화장실 가도 될까요?"

수학 시간인데 화장실에 가고 싶어요. 집에서는 언제든 화장실에 갔는데 수업 시간에는 어떻게 해야 할지 모르겠어요. 선생님이 계속 말씀하시는데 어떻게 해야 할까요?

아이들이 학교에 들어가면 담임 선생님이 각 가정에 안내하여 개인 사물함에 여벌 옷과 속옷을 넣어 두게 합니다. 1학년 아이들이 가끔 실수하는데 이를 대비하기 위해서입니다. 이런 일은 특히 수업 시간에 자주 일어납니다. 대부분 화장실에 가고 싶다는 말을 꺼내지 못하기 때문입니다.

아이들은 '쉬는 시간에는 자연스럽게 돌아다니며 화장실도 갔다 올 수 있지만, 수업 시간에는 앉아 있어야 한다'고 배웁니다. 수업 중이라도 급한 상황이 있을 수 있고, 저학년 담임 선생님들도 당연히 그럴 수 있다고 이해하고 자연스럽게 받아들입니다.

아이들에게도 혼날 이유가 전혀 없으니 위와 같은 상황이 오면 손을 들고 선생님에게 얘기하라고 알려 주세요. 물론 학년이 올라갈수록 아이들에게는 쉬는 시간에 화장실을 미리 다녀오라고 교육하는 것도 중요합니다.

2. "저 이 음식 못 먹어요." "알레르기가 있어요."

점심시간에 다 같이 밥을 먹는데, 제가 못 먹는 반찬이 나왔어요. 달걀 알레르기가 있어서 달걀을 먹으면 안 되는데 선생님이 반찬을 골고루 먹으라고 하니 어쩌지요?

1학년 담임 선생님의 교육관(가치관)에 따라 급식 지도는 다를 수밖에 없습니다. 모든 반찬을 다 먹도록 지도하는 학급이 있는 반면, 아이들이 자유롭게 먹고 싶은 반찬만 먹도록 지도하는 학급도 있습니다. 관련 내용은 이후 급식 편에서 자세히 다루겠습니다. 그러나 알레르기가 있는 음식을 강제로 먹이는 선생님은 없습니다.

이런 상황에서 아이가 아무 말 없이 가만히 있다면 알레르기가 있어서 그런지, 먹기 싫어서 편식하는지 알 수 없습니다. 물론 기초 환경 조사서나 건강확인서 등으로 학부모가 교사에게 참고 사항을 전달하겠지만 혹시 교사가 놓칠 수도 있습니다. 아이 건강과도 직결되는 문제이니 꼭 선생님에게 말하라고 알려 주세요.

3. "그러지 않았으면 좋겠어." "그만해."

짝이 수업 시간에 자꾸 장난쳐요. 저는 수업에 집중하고 선생님 말에 귀 기울이고 싶은데 그러지 못해요. 친구들과 쉬는 시간에 재미있게 노는데 한 친구가 계속 방해해요. 웃으며 장난이라고 말하는데 그만하면 좋겠어요.

이 말은 정말 중요합니다. 당당하게 자기 기분을 상대에게 알려야 합니다. "상대가 웃으며 장난치는데 제가 정색하면서 싫다고 하면 좀 미안하기도 해서…." 무슨 마음인지 이해합니다. 그러나 장난치는 아이들은 그 반응을 보려고 더 장난칠 수도 있습니다. 상대 마음을 이해하기보다 장난치는 것이 더 재미있고 신나기 때문입니다. 단호하게 "나한테 그러지 마." "기분 나쁘니까 그만해."라는 말은 저학년에서 고학년까지 꼭 말해야 합니다.

4. "다쳤어요." "아파요."

체육 시간에 넘어져 다쳤어요. 수업 시간에 갑자기 코피가 나요. 미술 시간에 색종이에 베었어요. 수업 시간에 아이들이 다치거나 아프게 되는 일이 많아요. 그런데 수업 시간에 다른 말을 하면 혼날까 봐 말을 못 하겠어요.

아무리 수업 시간이라도 아이 건강이 먼저입니다. 선생님이 수업 시간에 조용히 하라는 건 아이들이 수업에 집중하게 하려는 것이지 필요한 말을 아예 하지 말라는 건 아닙니다. 아이들에게도 이 부분을 알려 주어야 합니다. 자기가 또는 친구가 아프거나 다치면 바로 말해야 합니다.

이런 상황에서는 수업 시간에 말을 해도 절대 혼내지 않습니다. 아픈 친구를 걱정하고 치료받게 하려는 것이니 걱정하지 말고 말하라고 하세요.

안쌤의 꿀팁

저학년 아이들에게는 부모님 말씀은 반드시 지켜야 하고, 교실에서 만나는 담임 선생님 또한 무서운 존재입니다. "학교 가면 조용히 해야 해." "수업 시간에 엉뚱한 소리 하지 말고 선생님 말씀 잘 들어." 이런 말을 학교 가는 아이에게 합니다. 일정 부분 맞는 말이지만, 위와 같은 상황에서는 아이들에게 필요한 말이나 행동을 하라고 지도해야 합니다. 물론 아이가 처음에는 헷갈릴 수 있고, 상황을 판단하기가 쉽지 않을 수 있지만 학년이 올라갈수록 점차 경험이 쌓여 자연스럽게 판단할 수 있습니다.

질문 TOP 04 집에서 혼자 힘들어하는 것 가운데 어떤 행동을 미리 연습해야 할까요?

필요한 상황에서 혼자 의사 표현을 할 수 있어야 하는 것과 마찬가지로 미리 연습하면 좋은 행동도 있습니다. 가정에 있는 동안은 아이가 어떤 행동을 할 때마다 부모 도움을 받을 수 있습니다. 물론 학교에서도 아이가 힘들어하거나 어려워하면 선생님의 도움을 받을 수 있습니다. 그러나 순간마다 그럴 수는 없습니다.

학급당 학생 수가 많을 수도 있고, 선생님이 없는 공간에서 아이 스스로 해결해야 할 수도 있습니다. 그러니 입학하기 전에 가정에서 천천히 아이 혼자 하는 연습을 하도록 하면 입학한 뒤에도 충분히 혼자 해냅니다.

1. 화장실 사용하기 연습

화장실은 선생님이 함께할 수 없는 공간입니다. 아이가 언제(수업 시간, 쉬는 시간) 화장실에 갈지 모르기도 하고, 아이들이 갈 때마다 선생님이 따라가서 도와줄 수도 없습니다. 입학하면 적응 기간에는 화장실 사용 방법을 알려 주긴 하지만, 말로 듣는 것과 실제 해 보는 건 다릅니다. 더구나 공중 화장실은 집에 있는 화장실과 다릅니다.

특히 남자아이들은 남자 소변기를 집에서 사용하지 않기 때문에 어려움을 겪기도 합니다. 남자 소변기를 처음 보는 아이도 있고, 바지와 속옷을 발목까지 내리는 아이도 있습니다. 볼일 보고 휴지 처리와 물 내리는 방법, 볼일 보기 전과 후 청결 관리 등을 미리 연습하면 학교에서도 혼자 잘 해결할 수 있습니다.

2. 혼자서 옷 갈아입기

1학년 아이들은 대부분 여벌 옷과 속옷을 사물함에 넣어 둡니다. 언제 필요할지 모르기 때문입니다. 실제로 1학년 교실에서는 1년 동안 옷을 갈아입는 상황이 여러 번 있습니다.

이때 혼자 옷을 갈아입지 못하는 아이들이 있습니다. 특히 겉옷은 몇 번 혼자 입어 보았지만, 속옷 처리까지는 해 본 적이 거의 없습니다. 집에서는 뒤처리를 부모가 했으니까요.

학교에서도 선생님이 도와줄 수 있지만, 성이 다르면(여자아이-남자 선생님, 남자아이-여자 선생님) 선생님도 난감할 수밖에 없습니다. 이런 상황에서 아이에게 말로 설명해서 아이 혼자 옷을 갈아입게 하거나 학부모에게 전화하기도 합니다.

그러나 학부모가 바로 와서 도와줄 수 없을 때도 많습니다. 결국 학부모가 선생님이 도와주도록 동의하거나 아이 스스로 갈아입을 수 있도록 미리 연습하게 하는 것이 좋습니다.

3. 신발과 실내화 갈아신기

아이들은 학교에서 교실에 들어올 때와 집에 갈 때 신발을 갈아신는데, 아직 어리다 보니 혼자 신발을 신지 못하는 아이가 가끔 있습니다. 끈 묶기는 예외로 하더라도(이건 고학년도 어려워함) 벨크로(찍찍이) 사용법을 몰라서 억지로 발을 신발에 구겨 넣기도 합니다. 이때 차분히 벨크로를 떼고 발을 신발에 넣은 다음 잠그는 방법을 알려 주면 아이 혼자서도 충분히 할 수 있습니다.

또한 일어선 채 실내화와 신발을 갈아신는 연습도 하면 좋습니다. 어떤 아이들은 복도 바닥이나 운동장 바닥에 그대로 앉아서 갈아신는데, 집에서는 대개 신발장과 거실이 연결되어 있으니 그렇게 해도 상관없습니다. 하지만 학교에서는 청결 문제도 있고 무엇보다 위험할 수 있으니 서서 갈아신는 연습도 필요합니다.

4. 급식 관련 사항

급식 방법부터 식사 후 처리 방법까지 담임 선생님이 한 단계씩 구체적으로 지도합니다. 아이들도 첫째 날과 둘째 날까지는 어색해하지만 금방 적응해서 식사하고 정리까지 합니다. 그런데 급식실 음식이 아니라 간식을 먹는 과정에서 어려움이 생깁니다.

우유, 요구르트, 요거트 같은 유제품은 캔이나 종이팩이나 플라스틱 용기에 들어 있는데, 아이는 힘이 없어서가 아니라 여는 방법이나 요령을 몰라서 혼자 열지 못합니다. 생수는 혼자서 뚜껑을 열기가 어렵습니다. 미리 연습하면 이런 일을 혼자서 해낼 수 있고 친구들의 감탄을 받을 수도 있습니다. 물은 생수 물병보다 물통에 담아서 보내주는 게 좋습니다.

5. 기타 사항(우산, 겨울옷 등)

비 오는 날은 우산을 쓰고 등교를 합니다. 집에서 나올 때는 부모님이 우산을 펼쳐 주지만 학교에서는 아이 혼자 우산을 접어야 합니다. 그런데 접기 쉬운 우산이 있는 반면, 접기 어려운 우산도 있습니다. 저학년이 사용하기 좋은 우산이라면 문제없지만 그렇지 않을 때는 혼자서 우산 접는 연습도 해야 합니다.

겨울에는 아이들이 두꺼운 외투를 입습니다. 교실에 외투 걸이가 따로 있으면 좋겠지만 그렇지 않으면 이 외투가 교실 바닥에서 굴러다닙니다. 교실에서는 의자에 걸거나 접어서 사물함에 올려 두는 등 다양한 방법을 알려 줍니다.

안쌤의 꿀팁

입학하고 나서 일정 시간이 지나면 아이 혼자서도 충분히 할 수 있는 행동입니다. 입학하기 전에 연습한다면 학교생활 시작부터 불편함 없이 지낼 수 있겠지만, 그렇다고 아이들에게 스트레스를 주며 연습시킬 필요는 없습니다. 교실에서 선생님이 하나하나 친절하게 알려 주고 반복하여 지도하기 때문입니다. 또 혼자서 하기 힘들 때 선생님에게 요청하면 쉽게 해결해 줍니다. 아이마다 성장 과정과 받아들이는 속도가 다르므로 이 모든 걸 꼭 입학 전에 할 수 있어야 한다는 부담감은 내려놓아도 됩니다.

질문 TOP 05 초등학교는 유치원과 무엇이 다른가요?

유치원에서 초등학교로 넘어오면 달라지는 것들이 생각보다 많습니다. 먼저 유치원은 의무 교육이 아니며 유아교육법을 적용받습니다. 그러나 초등학교는 의무 교육이 처음 시작되는 단계로 초·중등교육법을 적용받습니다. 모든 국민은 자녀에게 교육을 받게 할 의무가 있는데 초등학교부터 시작되는 것이죠.

그러나 여기서는 법률 등과 같은 제도 측면보다는 실제 학교 교실에서 달라지는 부분을 생생하게 전달하겠습니다. 먼저 일반적 차이점을 소개하는데, 이는 (사립, 공립) 유치원이나 초등학교마다 조금씩 다를 수 있습니다.

1. 바닥 대 책상 수업

초등 저학년, 특히 1학년 아이들이 가장 어려워하고 적응하기 힘들어하는 것이 바로 책상 앞에 오래 앉아 있는 것입니다. 단순히 앉아 있기만 하는데 그치지 않고 선생님이 앞에서 수업을 진행합니다. 물론 유치원에서도 책상에 앉아서 수업하는 시간도 있고, 바닥에서 활동하는 시간도 있습니다.

그러나 후자가 더 많을 뿐 아니라 전자라 하더라도 유치원생은 하루 종일 책상 앞에 앉아 있지 않습니다. 게다가 초등학교는 4교시면 4시간, 5교시면 5시간 모두 책상 앞에 앉아서 수업을 진행합니다. 40분 동안 가만히 앉아 있기를 힘들어하는 아이들은 자연스럽게 수업에 집중하지 못하며 계속 몸을 움직이고 싶어합니다.

2. 자유 놀이 대 수업 시간

유치원 과정에는 자유 놀이가 있습니다. 자유 놀이는 유아가 유치원 실내외에서 경험할 수 있는 다양한 홍미 영역 활동 가운데 자기 홍미와 요구에 따라 활동을 선택하고 수행하는 것입니다. 유아의 생활에서는 놀이 활동이 중요하므로 이를 가장 잘 반영하는 시간이었습니다.

그러나 초등학교에는 그런 시간은 없습니다. 점심시간에 밥을 다 먹고 나서 여유 시간이 있다면 아이들이 자유롭게 놀 시간이 있습니다. 그리고 학교별로 수업 시간을 조절하여 중간 놀이 시간(보통 쉬는 시간이 10분이면 중간 놀이 시간은 20분 이상 확보)을 운영하는 곳도 있습니다.

그러나 이는 쉬는 시간의 개념일 뿐, 수업 시간에는 담임 선생님이 주도해서 활동하는 경우가 많습니다. 유치원 생활에 익숙한 아이들이 초등학교에서 놀 시간이 없어졌다고 생각하는 요인 중 하나입니다.

3. 간식 시간 있음 대 없음

아이가 어린이집이나 유치원에서 오전 간식/점심/오후 간식에 익숙해졌다면 초등학교에서는 배가 많이 고플 수 있습니다. 유치원에서는 간식도 시리얼, 과일, 견과류, 떡 등 아이들이 좋아할 만한 것이었다면, 초등학교에서는 급식의 균형 잡힌 영양, 단백질을 보충하는 우유 하나가 끝입니다.

유치원에서는 개별적으로 아이 가방에 간식통을 넣어 보내는 것이 허락되었을 수 있지만, 초등학교에서는 일과 중 음식을 먹을 수 없습니다. 그래서 보통 학교 수업이 끝난 이후 집에 바로 가지 않고 방과 후 프로그램을 하거나 학원에 가는 아이들은 간식을 먹고 나서 이후 활동에 참여합니다.

이상의 3가지는 대부분 유치원과 초등학교에 해당하지만 다음은 '그밖에 이런 차이도 있을 수도 있다' 정도로 참고만 하면 됩니다.

4. 원복(활동복) 대 사복

유치원은 원복이 있습니다. 유치원에 따라 원복을 없애거나 원복 대신 주 몇 번 활동복을 입게 하는 곳도 있지만, 원복을 입는 유치원도 많습니다. 아이들은 소속감을 느끼며 아침마다 고민 없이 원복이나 활동복을 입었습니다. 그러나 (사립) 초등학교에서는 교복을 입기도 하지만 (공립) 초등학교에서는 사복을 입습니다. 그러다 보니 어색해하는 아이들도 있습니다.

5. 통원 버스, 학부모 대 등하교

유치원은 통원을 시켜주는 버스가 있는 곳이 많습니다. 아침마다 학부모와 통원 버스 타는 곳까지 같이 가서 버스가 출발할 때 인사하거나 학부모가 직접 유치원으로 아이를 데려다주었습니다. 아이가 하원할 때도 보호자가 와야 했습니다. 초등학교는 어떨까요? 공립은 대부분 혼자 걸어서 등하교를 하고 거리가 먼 사립에만 등하교 버스가 있습니다. 아이들은 초등학교에 익숙해질수록, 학년이 올라갈수록 혼자 등하교를 해야 합니다.

6. 교실 이름이 달라집니다.

유치원에서는 꽃잎반, 새싹반처럼 아기자기하고 친숙한 이름을 사용했다면, 초등학교부터는 1반, 2반처럼 숫자로 이름을 붙입니다. 이때부터 중학교, 고등학교까지 계속 숫자 반을 사용하게 됩니다.

7. 낮잠 시간이 없습니다.

어린이집에 비해 유치원에서도 낮잠이 없어지고 있지만, 유치원에 따라 남아 있는 곳도 있습니다. 어린이집, 유치원에서는 아이들의 성장과 체력 등을 배려하여 낮잠 시간을 운영하지만 초등학교부터는 잠과는 거리가 완전히 멀어집니다.

안쌤의 꿀팁

아이가 초등학교에 입학하면 학교생활을 힘들어하거나 학부모에게 투정 부리는 상황이 많아질 수밖에 없습니다. 이럴 때 "초등학교는 원래 그런 거야!" "엄마가 뭐랬어."라고 단호하게 말하기보다 달라진 환경에 적극 공감하고 토닥여 주세요. 그리고 아이가 하나씩 적응할 수 있도록 옆에서 응원과 지원을 해 주면 됩니다.

아이 처지에서 볼 때 초등학교는 유치원 때와 너무 많은 것이 달라졌음을 살펴보세요. 일과만 보더라도 아침에 일어나서 옷(원복 → 사복)을 입고 등교(통원 버스, 학부모 → 혼자)를 합니다. 배가 고파도 꾹 참아야 하고(간식 → 우유), 낮잠 시간과 간식 시간도 없으며 수업 시간에 마음껏 놀지도 못합니다(자유 놀이 → 수업 시간).

질문 TOP 06 급식은 어떻게 먹나요? 아이가 편식하는데 괜찮을까요?

학교 급식의 형태는 크게 교실에서 먹는 급식과 급식실(식당)에서 먹는 급식, 이렇게 2가지입니다. 점점 급식실을 이용하는 학교가 많아지지만 학교 사정(건물, 장소 등)으로 교실을 이용하는 학교도 있습니다. 각각의 형태를 설명하고 장단점을 안내한 후 편식 등의 고민에 대해 다루겠습니다.

먼저 급식실 이용입니다. 최근 생긴 학교는 당연히 급식실이 있을 테고, 오래된 학교라도 리모델링으로 급식실을 확보하는 추세입니다. 급식을 먹는 시간은 급식실 규모에 따라 달라질 수 있습니다.

예를 들어 전교생(1~6학년)이 모두 동시에 앉을 수 있는 자리가 마련되어 있다면 학교 점심시간은 동일합니다. 학교에서 교육과정을 편성할 때 조절하게 되는데, 보통 4교시 이후 먹지만 3교시 또는 5교시 이후일 수도 있습니다.

그러나 1~2개 학년밖에 들어가지 못하는 규모라면 학년마다 급식실 이용 시간이 달라집니다. 예를 들어 전교생의 절반밖에 수용하지 못한다면 3개 학년은 4교시 이후, 다른 3개 학년은 5교시 이후 점심을 먹게 됩니다.

규모가 더 작다면 학년별 학생 수에 따라 2개 학년씩 3교시, 4교시, 5교시 이후로 나뉘게 됩니다.

예비 소집일에 아이와 함께 학교를 구경하면서 교실뿐 아니라 급식실도 한 번 둘러보면 대략 짐작할 수 있습니다.

코로나19과 같이 사회적 거리두기가 필요한 상황에서는 좌석이 충분하더라도 다음 예시의 2안, 3안처럼 학년별로 급식 시간을 다르게 조절하여 충분한 공간을 확보하고 있습니다.

급식실 이용하는 점심시간 시간표 예시

예시	1안(좌석 600개)	2안(좌석 300개)	3안(좌석 200개)
3교시 이후			2개 학년
4교시 이후	6개 학년	3개 학년	2개 학년
5교시 이후		3개 학년	2개 학년

※ 1개 학년이 100명, 전교생이 600명이라고 가정

교실에서 급식하는 학교도 있습니다. 급식실이 없거나 1개 학년밖에 수용하지 못하는 학교가 그렇습니다. 1시간에 1개 학년이면, 모두 이용하려면 6시간이 필요하기 때문에 3개 학년은 돌아가면서 급식실을 이용하고, 다른 3개 학년은 교실에서 급식을 하게 됩니다.

조리실에서 급식차를 이용하여 각 반으로 보내주고 자기 책상에서 점심을 먹습니다.

그럼 각각의 장점과 단점은 무엇일까요? 직접 경험한 사람은 더 자세히 알 겁니다.

	급식실	교실
장점	• 교실 활동과 급식 활동 공간 구분 • 위생적으로 관리가 잘됨	• 시간 제약을 크게 받지 않음 • 점심시간이 많이 확보됨(아이들)
단점	• 시간 제약을 받음(정해진 시간) • 많은 학생이 모이므로 대기 시간, 북적임 등 발생	• 위생적인 문제(흘리거나 쏟음) • 오후 시간 내내 음식 냄새가 남

급식을 이용하는 방법과 형태를 살펴보았습니다. 이와는 별개로 급식 관련 궁금한 사항들을 정리해 보겠습니다. '우리 애는 편식이 심한 편인데 괜찮을까요?' '매운 음식을 못 먹는데 어쩌죠?' '반찬 투정을 하지는 않을까 걱정입니다.'

아이 식습관과 관련된 고민이나 걱정입니다. 이는 제가 '이렇습니다'라고 답을 드릴 수 없습니다. 담임 선생님의 교육관(가치관)에 따라 다를 수밖에 없기 때문입니다. 급식 지도는 담임 선생님 재량입니다. 학부모 걱정을 조금이나마 덜 수 있도록 선생님들의 지도 유형과 함께 참고할 만한 내용을 적어 보겠습니다.

예시	급식 지도 방법
1반 선생님	잔반을 남기지 않고 모든 반찬을 먹을 수 있도록 지도
2반 선생님	종류별로 1개 이상은 먹도록 지도
3반 선생님	아이가 먹고 싶은 반찬만 먹도록 지도

급식 지도 방법은 이처럼 크게 3가지로 나뉩니다. 부모(아이) 성향에 따라 선호하는 방식이 다를 수는 있습니다. 담임 선생님 교육관과 일치하면 좋겠으나 그렇지 않은 경우도 있습니다. 그러나 이 한 가지를 떠올리면 좋

겠습니다. 위의 세 선생님 모두 '아이'를 위해 더 나은 방법이 무엇일지 고민하고 내린 결론입니다.

어린 시절부터 편식하지 않도록 지도하는 것이 중요하다고 생각하는 선생님도 있을 수 있고, 아이 선택을 존중하는 선생님도 있을 수 있습니다. 그렇지만 아이에게 고통을 주려는 선생님은 없습니다. 즉, 아이가 '못 먹는 음식'을 억지로 먹게 하는 선생님은 없습니다.

아이에게도 이런 부분을 설명하고, 정말 못 먹는 음식은 담임 선생님에게 말할 수 있도록 지도하면 급식 관련 걱정을 조금 덜 수 있습니다.

아마 가정에서도 어린 시절부터 식습관과 관련해 아이에게 지도할 거라고 예상됩니다. 편식하지 말고 모든 반찬을 골고루 먹도록 지도하는 가정, 최소한 1~2개는 먹어 보고 결정하도록 하는 가정, '크면 먹겠지' 하는 생각으로 내버려 두는 가정 등 다양할 겁니다. 그러나 아이들은 자라면서 고집을 부리고 하기 싫은 것은 절대 하지 않으려고 합니다. 반찬 편식도 마찬가지입니다. 이 경우 집에서 서로 말씨름하지 말고 학기 초에 담임 선생님에게 지도를 부탁합니다. "꼭 다 먹을 수 있도록 해 주세요" "최소한 골고루 한두 개는 먹게 해 주세요" 등 가정에서 지도하고자 하는 방향을 선생님에게 미리 알려 주세요.

질문 TOP 07 젓가락질을 하지 못하는데 놀림을 받지 않을까요?

아이들은 이런 일로 놀리지 않습니다. 혹시 그래도 걱정할 부모님을 위해 아이들이 어떻게 점심을 먹는지 급식 시간 모습을 소개하겠습니다. 그리고 아이들이 주로 사용하는 도구가 무엇인지, 젓가락질 연습하는 방법과 유의 사항을 얘기하겠습니다.

1학기 3월 초 1학년은 어떻게 급식하는지 지켜보았습니다. 젓가락을 사용하는 아이 비율은 25~30%가 채 되지 않았습니다. 2학기가 되었을 때 변화가 있을 거라고 기대했지만 2~4명만 차이가 있고, 여전히 젓가락보다는 숟가락이 기본 도구였습니다. 일부는 젓가락으로 포크처럼 찍어 먹는 등 젓가락질을 제대로 하는 아이는 더 적었습니다. 반이 넘는 아이가 숟가락만으로 밥과 반찬을 먹었습니다. 포크형 숟가락이나 포크를 사용하는 아이도 몇 있었습니다. 여기서 무엇을 알 수 있을까요?

1. 숟가락을 사용해도 혼날 일은 없다는 사실입니다. 숟가락으로 모든 음식을 먹을 수는 있겠지만, 국수나 스파게티 등 면 종류가 나오면 젓가락으

로 편리하게 먹을 수 있습니다. 즉, 젓가락 사용은 아이들이 편리하게 먹는 방법일 뿐 반드시 지켜야 하는 사항은 아닙니다. 물론 어릴 때부터 젓가락에 익숙해지면 좋은 부분이 더 많습니다.

2. 절반 이상이 숟가락을 사용하니 놀림받을 일이 없다는 사실입니다. 아이들은 자기와 다르면 이상하게 생각하거나 놀릴 수 있습니다. 그런데 같은 반 절반 이상이 숟가락을 사용하고, 자기 자신도 최근까지 숟가락을 사용했을 가능성이 높습니다. 그렇기에 숟가락만 쓰는 것은 다들 자연스럽게 받아들입니다.

3. 아이들은 편리한 것을 좋아한다는 사실입니다. 즉, 집에서 젓가락으로 밥을 먹도록 지도해도 학교에서는 숟가락을 쓰는 아이들이 많습니다. 부모님 앞에서는 젓가락을 힘겹게 사용하지만 아직 익숙하거나 편하지는 않겠지요. 다만, 면 종류가 나오면 젓가락을 사용하는 학생들이 은근히 많았습니다.

이를 반대로 생각하면 아이들이 젓가락을 사용하는 시기가 언제쯤인지 대략 파악할 수 있습니다. 수업 시간에 선생님에게서 젓가락 사용법을 배웠을 경우, 같은 반 친구 대부분이 젓가락을 사용하는 경우, 젓가락이 더 편해지는 경우 등입니다.

젓가락질에 금방 익숙해지기 힘들다는 것을 선생님들도 압니다. 그래서 1학년 급식 시간에는 다양한 도구를 사용할 수 있도록 하며, 수업 시간에 젓가락을 사용하는 각종 연습을 합니다.

가장 일반적인 것이 젓가락으로 물건 옮기기 대회입니다. 이렇게 교실에서 담임 선생님과 함께 젓가락 대회를 하고 여러 시간 연습하면 점점 젓가락을 사용하는 아이가 많아지고, 그중 일부는 젓가락이 편해지는 때가 옵니다. 2~3학년이면 많은 아이가 젓가락을 사용하지만, 그 시기를 놓치거나 무신경한 아이는 고학년이 되어도 숟가락으로 밥을 먹습니다. 그럼 젓가락 연습은 언제, 어떻게 시켜야 할까요?

1. 어린 시절부터 자연스럽게 포크에서 젓가락으로 넘어갈 수 있다면 그 시기가 가장 좋습니다. "너 학교 가면 젓가락 써야 해." "오늘부터 포크 사용 금지, 젓가락만 사용해." 그러면 젓가락질에 대한 부담감과 압박감이 느껴질 수 있습니다.

밥을 먹다가 문득 부모님이 밥 먹을 때 사용하는 도구와 자신이 사용하는 도구가 다르다는 것을 발견합니다. 신기해하기도 합니다. 이렇게 아이가 흥미를 가질 때는 쉽게 받아들일 수 있습니다. 이때 젓가락 사용법을 알려 주면 됩니다.

2. 아이가 학교에 다니면서 필요성을 느끼는 시기가 있습니다. 위의 상황은 입학 전이고 지금은 입학 이후라고 생각하면 됩니다. 첫째 상황에서는 아직 손근육이 덜 발달해서 젓가락질이 힘들므로 금방 포기하거나 관심을 안 가질 수도 있습니다.

그러나 입학하면 또래 중 젓가락을 제대로 사용하는 아이가 나타납니다. 이때 아이들은 다시 한번 젓가락을 써야겠다고 생각합니다. 특히 교실에서 젓가락 대회까지 운영한다면 아이들의 관심도 확 올라갑니다.

알려 주는 방법은 다양하지만 기억해야 할 핵심은 하나입니다. 부모님이 직접 사용법을 그대로 알려 주어도 되고, 아이들이 좋아하는 캐릭터가 등장하는 애니메이션 영상을 보여 주어도 좋고, 젓가락 보조 기구를 사 주어도 됩니다.

이 모든 방법을 사용하더라도 결국 가장 중요한 것은 아이 스스로 흥미를 느껴야 한다는 사실입니다. 억지로 시키거나 옆에서 자꾸 연습하라고 하면 보는 데서는 연습하는 척하지만 혼자일 때는 숟가락을 쓰거나 스스로 꾸준히 연습해야 할 필요성을 느끼지 못할 것입니다.

안쌤의 꿀팁

아이들은 다른 친구들이 다 할 수 있는 것을 자기가 하지 못할 때 해야겠다고 느끼기도 하지만, 반대로 다른 친구들이 아직 못 하는 것을 자기만 할 수 있을 때 아주 뿌듯해하거나 기분 좋아합니다. 어른들이 하는 활동 또한 마찬가지입니다. 아이들이 처음 호기심을 가질 때 신기한 비법(비밀)을 말하는 것처럼 알려 주세요. 미션이나 게임 활동으로 아이의 관심을 극대화하는 것도 좋습니다. 그리고 아이가 젓가락으로 집는 것만 성공해도 칭찬을 해 주고, 옮기는 것까지 하면 더욱 크게 칭찬하면서 계속할 수 있도록 하세요. 아이들은 신이 나야 어깨를 으쓱대며 그 행동을 이어갈 수 있습니다.

질문 TOP 08 1학년 반 편성은 어떻게 하나요? 번호는요?

우리 아이 담임 선생님은 누구일까? 어떤 친구와 같은 반이 될까? 새 학년이 올라가기 전에 누구나 궁금해하고 관심을 가지는 사항입니다. 입학하는 아이들은 현재 초등학교에 다니는 1~5학년 아이들과 조금 다른 방식으로 반 편성이 진행됩니다. 여기서는 예비 입학생, 즉 1학년으로 들어오는 아이들을 대상으로 설명하겠습니다. 이후 반 편성과 관련하여 걱정되거나 알아야 할 사항을 소개하겠습니다.

대부분 학교 1학년 반 편성은 다음과 같이 진행됩니다(물론 똑같지 않은 학교도 있음). 아직 입학 전이므로 선생님들은 학생들을 파악하지 못합니다. 그렇기에 대부분 이름만으로 편성하지만, 학교에 따라서는 사는 지역 등을 고려하기도 합니다. 번호 또한 이름 순서대로 받는 것을 알면 아이들도 재미있어합니다. 아무래도 6년 동안 비슷한 번호를 받다 보니 이를 모르는 아이들은 신기해하기도 합니다.

반 번호는 이름 순서대로 진행되지만 학교마다 3가지 경우로 나눌 수 있습니다. 성별 구분 없이 1번부터 부여 또는 남학생은 1번부터, 여학생은 21

순서	방식	예시
1	성별로 구분	남학생/여학생
반마다 성별이 균등하게 하려는 것입니다. 이렇게 하지 않으면 어떤 반에는 여학생이 많고, 다른 반에는 남학생이 많을 수 있습니다.		

순서	방식	예시
2	성의 자음 순서로 구분	ㄱ, ㄴ, ㄷ ~, ㅎ 순서 (예시, 김 → 박 → 이 → 최 등)
3	같은 자음은 모음 순서대로 구분	ㅏ, ㅑ, ㅓ,~, ㅡ, ㅣ 순서 (예시, 강 → 고 → 김 등)
성과 이름이 같거나 비슷한 아이들이 같은 반으로 몰리지 않게 하려는 것입니다. 학생들이 같은 연도에 태어나다 보니 유행하는 이름 등으로 이름이 비슷하거나 같은 학생이 많습니다. 이로써 학생 자신뿐 아니라 친구들도 헷갈립니다.		

순서	방식	예시
4	구분된 학생들을 순서대로 반 편성	1반 - 2반 - 3반 - 4반 - 5반 (김○○, 김○○, 김○○, 김○○, 김○○ 각각 순서대로 다른 반으로 배치합니다.)
순서 1에 따라 여학생과 남학생을 구분하고 순서 2, 3에 따라 자음, 모음 순으로 구분하면 반별로 순서대로 편성하게 됩니다.		

번부터 부여(학급당 학생 수에 따라 31, 41번일 수도 있음), 반대로 여학생은 1번부터, 남학생은 21번부터 부여 등이 있지만, 요즘은 점차 성별 구분 없이 첫 번째 방식으로 가는 분위기입니다.

그럼 반 편성이 여기서 끝나는 것인가요? 아닙니다. 이제 순서 5번이 남았습니다. 앞선 질문에 뒤의 질문 등을 고려합니다.

이런 사항은 초등학교에서는 알기 어렵습니다. 그렇기에 학부모가 미리 학교로 연락해야 합니다. 대표적으로 ADHD*가 있거나 또는 유치원이나

순서	방식	예시
5	학생, 학부모 고려 사항 반영	유치원이나 어린이집에서 많이 다투었거나 사이가 좋지 않은 학생들은 서로 다른 반으로 편성
초등학교 1학년 초반에는 적응하는 시간이 매우 중요하기 때문입니다.		

어린이집에서 심하게 다투었거나 사이가 좋지 않은 관계 등이 있습니다. 새로운 환경과 반에 적응하기도 어려운데 사이가 좋지 않은 아이까지 있다면 학교에 가기 싫어할 수도 있습니다.

ADHD
주의력결핍 과잉행동 장애(attention deficit hyperactivity disorder)

마찬가지로 ADHD인 아이가 한 반에 여러 명이 있으면 해당 아이뿐 아니라 다른 아이들에게 도움을 주기 어렵습니다. 따라서 미리 알려 주면 학교에서도 아이들에게 좋은 방향으로 반을 편성할 수 있습니다.

안쌤의 꿀팁

반 편성은 이름(현재 반 번호) 순서대로 구분하는 경우가 많습니다. 이름이 같거나 비슷한 아이들이 서로 헷갈리지 않도록 하려는 것입니다. 아이들이 특별한 상황(쌍생아 등)이나 특수한 사정(학교 폭력, ADHD, 장애 등)이 있다면 담임 선생님에게 꼭 알려야 합니다. 그래야 각 사정을 파악하고, 해당 아이들을 위해 다음 학급에서도 잘 적응할 수 있는 최선의 방안을 마련할 수 있습니다.

질문 TOP 09

예비 소집일은 무엇인가요? 어떻게 진행되고 무엇을 해야 하나요?

저자 직강 동영상 강의로 이해 쑥쑥

QR코드를 스캔해서 동영상 강의를 보고
이 칼럼을 읽으면 훨씬 이해가 잘됩니다!

예비 소집일은 아이와 함께 배정받은 초등학교로 가서 "우리 아이가 내년에 이 학교로 입학합니다"라고 등록하는 날입니다. 학교로서도 우리 학교에 입학하는 1학년을 정확히 파악할 수 있는 날입니다. 예비 소집일에 앞서 초등학교 입학의 전체 과정을 설명하겠습니다. 크게 5단계로 나뉘는데, 각 가정과 직접 연관 있는 단계는 3단계부터입니다.

1단계

10월 1일부터 각 주민센터에서는 현재 관내에 거주하는 아동 중 초등학교 취학 대상자를 조사하여 10월 31일까지 취학 아동 명부를 작성합니다. 그 뒤 10일간은 보호자가 열람할 수 있는 기간입니다. 혹시 우리 아이가 명단에 포함되어 있는지 궁금한 분들은 직접 확인해도 됩니다.

2단계

각 지역 교육장은 매년 다음 해 취학할 아동의 입학 일시, 예비 소집일과 통학 구역을 정하여 11월 30일까지 읍·면·동장에게 통보합니다. 거주하는 주소를 바탕으로 한 학군 지정이라고 생각하면 편합니다. 여기까지 1, 2단계는 학부모가 하는 것이 아니라 구청과 교육지원청에서 합니다. 다음부터가 직접 가정과 관련이 큰 단계입니다.

3단계

여기서부터는 2가지로 선택할 수 있습니다.

3단계-1 취학 통지서 온라인 제출과 오프라인 제출인데, 온라인 제출부터 설명하겠습니다. 온라인 운영은 지역마다 다르니 잘 확인해야 합니다. (서울 예시) 2022학년도 초등학교 취학 아동을 대상으로 2021년 12월 ○일(월) 10:00부터 12월 ○일(금) 18:00까지 '취학 통지서 온라인 제출 서비스'를 실시합니다.

이는 학부모가 온라인에서 취학 통지서를 확인한 후 해당 초등학교로 제출할 수 있도록 2017학년도부터 시행되었으며, 취학 아동의 보호자가 서울시 홈페이지에 접속해 공인인증서로 본인을 확인한 후 이용할 수 있습니다. 서비스를 이용할 수 있는 취학 아동의 보호자는 세대주, 부모, 조부모로 자녀와 따로 거주하는 부모도 서비스 이용이 가능합니다.

3단계-2 온라인 제출 서비스 기간에 이를 이용하지 않은 취학 아동 보호자(가정)는 종전처럼 해당 동 주민센터나 통장 등을 통해 12월 중순쯤 인편 또는 우편으로 전달받습니다. 주민센터에 등록되어 있는 주소로 취학 통지서가 날아옵니다. 예비 학부모와 예비 입학생에게는 '진짜 입학을 앞두고 있구나' 하는 생각과 함께 입학한다는 사실이 실감 나게 됩니다.

4단계 예비 소집일

4단계-1 온라인 접수 취학 통지서를 이미 해당 학교에 제출했기 때문에 '안 가도 되겠지?'라고 오해하는 분들이 많습니다. 이날 반드시 신분증을 들고 아이와 함께 참석해야 합니다. 취학 통지서만 온라인으로 제출한 것일 뿐 아동 확인과 함께 입학식 안내, 1학년 및 학교생활 안내 가정 통신문을 받아오면 됩니다. 학교에서 취학 통지서를 가져오라고 하면 온라인 제출한 곳에서 인쇄하면 됩니다.

4단계-2 오프라인 접수 12월 중순에 받은 입학 통지서를 잘 보관하다가 적혀 있는 예비 소집일(대부분 1월 초)에 맞춰 입학할 초등학교에 가서 제출하면 됩니다. 취학 통지서를 제출해야만 초등학교에서 입학생 수를 파악할 수 있습니다.

예전에는 취학할 아동을 동반하지 않아도 되었으나 몇몇 불미스러운 사건(아동 폭력, 유괴, 실종 등)으로 진짜 아이가 있는지, 아이가 잘 지내는지를 학교에서 직접 확인합니다. 그러니 꼭 입학을 앞둔 아이와 함께 당일 참석해야 합니다.

예비 소집일에 가면 학교에서 준비한 자료들을 받는데, 1학년 생활뿐 아니라 학교생활에 필요한 내용이 담겨 있습니다. 직접 e알리미, 학급 홈페이지 등 가입해야 하는 내용도 있고 돌봄 교실, 방과 후 학교 등 신청해야 하는 내용도 있습니다. 그냥 넘기지 말고 하나씩 꼼꼼하게 살펴보면 도움이 많이 됩니다.

다만, 코로나19 등으로 집합에 제한이 있는 경우 드라이브 스루 등 대면 방식이나 화상 통화, 전화 통화 등 비대면 예비 소집을 할 수 있으니 참고하세요.

5단계

드디어 입학식 날입니다. 입학식은 바로 다음 질문으로 이어지니 참고하면 됩니다. 입학 및 예비 소집일과 관련하여 가장 궁금했을 질문 2가지를 정리했습니다.

Q 1 혹시 중간에 이사 가게 되면 어떻게 해야 할까요?

당연히 새롭게 옮긴 거주지에서 배정받은 초등학교로 가게 됩니다. 만약 '가' 초등학교로 배정받고 난 이후 이사 갔다면, 그 지역 학군은 '나' 초등학교라면 주민센터에 문의해 취학 통지서를 '나' 초등학교에 제출하면 됩니다. 의무 사항은 아니지만 '가' 초등학교에 전화해 "이사해서 '나' 초등학교로 가게 되었습니다."라고 하면 '가' 초등학교에서 해당 아이 등록을 기다리는 일은 없을 겁니다.

Q 2 예비 소집일에 안 가면 어떻게 되나요?

마감 시간까지 기다립니다. 또는 보호자에게 연락합니다. 직장에 다니는 부모가 있기에 예전처럼 근무 시간 안에 끝내지 않고 저녁까지 운영하는 학교도 있고, 1차·2차 예비 소집일처럼 여러 날 운영하는 학교도 있습니다. 당일 오지 않으면 학교에서는 가정으로 연락합니다.

대부분 이사 문제로 다른 학교에 배정받았거나 정말 깜빡해서 불참하는 경우가 많습니다. 학교에서는 가정 폭력, 미취학 등 불미스러운 일을 방지하기 위하여 확인 전화를 합니다. 혹시 이사 등으로 못 오는 경우는 해당 학교에 미리 전화하면 좋습니다.

Q3 예비 소집일에 누가 가야 하나요? 자녀도 함께 가야 하나요?

지역별, 학교별로 예비 소집 방법 및 일정이 다르므로 학교별 안내 사항에 주의를 기울이셔야 합니다. 기본적으로 보호자 중 한 분이 가셔도 되고, 함께 참석하셔도 됩니다. 또한 아이와 함께 응해야 합니다. 비대면 예비 소집을 할 때는 온라인 예비 소집, 영상통화 등을 통해 아동의 소재와 안전을 확인하며, 대면 예비 소집을 할 때는 직접 확인합니다.

만약 예비 소집에 응하지 않는 아동에 대해서는 유선연락, 가정방문, 학교 방문요청 등 가능한 방법을 통해서 아동의 상태를 확인하기 때문에 예비 소집일에 함께 참석하는 것이 좋습니다. 불가피하게 예비 소집에 참여하지 못할 때는 예비 소집일 이전에 아동이 취학할 학교에 문의하여 별도 취학 등록이 가능하니 참고하세요.

안쌤의 꿀팁

예비 소집일에 아이와 함께 학교를 방문하여 필수 과정(취학 통지서 제출, 필요 가정 통신문 수령)을 진행했다고 끝난 것이 아닙니다. 집으로 돌아오기 전 한 가지 활동을 추천합니다. 바로 아이가 다니게 될 1학년 교실, 강당, 급식실을 포함하여 학교 한 바퀴를 구경하는 것입니다. 좋은 경험이자 하나의 재미라고 생각합니다. 아이도 입학식 날 처음 학교에 가는 것보다 한 번 와 봤던 곳이라는 생각이 들면 훨씬 마음도 편안하고 학교 적응도 잘할 수 있습니다.

질문 TOP 10 입학식은 어떻게 진행되나요? 꼭 참석해야 할까요?

입학식은 3월 2일, 아이들이 처음 학교에 가는 날 열리는 행사입니다. 초등학교의 첫발을 내딛는 아이들을 축하하고 기념하는 날입니다. 아이로서는 당연히 많은 사람에게 축하를 받으면 좋겠지요? 그럼 일반적인 상황에서 입학식 진행 과정을 안내하고, 20·21년도처럼 특수한 상황에서의 입학식 진행 방법에 대해서도 설명하겠습니다.

입학식은 크게 2가지 유형으로 나뉩니다. 강당에 모여서 일괄적으로 진행하는 학교도 있고, 반별로 진행하는 학교도 있습니다. 전반적인 순서를 설명하고 나서 각 방식의 차이가 나타나는 이유도 밝히겠습니다.

입학식은 보통 10시에 진행되는데 자녀가 해당하는 반에 가서 앉아야 합니다. 그렇기에 우리 아이가 1학년 몇 반인지 미리 알아야 합니다. 입학식 날 모르고 가더라도 학교 정문에서 안내하니 걱정할 필요는 없습니다.

그럼 몇 반인지 어떻게 정할까요? 학교에서는 예비 소집일에 취학 통지서를 걷으면 1학년으로 입학할 아이들 명단을 정리합니다. 그리고 위에서 안내한 대로 학교별 기준에 따라 반 편성을 합니다. 학교마다 차이가 있겠지만, 입학하기 전(2월 중순) 학교 홈페이지에 반 편성 결과를 공지하거나 e알리미 또는 가정 통신문 등으로 알립니다.

그러나 요즘은 개인 정보에 대해 보안을 지켜야 하므로 아이 이름을 공개한 채 개방된 공간에 올릴 수 없습니다. 가운데 글자를 가리는 방식으로 올리기도 하지만, 이름이 비슷한 아이들은 헷갈립니다. 이런 가정에서는 입학식 날 학교 운동장이나 강당 게시판에 반 편성 결과가 게시되어 있을 테니 여기서 확인해도 됩니다. 이후 학교 행사 식순에 따라 입학식이 진행됩니다(국민의례-애국가-입학 축하 말씀-담임 선생님 소개 등).

먼저 강당에서 입학식을 하는 학교입니다. 학생 수만큼 의자가 준비되어 아이들은 계속 앉아 있을 수 있으니 다리 아플 걱정은 하지 않아도 됩니다.

학교에서 준비한 입학식이 끝나면 그다음은 조금씩 달라집니다. 가족과 사진 찍고 집으로 가도록 하는 학교도 있고, 반별로 교실로 이동해 교실 안내와 담임 소개를 하는 학교도 있습니다. 담임 선생님이 아이들을 잘 인솔하겠지만 아이들은 오늘 처음 담임 선생님을 보니 낯설기도 할 것입니다. 게다가 사람들도 많지만 부모님이나 가족이 함께 있다면 아이들도 안정감을 느끼고 자신감도 붙을 것입니다.

각 교실에서 입학식을 진행하는 학교도 있습니다. 입학식 순서는 강당에서와 비슷하지만 식은 방송으로 진행됩니다. 학교 주관 방송이 끝나면 담임 선생님 시간으로 간단한 안내가 이어집니다. 교실에서 진행하는 이유는 2가지 중 하나라고 생각합니다. 강당이 작아서 1학년 입학생과 학부모들이 한 장소에 들어갈 공간이 제한되는 상황이거나 입학식을 기념하기 위한 반별 특색 활동(손바닥 찍기, 가족이 아이에게 기념 편지 쓰기)을 하기 위함입니다.

특히 반별로 입학식을 하면 부모와의 행사가 있을 수 있는데, 이 경우 학부모 수가 적어서 부모가 오지 않은 아이는 금방 티가 나고 위축될 수밖에 없습니다. 그러니 입학식은 당연히 참석해서 입학을 진심으로 축하해 주는 게 좋습니다.

그렇다면 2020~2021년처럼 전염병 위험이 있는 상황에서는 입학식을 어떻게 할까요? 2021년 2학기에도 코로나19가 종식되지 않았지만 1, 2학년은 매일 등교했습니다. 따라서 앞으로 입학식도 예전처럼 진행될 거라고 보지만 방식이 달라질 수밖에 없습니다.

최근 2년간 입학식을 운영한 학교들을 토대로 몇 가지 방식을 안내하겠습니다. 공통 사항은 많은 인원이 강당에 모이는 것은 제한된다는 사실입니다. 인원 제한이 풀리면 당연히 전체 강당 행사도 가능합니다.

1. 각 교실(또는 강당)에서 입학식을 진행하되, 학부모들은 교내로는 들어오지 못하게 한 학교가 있었습니다. 운동장과 같은 야외에 있을 만한 공간과 입학식 기념사진을 찍을 수 있는 포토존을 마련해 둡니다. 학교에서 준비한 입학식 행사를 다 마치고 나서 이후 밖으로 나가 가족과 시간을 보내도록 했습니다.

2. 각 교실에서 입학식을 진행하되 그 모습을 촬영해 실시간으로 방송 송출을 하는 학교가 있었습니다. '아이들과 함께 있을 수도 없는데 학부모를 학교에 부르면 무슨 소용이 있느냐? 차라리 방송으로 입학식을 볼 수 있게 하자'라는 차원이라고 보면 됩니다.

3. 자동차 입학식이 있었습니다. 비접촉이지만 대면 입학식 기분을 낼 수 있도록 가정별로 차에 탄 채 넓은 운동장에 서 있는 상태로 입학식을 진행했습니다.

앞의 방식들 모두 안타깝고 속상한 상황입니다. 일반적으로 입학식을 운영하든, 학교만의 별도 방식으로 운영하든 가족은 당연히 참석하는 것을 추천합니다.

안쌤의 꿀팁

입학식 날 저녁에 가족과 함께 별도 입학 기념 행사를 했으면 합니다. 아이가 초등학교 입학을 스스로 자랑스럽고 대견하게 여기도록 하는 의미도 있지만 입학했을 때 마음과 다짐을 오래 기억하고 되새기도록 하는 효과도 있습니다. 저는 동영상 촬영, 영상 편지가 가장 좋았습니다.

편지글이나 롤링 페이퍼도 괜찮은 방법입니다. 온 가족의 축하 말을 포함해 아이 또한 입학 당시 마음가짐과 앞으로 학교생활의 다짐 등을 기록해 두는 것입니다. 종종 꺼내서 본다면 당시 추억도 떠올릴 수 있고, 중간중간 마음을 잡는 데도 도움이 될 것입니다.

질문 TOP 11 입학하자마자 바로 수업을 하나요? 1교시 수업은 몇 분간 하나요?

아이들은 수업은 하지만 교과 공부는 하지 않습니다. 교실에 와서 정해진 시간 담임 선생님과 함께 무엇인가를 배우는 것을 수업이라고 한다면 입학식 다음 날부터 수업이 진행됩니다. 그러나 '국어, 수학'처럼 교과서를 펼쳐서 교과 과목을 배우는 것을 수업이라고 한다면 수업을 하지 않는 것입니다. 헷갈리나요?

1학년은 일주일에 23시간 수업해야 합니다. 이를 위해 일주일 중 3일은 5교시 수업이, 2일은 4교시 수업이 편성됩니다(3×5+2×4=23). 4교시 이틀을 무슨 요일에 하는지는 학교에 따라 다릅니다. 월요일과 수요일에 4교시를 한다면 다음과 같이 시간표를 가정할 수 있습니다.

1학년 기본 시간표(예시)

요일	월	화	수	목	금	합계(일주일)
수업 시간	4	5	4	5	5	23

그러나 1학년 초기에는 교과 수업에 앞서 학교생활에 적응할 수 있도록 지원합니다. 물론 유치원에서 교육 활동을 했지만, 초등학교라는 낯선 환경에 들어왔으니 아이에게는 모든 것이 새롭습니다. 학교 건물, 교실, 친구, 선생님 등 익숙한 것이 많이 없어서 적응할 시간이 필요합니다.

이런 상황에서 입학식 다음 날부터 한글을 배우고 숫자를 배우면 아이들이 스트레스를 받을 수 있고, 심할 경우 학교에 가기 싫어질 수도 있습니다. 그래서 1학년에게는 입학 초기 적응 시간이 주어집니다. 3월 첫 주는 이렇게 진행합니다.

3월 첫째 주 시간표

요일	월	화	수	목	금	합계(일주일)
수업 시간	-	삼일절	2(입학식)	3	3	8

2022년 기준으로 3월 2일 입학식은 2시간만 수업합니다. 입학식이 2시간 진행된다면 행사가 끝나고 바로 하교합니다. 입학식이 1시간 진행된다면 교실로 이동하여 1시간 수업을 하게 됩니다. 그리고 입학한 한 주 동안은 3시간만 수업합니다. 바로 4교시, 5교시 수업을 하면 아이들이 부담스러울 수밖에 없습니다.

여기서 주의할 사항이 있습니다. 4교시 끝나고 점심을 주는 학교라고 가정해 표로 정리했습니다.

<table>
<tr><th>요일</th><th>A학교</th><th>B학교</th></tr>
<tr><td>1교시</td><td>수업</td><td>유의해야 할 시간(등교 시간이 느린 경우)</td></tr>
<tr><td>2교시</td><td>수업</td><td>수업</td></tr>
<tr><td>3교시</td><td>수업</td><td>수업</td></tr>
<tr><td>4교시</td><td rowspan="2">유의해야 할 시간
(하교 시간이 빠를 경우)</td><td>수업</td></tr>
<tr><td>점심시간</td><td>점심 급식</td></tr>
</table>

A학교라면 하교 시간을 잘 맞춰서 아이 마중을 나가야 합니다. 가끔 4교시 수업이라고 생각하여 뒤늦게 나와 아이가 정문에서 계속 보호자를 기다려야 하는 상황이 생깁니다. 맞벌이 가정의 경우 '학교에서 점심을 먹고 오겠지.' 했다가 당황하기도 합니다.

B학교 맞벌이 가정의 경우 당황스러운 일은 아침에 발생합니다. 출근 시간에 맞춰 8시 40분~9시 사이에 아이를 등교시키려고 했는데 수업이 10시부터라고 합니다. 보호자들은 출근해야 하는데 아이만 집에 두고 갈 수 없습니다. 이런 일을 대비해 학교에서 돌봄 교실을 운영하는데, 이는 뒤에 나올 '학교 행사 및 지원 제도'를 참고하면 됩니다.

첫 주는 3시간으로 짧게 끝나고, 둘째 주는 4시간 수업을 진행합니다. 그리고 다음 주부터는 기본적으로 5교시 수업도 3번씩 편성됩니다. 첫날부터 5교시 수업을 진행하기보다 3시간, 4시간, 5시간 이렇게 점진적으로 늘려나가는 방법입니다. 무엇을 배우는지는 '학습 지도'에서 자세히 다루겠습니다.

3월 둘째 주 시간표

요일	월	화	수	목	금	합계(일주일)
수업 시간	4	4	4	4	4	20

초등학교는 1학년부터 6학년까지 모두 1교시가 40분입니다. 앞으로 나올 기본 1시간은 40분이라고 생각하면 됩니다. 초등학교는 40분, 중학교는 45분, 고등학교는 50분입니다. 아이마다 개인차가 있겠지만, 발달 수준과 학습 내용 구성 등을 고려해서 학교별 수업 기준 시간을 설정한 것입니다. 교육부에서 고시한 내용이므로 학교에서 마음대로 조절할 수 없습니다.

안쌤의 꿀팁

입학한 다음 날부터 바로 교과 학습을 시작하지 않습니다. 아이들이 초등학교 생활에 잘 적응하도록 교과 외의 다양한 활동을 합니다. 또 첫째 주는 3시간, 둘째 주는 4시간 등으로 수업 시간을 점차 늘립니다. 학교에서도 아이들이 부담스러워하지 않도록 입학 초기 적응 기간을 마련한 만큼 가정에서도 이 기간에 학습보다는 생활 측면에 더 신경 쓴다면 아이들도 학교생활을 행복하게 할 수 있으리라 생각합니다.

질문 TOP 12 1학년 아이들은 보호자가 교실이나 학교까지 등하교를 시켜 주나요?

아이들 하교 시간이 되면 학교 정문과 후문 앞은 많은 학부모와 온갖 차량으로 복잡해집니다. 특히 1학년 하교 시간은 다른 학년과 비교할 수 없을 정도입니다. 사랑하는 아이들 학교 끝나는 시간을 기다렸다가 함께 하교하기 위해서입니다. 학교에서 무슨 일이 있었는지 걱정도 되고 궁금하기도 할 테니까요. 3월부터 1학기, 2학기 등 시간이 지날수록 문 앞에서 기다리는 학부모 수가 확연히 줄어듭니다. 당연하면서도 자연스러운 과정이라고 생각합니다. 아이들이 그만큼 학교생활에 적응했고, 또 친구들과 함께 다닐 수 있기 때문입니다.

학교는 기본적으로 학생과 교사 외에 외부인은 출입이 제한됩니다. 아이들 안전을 위해서입니다. 보호자들과 외부인들이 들어오려면 보안관실에서 출입증을 받아야 하는데, 학교마다 조금씩 다르지만 이 제한이 풀릴 때가 있습니다. 바로 1학년 아이들이 입학하고 1~2주 정도 기간입니다.

1학년 아이들이 입학식 날 처음 학교에 왔고, 자기 교실에도 가 보았을 테지만 어느 교실로 가야 하는지 모르는 아이도 많습니다. 정문 앞에서 담임 선생님이 기다리는 학교도 있지만 아이들이 등교하는 시간도, 등교하는 문(정문, 후문 등)도 다르기에 미처 마주치지 못할 수 있습니다.

이런 이유로 보통 3월 첫째 주에서 둘째 주 정도까지는 보호자가 아이들과 함께 교실까지 옵니다. 학교에서도 미리 안내합니다. 일정 기간까지는 교실까지 허용, 그다음 주에는 학교 정문까지 등 점차 아이 스스로 올 수 있도록 거리를 제한합니다. 그리고 그 기간이 끝나면 학부모와 보호자의 학교 출입을 제한하고, 들어가려면 출입증을 작성해야 합니다.

따라서 기간 내에 아이들이 혼자서도 교실을 잘 찾아가도록 지도하면 좋겠습니다. 등하교와 관련해 몇 가지 유의 사항을 전하고 싶습니다.

첫째, 1학년 아이들이 입학하고 1~2주 동안은 복도에서나 학교 앞에서 눈물을 보이는 일이 많습니다. 자신을 데려다준 보호자와 떨어지고 싶지 않아서입니다. 아직 어리기도 하고 학교생활 초반이다 보니 교실 생활이 좋다, 나쁘다를 떠나서 부모와 함께 있고 싶은 마음이 더 큰 것은 당연합니다.

이때 보호자가 받아주거나 떨어지지 못하고 계속 함께 있거나 선생님에게 오늘은 집에 데려가겠다고 말하는 행동은 삼가야 합니다. 아이들은 그 모습을 보고 같은 행동을 반복하게 됩니다. 이를 '강화된다'고 하는데, '내가 떼쓰고 울면 받아 주는구나.'라고 생각하지 않도록 해야 합니다.

이것이 아이 학교생활에 훨씬 긍정적으로 작용합니다. 물론 매몰차게 거절하는 것이 아니라 아이 감정에는 공감하되, 단호하게 아이가 교실에 들어가야 하는 이유와 보호자가 혼자 돌아가야 하는 이유를 설명하면 됩니다.

가장 좋은 방법은 입학 전부터 이 부분을 아이들과 이야기하는 것입니다. 초등학교에 입학하는 날 이후로는 등교하면서부터 점심시간, 하교 시간까지는 보호자와 떨어져 있어야 한다는 것을 설명하고 아이들이 이해하여 받아들이도록 말입니다. 각자 해야 할 일이 있으니 서로 할 일을 끝내고 만나자, 하교 시간에 기다리겠다 등을 미리 약속한다면 아이들도 당연하게 생각할 수 있습니다.

둘째, 등하교할 때 차량 이용은 자제하기 바랍니다. 그렇지 않아도 하교 시간이 되면 정말 많은 보호자로 교문 앞이 붐빕니다. 아이들이 자기 보호자를 찾기도 어려울 정도입니다. 보호자들이 하교 시간에 맞춰 아이들을 데리러 오는 것은 아이를 보고 싶기도 하지만 안전을 위해서이기도 합니다. 그런데 차를 가져오면 사고 위험이 더 커집니다. '차 한 대쯤이야'라는 생각을 50명이 하면 차만 50대입니다. 거기에 각종 학원 차량까지 더해진다면 생각만 해도 아찔합니다.

초등학교 근처 모든 도로는 특정범죄 가중처벌 등에 관한 법률을 적용받는 어린이 보호 구역입니다. 과속은 물론이고 주정차도 제한되니 아예 차는 두고 나오는 게 좋습니다. 대부분 초등학교는 아이들이 집에서 충분히 걸어 다닐 수 있는 거리에 있습니다. 우리 아이를 생각하는 만큼 다른 아이의 안전도 배려한다면 1·2학년 아이뿐 아니라 초등학생 모두가 안전하게 등하교할 수 있으리라 생각합니다.

안쌤의 꿀팁

3월 첫째 주 정도에는 보호자가 아이를 학교에 데려다 주곤 합니다. 아이가 스스로 교실을 찾아갈 수 있을 정도까지는요. 그 이후부터는 보호자의 정문 출입이 제한되니 아이가 혼자서 올 수 있도록 알려 주세요. 입학하기 전부터 등교하게 되면 각자 해야 할 일을 이유와 함께 설명해 주면 아이들도 이해하고 적응할 수 있습니다.

질문 TOP 13 입학 전에 어떤 것을 미리미리 준비해야 하나요?

아이의 초등 입학을 앞두면 살짝 마음이 들뜹니다. 입학을 준비하면서 설레기도 하고 걱정하는 마음도 듭니다. 주변에서도 아이가 초등 입학을 한다고 하면 축하의 말과 함께 이런저런 선물을 건네기도 합니다.

한편으로는 입학 전에 무엇을 미리미리 준비해야 하는지 궁금합니다. 1학기가 시작되는 3월 첫날부터 또는 첫 주부터 준비물을 챙기지 않아 우리 아이만 수업에 제대로 참여하지 못한다면 정말 속상할 테니까요. 게다가 아직은 아이 스스로 준비물을 챙길 수 없으니 부모가 확인해야 합니다.

수업 시간이나 그날 필요한 준비물은 알림장에서 확인하면 됩니다. 담임선생님이 어떤 수업을 진행할지, 무슨 준비물을 가져오라고 하는지는 반마다 달라서 직접 확인하는 것이 가장 정확합니다. 여기서는 입학 전에 미리 준비해야 할 것은 무엇인지 살펴보겠습니다.

주위 학부모 이야기를 들어보면 요즘은 준비물을 미리 사지 말라는 학교도 있다고 합니다. 선생님마다 원하는 것이 다르다고 하는데 그게 무슨 말인지도 함께 정리하겠습니다.

기본적으로 입학 전에 챙겨야 하는 준비물은 예비 소집일에 학교에 가면 관련 안내를 받을 수 있습니다. 나눠 주는 서류 중 하나가 '1학년 교실 생활 안내'인데 여기에 준비물도 있습니다. 먼저 어떤 학교든 입학 전에 꼭 필요한 준비물 몇 가지를 간단한 이유와 함께 설명할 테니 예비 소집일 준비물에는 어떤 것이 있는지 참고하기 바랍니다.

1. 책가방입니다.

당연히 유치원에서 받은 가방이나 원명이 적힌 가방은 이제 더는 사용하지 못합니다. 초등 입학을 앞두고 준비물을 살 때 가장 먼저 보는 것도 가방입니다. 교과서가 넉넉히 들어갈 정도이거나 파일철이 여유롭게 들어가는 가방이 좋습니다.

가정 통신문이나 알림장, 학습지 등을 종이로 인쇄해서 나눠 주는데 파일철에 넣어 들고 다니는 것이 분실 위험이 적어서 좋습니다. 교과서보다 파일이 약간 큰데, 파일이 들어가지 않으면 아이들은 알림장을 접거나 구겨서 가방에 넣게 됩니다. 하지만 여유롭게 들어간다면 아이들도 자연스럽게 구분하여 정리하는 습관이 생깁니다.

2. 실내화입니다.

대부분 학교에서는 교실에 들어가기 전 실내화로 갈아신습니다. 그래서인지 가방보다 실내화 관련 질문을 많이 받습니다. '꼭 흰색이어야 해요?' '무늬가 있어도 상관없나요?' '가죽이나 털실로 된 실내화도 괜찮아요?' 실내화를 사러 가면 종류가 정말 다양하고, 아이들이 좋아하는 캐릭터 실내화 또한 많습니다.

어떤 실내화를 신든 크게 신경 쓰지 않아도 되지만, 담임 선생님이 흰색 바탕인 기본 실내화를 신으라고 할 수 있으니 미리 확인하는 것이 좋습니다. 흰색 바탕에 다양한 무늬, 캐릭터 모양 등이 있는 것은 가능하리라고 봅니다. 다만, 털실 실내화처럼 고무 실내화가 아닌 경우 미끄러지기 쉽고, 실내화가 커서 어딘가에 걸려 넘어질 수도 있어서 안전성 등의 우려로 신지 못하게 하는 학급도 있습니다. 실내화 가방은 가정마다 선택하면 됩니다. 아이가 등교하거나 하교할 때 '실내화를 어디(책가방 또는 실내화)에 넣고 이동하는 것이 좋을까?'를 생각하시면 됩니다. 책가방 안에 넣고 두 손을 자유롭게 하는 것이 좋으면 실내화 가방을 구입할 필요가 없고, 책 따로, 실내화 따로 분리해서 챙기는 것이 좋다면 실내화 가방도 준비하면 됩니다.

3. 물통입니다.

정수기가 학교 급식실뿐 아니라 여기저기 있겠지만 특정 시간에만 물을 마실 수 있으니 개인 물통은 있는 것이 좋습니다. 언제든 꺼내 마실 수 있고, 체육 시간이 끝나면 목마른 친구에게 나눠 줄 수도 있습니다. 꽉 잠겨서 아이가 혼자서는 열 수 없는 물통보다는 버튼식 등으로 혼자 쉽게 여닫을 수 있는 물통을 추천합니다.

4. 파일철(L자, 클리어 파일 등)입니다.

파일철은 정말 유용하게 사용할 수 있습니다. L자 파일은 종이로 된 인쇄물(가정 통신문, 학습지 등)을 보관하는 용도입니다. 오래 보관하지 않고 며칠 안에 제출해야 하거나 집에 전달하는 것을 주로 넣습니다. 이 파일이 없으면 아이들은 그냥 가방에 구겨서 넣거나 어디 갔는지도 모르게 잃어버릴 수 있습니다. 아이들에게 파일철을 보여 주면서 선생님이 나눠 주는 모든 종이를 파일철 안에 넣도록 하면 교사와 학부모 간 소통도 원활할 수 있습니다.

클리어 파일은 두꺼운 파일철을 말합니다. 학급마다 교사 성향에 따라 사용하는 반도 있고, 아닌 반도 있을 텐데 후자라도 따로 준비하면 좋습니다. 아이들이 1년 동안 활동한 학습지를 보관하기 위함입니다. 과목별로 준비해도 되고, 중요한 학습지만 모아도 됩니다. 가장 유용하게 사용하는 것은 미술 시간에 완성한 작품만 모아도 하나의 포트폴리오가 되니 초등 생활 동안 꾸준히 모은다면 성장하는 모습을 지켜볼 수 있습니다.

5. 기타 준비물입니다.

필기도구, 크레파스, 색연필이나 사인펜, 가위, 풀, 색종이, 스케치북(연습장) 등이 있습니다. 예비 소집일에 받은 자료 또는 첫날 담임 선생님이 나눠 주는 알림장에서 필요한 부분을 꼼꼼하게 챙기면 됩니다. 가위, 필기도구 등 한 번 사면 꾸준히 쓸 수 있는 물품과 달리 색종이, 도화지 등 소모품은 학교 준비실에 구비되어 있어 가정에서 따로 준비하지 않아도 되는 지역도 있습니다. 입학하는 학교에 학습 준비물이 있는지 확인하면 좋습니다.

안쌤의 꿀팁

아이 학교 서랍의 반 정도를 차지하는 크기의 바구니 하나를 준비하면 좋습니다. 그 안에 필요한 미술용품을 넣어 두면 됩니다. 가위, 풀 등 물품을 따로 보관하지 않고 서랍 안에만 넣어 두면 서랍 안쪽이나 구석으로 밀려들어 찾기 힘들어집니다. 그러면 아이들은 잃어버렸다고 생각해 부모님에게 또 사달라고 해서 같은 물건이 계속 쌓이게 됩니다. 크레파스나 색연필, 가위, 풀, 색종이 등을 깔끔하게 바구니 안에 정리해서 필요할 때마다 꺼내 쓸 수 있도록 안내하세요.

질문 TOP 14 학부모는 담임 선생님과 어떻게 소통하나요?

초등 학부모가 어려워하는 일 중 하나가 담임 선생님과 소통하는 것입니다. 특히 '어린이집, 유치원과 너무 다르다'는 의견을 자주 듣습니다. 또 '담임 선생님이 소통을 부담스러워하면 어쩌나?' '연락했다가 괜히 미움받는 것은 아닐까?' '연락하는 걸 귀찮아하면 어쩌지?' 등의 걱정을 하는 것을 알고 더 안타까웠습니다. 교사들도 당연히 학부모와 소통이 필요하고 중요하다는 것을 압니다. 교사는 우리 학생들을, 학부모는 우리 아이들을 위하는 마음은 서로 같습니다.

그러나 소통 방법에서 우선해야 할 것이 있습니다. 바로 마음가짐인데 소통하기 전에 한 가지만 기억하면 됩니다. '우리 아이를 위한 소통인가?' '이런 일로 연락해도 될까?' 하는 물음에 '우리 아이를 위한 것이다'로 스스로 답할 수 있어야 합니다.

'그렇다'는 결론이 나오면, 전혀 부담 갖지 말고 담임 선생님에게 연락하면 됩니다. 오히려 담임 선생님도 얘기해 준 걸 고마워할 것입니다. 그러나 가끔 아이를 위한 것이 아니라 민원 등으로 오해가 쌓일 수 있습니다.

그렇다면 담임 선생님과 어떻게 소통해야 할까요? 방식에 따른 특성과 함께 상황별로 어떤 방식의 소통이 효율적인지 알아보겠습니다. 먼저, 직접 소통하는 방법입니다. 아이를 통하거나 글을 이용한 전달이 아닌 실시간 소통이 가능한 방법입니다.

첫째, 교실로 찾아가 얼굴을 마주 보고 소통할 수 있습니다. 대면하고 이야기하기에 가장 자연스럽고, 다양한 주제뿐 아니라 심도 있는 대화를 주고받는 것이 가능합니다. 방문하기 전에는 날짜와 시간을 정하고, 함께 나눌 내용을 미리 들려주면 자세한 대화를 할 수 있습니다. 보통 학부모 상담 등에서 이용합니다. 우리 아이에 대해 담임 선생님에게 꼭 알려야 하는 부분, 부탁하고 싶은 내용, 조심스러운 내용 등이 있을 때 이 방법을 활용하면 됩니다.

학부모로서는 학교 방문을 조금 부담스러워할 수도 있지만, 저는 이 방법을 가장 추천합니다. 이를 '학부모 상담(학교 행사 파트에서 자세히 다룰 내용)'과 동일하다고 여기는 분들이 있는데, 소통은 학부모 상담 기간에만 하는 것이 아니라 초등 생활 도중 필요하면 언제든 담임 선생님과 만날 수 있다는 것도 명심하세요.

둘째, 전화로 소통할 수 있습니다. 직접 교실로 가기 부담스러울 경우, 교실로 찾아갈 만한 시간이 부족할 경우(맞벌이 등), 직접 방문할 정도로 중요한 내용이 아니라는 생각이 들 경우 전화 소통 방법을 이용하면 됩니다. 보통 아침에 아이가 아파서 병원에 들러야 하거나 늦잠을 자서 지각할 경우, 특별한 사정으로 당일 결석해야 하는 경우 전화로 얘기합니다. 등교 시간이 지났는데도 아이가 오지 않는다면 담임 선생님도 걱정할 테니 그 전에 알려주는 방법입니다.

다만, 학교마다(또는 선생님마다) 개인 전화번호 공개 여부는 다릅니다. 번호를 공개했다면 휴대 전화로 연락해도 되지만 아침 등교 시간에는 담임 선생님이 전화를 확인하지 못하기 십상입니다. 가장 좋은 방법은 학교로 전화하는 것입니다. 교실마다 번호가 있고, 이를 모르더라도 교무실(행정실)과 통화할 때 ○학년 ○반으로 연결해 달라고 하면 담임 선생님과 통화할 수 있습니다.

이어서 간접적으로 소통하는 방법입니다. 대면이나 전화처럼 직접 대화하는 것이 아닌 다른 방식을 이용한 소통입니다. 즉, 쌍방향 의사소통보다는 일방향 의견 전달입니다. 학부모로서는 가장 부담 없는 방법이지만, 중간에 뜻이 잘못 전달되거나 상대가 오해할 만한 상황이 발생하는 단점도 있습니다.

첫째, 알림장이나 일기장, 쪽지 등을 이용해 소통할 수 있습니다. 알림장을 쓰는 학급의 경우 매일 필요한 내용을 알림장에 쓰고 가정에서도 확인합니다. 알림장이 학부모와 교사를 연결하는 하나의 소통 창구가 된 것입니다. 일반적으로 교사의 내용이 전달되지만, 중간중간 학부모가 필요한 내용 등을 적기도 합니다.

알림장을 쓰지 않는 학급이라면 일기장, 독서록 등 담임 선생님이 바로 확인하는 숙제 부분에 글이나 쪽지 등으로 소통하면 됩니다. 예를 들어 알림장에 준비물이 적혀 있는데 구체적으로 어떤 것인지, 이런 것을 준비해도 되는지 등을 많이 적습니다.

둘째, 온라인 학급방으로 소통할 수 있습니다. 2019~2020학년도에는 온라인 수업이 진행됨에 따라 온라인 학급방(ebs온라인클래스, e학습터, 밴드, 클래스팅 등)은 필수였습니다. 앞으로도 많은 학급에서 이를 꾸준히 이용할 거라고 예상됩니다.

담임 선생님도 알림장을 매일 적거나 학교에서 하는 교육이나 행사 등을 공지할 텐데, 가정에서 궁금한 사항 등을 댓글로 달면 됩니다. 개인적인 내용, 아이들에 관한 사항은 학급방 내 개인 채팅을 이용하거나 비공개로 올리면 담임 선생님만 볼 수 있으니 자유로운 소통이 가능합니다.

안쌤의 꿀팁

교사와의 소통을 너무 부담스럽게 생각하지 않았으면 합니다. 방문, 전화, 쪽지, 댓글 등 다양한 방법으로 소통하는 이유는 결국 우리 아이들의 올바른 성장과 발전을 위해서입니다. 목적이 같은 주체(학부모, 교사)가 의견을 나누는 정말 의미 있고 소중한 시간입니다. 다만, 같은 내용을 전달하더라도 '어떻게' 소통하느냐에 따라 차이가 있을 수 있습니다. 가능한 한 공격적인 말투보다는 부드러운 말투로, 선생님을 비난하기보다는 우리 아이 처지에서 소통한다면 피드백은 물론이고 효과도 훨씬 더 좋을 거라고 단언합니다.

질문 TOP 15 초등학교 입학을 앞둔 아이에게 무슨 말을 해 주면 좋을까요?

1학년 담임 선생님들에게 이 질문을 해 보았습니다. 대부분 선생님이 비슷한 답을 주었습니다. "초등학교는 무서운 곳이 아니다." 그리고 아이들과 학부모들이 이를 알았으면 좋겠다고 했습니다. 저 또한 늘 '아이들의 학교생활은 행복해야 한다'고 생각합니다.

그런데 선생님들이 실제 1학년 아이들은 학교를 많이 무서워하고 어려워한다고 알려 주었습니다. 가장 행복해야 하는 1학년생이 그렇지 않다니 안타까웠습니다. 그래서 아이들이 무엇 때문에 무서워하는지, 그렇다면 입학을 앞둔 아이에게 무슨 말을 해 주면 좋을지 등을 살펴보았습니다.

가장 먼저 아이들에게 '학교는 무서운 곳이 아니다'라는 것을 알려 주었으면 합니다. 아이들이 무서워한다는 것은 크게 2가지 의미였습니다. 하나는 '학교' 자체에 대한 부담감이었고, 또 하나는 '선생님'이 무섭다는 것이었습니다. 이 말이 무슨 뜻인지 파악해 보면서 무슨 말을 해 주면 좋을지 이어 가겠습니다.

'학교 자체를 부담스러워하는' 이유는 유치원과 달라진 부분이 너무 많기 때문입니다. 앞서 유치원과 달라진 부분에서 살펴본 것처럼 기본 환경과 틀이 확 바뀌었습니다.

유치원에서는 자유롭게 할 수 있던 것들을 초등학교에서는 대부분 하지 못합니다. 그러니 초등학교에 막 들어온 아이는 '초등학교에서는 하면 안 되는 것들이 너무 많아.' '유치원처럼 마음껏 놀 수 있는 곳이 아니야.'라고 생각할 수밖에 없습니다.

그럼 이렇게 생각하는 아이에게 무슨 말을 해 주면 좋을까요? '유치원과 초등학교는 다르다'는 것을 아이가 받아들이도록 구체적으로 설명해야 합니다. 막연하게 "당연히 초등학교니까 그렇지!" "네가 아직도 유치원생이야?" "바뀐 것에 적응해" 등의 말이 아니라 학교가 어떤 곳인지, 유치원과 다를 수밖에 이유는 무엇인지 등을 아이들 눈높이에서 얘기하면 됩니다.

예를 들어 아동에서 어린이로 성장한 아이를 칭찬하면서 "어리기 때문에 주위 어른이 많이 도와주던" 유치원 때와 달리 "네가 혼자서도 잘할 수 있도록 교육하고 지도해 주는 곳"이 초등학교이고, 그러다 보니 많은 것이 달라졌다고 느낄 수밖에 없다고요. 이에 적응하면 학년이 올라갈수록 할 수 있는 활동도 훨씬 많아지고 즐거움과 행복을 느낄 거라는 응원과 격려도 해 주세요.

'선생님이 무섭다'고 하는 이유는 어린이집, 유치원 때 선생님과 많이 다르다고 느끼기 때문입니다. 유치원에서 선생님들은 항상 자신들 눈높이에 맞춰 이야기하고, 함께 놀고, 맛있는 간식도 주었는데 초등학교에서는 그러지 않습니다.

수업 시간에 선생님 말에 귀 기울이지 않고 장난치면 혼나거나 잔소리를 듣습니다. 쉬는 시간에 선생님이 아이들과 놀아 주기보다 컴퓨터 앞에 앉아 업무 처리를 하고, 간식도 주지 않습니다(물론 함께 놀아 주는 선생님도, 간식을 주는 선생님도 많습니다). 그러다 보니 아이들은 '선생님이 무섭다.' '우리와 잘 놀아 주지 않는다.'고 생각하는 것입니다.

그럼 이렇게 생각하는 아이들에게는 무슨 말을 해 주면 좋을까요? 학생들을 생각하는 교사의 마음은 똑같다는 것을 알려 주면 좋겠습니다. 유치원 교사나 초등학교 교사나 결국 아이를 위하고 아끼는 마음은 같습니다. 모두 아이의 올바른 성장을 위해 신경 쓰지만 초등학교에서는 유치원에 비해 '보육'보다는 조금 더 '교육' 측면에 방향이 맞춰져 있습니다. 어린이집보다는 유치원, 유치원보다는 초등학교, 초등학교보다는 중고등학교 순처럼 말이죠.

보육의 사전적 의미가 '어린아이들을 돌보아 기름'이라면, 교육의 사전적 의미는 '지식과 기술 등을 가르치며 인격을 길러 줌'입니다. 그래서 초등학교 교사들은 아이들을 돌봄 대상을 넘어 교육 대상으로 지도하게 됩니다. 앞으로도 혼자서 생활할 수 있도록 다양한 지식을 전달하고, 생활 지도와 친구 관계 등으로 인격을 성장시킵니다.

그러니 "초등학교 선생님이 무서운 것이 아니다. 똑같이 아이들을 아끼고 사랑한다." 등을 알려 주세요. 아이들 대부분이 3월이 지나고 1학기가 지날수록 선생님의 진짜 마음을 알게 되고, "우리 선생님이 최고"라며 전혀 무서워하지 않게 되며 항상 붙어 다니려고 합니다.

아이들이 이렇게 생각하게 된 것은 주위 어른들과 부모님이 겁을 준 탓도 있습니다. "너 초등학교 가서도 그렇게 행동하면 큰일 난다." "학교에서 그러다가 선생님한테 혼나고 싶어?" 등 입학 전에 아이들에게 초등학교와 초등학교 선생님에 대한 공포심(?)을 심어 줍니다.

가정에서도 미리 준비하고 대비하는 차원에서 교육하는 것으로 이해합니다. 아이들도 초등학교에 대한 부담을 어느 정도 가지고 있으면 말을 잘 듣기도 하니까요. 그러나 지나친 겁과 두려움은 초등학교를 시작도 하기 전에 무섭게 생각하게 된다는 것을 알아야 합니다.

안쌤의 꿀팁

'학교'라는 단어가 붙는 곳은 초등학교가 처음입니다. 의무 교육이 시작되는 곳이기도 합니다. 아이들 성향에 따라 다르겠지만, 초등학교–중학교–고등학교에 이어 대학교까지 앞으로 학교생활을 무려 십수 년간 해야 합니다. 그런데 '학교'를 무섭고 두려운 곳으로 받아들인다면 너무나 긴 세월이 고통이지 않을까요?

저는 언제나 아이들의 학교생활은 행복해야 한다고 생각합니다. 그리고 그 시작이 바로 초등학교 입학이고 1학년 생활입니다. '초등학교는 행복한 곳, 많이 배울 수 있는 곳이고 선생님은 아이들을 아끼고 지도해 주는 사람'이라고 받아들이도록 아이에게 좋은 말을 많이 들려주기 바랍니다.

질문 TOP 16 초등학교 6년 동안 부모가 잊지 말아야 할 마음 자세는 뭘까요?

저는 언제나 똑같은 대답을 합니다. 아이들이 '행복한 학교생활'을 해야 한다고요. 이를 위해서 학교에서는 학생들을, 가정에서는 자녀들을 신경 쓰고 지원해야 합니다. 그럼 어떻게 해야 행복한 학교생활을 할 수 있을까요? 기본적으로 4가지가 뒷받침되어야 합니다. 생활 태도, 친구 관계, 학업 성취 및 학습 태도, 학부모 태도입니다. 아이마다, 학부모마다 각 영역의 우선순위가 다를 수 있습니다. 개인마다 무엇에 더 중심을 두는지에 따라 달라질 테니까요.

그러나 한 가지 영역에 너무 치우치고 하나를 강조하다 보면 아이들은 조금씩 스트레스를 받습니다. 쌓인 스트레스는 다른 영역에 나쁜 영향을 주어 결국 학교생활에 영향을 줄 수밖에 없습니다. 따라서 부모님은 가정에서 우리 아이가 4가지 영역에서 어려움은 없는지 살펴보고, 한 가지에만 너무 집중하지 않았으면 합니다.

각각의 영역이 무엇인지 하나씩 살펴보면서 제대로 되지 않았을 때 발생하는 상황과 너무 강조하면 생기는 문제를 설명하겠습니다.

첫째, 생활 태도는 초등 시절을 거치면서 학교생활과 일상생활에서 갖추어야 하는 기본적인 것들을 뜻합니다. 이 태도가 반복되면 결국 생활 습관으로 이어집니다. 너무 광범위하지만 대표적인 몇 가지만 예로 들어보겠습니다. 인사하기·정리하기·식사하기 등의 생활 태도, 글씨 쓰기·글쓰기·발표하기 같은 생활 태도 등입니다.

이런 기본적인 태도가 좋은 습관으로 자리 잡혀야 합니다. 특히 1·2학년 때는 이 부분을 중점적으로 신경 써야 합니다. 고학년이 되어서야 "우리 아이 글씨를 너무 못 써요." "자기 방 청소도 제대로 못 해요." 등으로 고민하는 학부모들이 많은데 미리 연습해 적응하게 해 주세요. 생활 태도 부분은 습관으로 자리 잡기 때문에 한순간에 바꾸기가 정말 어렵습니다.

둘째, 친구 관계는 대부분 아이에게 학교생활의 전부입니다. 초등 생활 동안 다양한 친구를 만나며 친구 사귀는 방법, 갈등 해결하는 방법 등 인간관계를 배우고 다양한 감정을 느끼게 됩니다. 쉬는 시간뿐 아니라 수업 시간을 포함한 학교생활 전체에서 혼자 있는 시간은 없습니다.

자연스럽게 친구 관계에 대한 고민과 걱정, 나아가 이성 친구에 대한 관심과 걱정이 생기는데, 이런 걱정과 고민을 누군가 도와주고 풀어 줘야 합니다. 가정에서 부모, 학교에서는 선생님과 대화하면서 말입니다. 그러나 가정에서 이런 걱정이 있는지조차 모르고 이성에 대한 관심을 끊게 한다면 아이들은 혼자 끙끙 앓게 되고 친구 관계나 이성 관계를 제대로 형성하는 중요한 시기를 놓칠 수 있습니다.

셋째, 학업 성취와 학업 태도는 부모들이 가장 기대하고 강조하는 영역입니다. 그에 비례하여 아이들은 부담을 느끼고 스트레스를 받습니다. 그렇다고 학업을 놓고 다른 영역을 우선시하라는 말은 아닙니다. 저 또한 학업을 학교생활의 중요한 한 축으로 놓습니다. 학교에서는 쉬는 시간보다 수업 시간이 훨씬 깁니다.

행복하게 쉬는 시간을 위해 친구 관계가 필요하다면, 행복한 수업 시간을 위해서는 학업 성취와 학업 태도가 필요합니다. 수업 시간에 선생님이 무슨 말을 하는지, 무엇을 배우는지 이해할 수 없다면 수업 시간은 지루해지고 학습 결손이 발생합니다. 학습 결손은 결국 다음 수업 시간으로 이어지고 다음 학년, 다음 학교 학습 결손으로 이어지면서 아이들 사이에 학습 격차가 발생합니다.

마지막은 학부모 태도 영역입니다. 초등 생활 6년간 잊지 말아야 할 마인드도 이 영역에 포함된다고 볼 수 있습니다. 조금 구체적으로 표현하면 학부모의 태도 및 학부모와 관계입니다. 아이들은 부모의 영향이 가장 클 수밖에 없습니다. 그러니 '우리 아이는 학교생활이 행복한가?' '무슨 어려움을 겪지는 않을까?' 등을 파악하면 좋겠습니다.

만약 아이가 학교생활을 행복해하지 않는다면 이유가 무엇인지, 어떤 영역에서 어려움이 있는지 살펴보고 학교(담임 선생님)에도 연락하면 됩니다. 학생을 학교에서는 담임 선생님이 관찰하고, 가정에서는 부모님이 관찰하면서 상호 협력해야 합니다.

그리고 이를 위해서는 자녀와 학부모의 관계도 정말 중요합니다. 아이는 자기 이야기를 했을 때 부모가 잘 들어주는지, 신경 쓰지 않는지 단번에 파악합니다. 만약 가정에서 제대로 들어주지 않는 상황이 반복되면 아이는 학교 일을 말하지 않게 됩니다. 고학년 학부모 가운데 "아이가 학교 일을 얘기하지 않아요. 방문을 닫고 대화하려고 하지 않아요."라고 걱정하는 분이 있는데, 여기에는 이런 이유도 있습니다.

또한 4가지 영역을 함께 살펴봐야 하는데 지나치게 1개 영역, '학업'에만 집중하고 학습만 강조하는 태도는 바람직하지 않습니다. 아이가 원하지 않는다고 반복해서 말했는데도 일부 가정에서는 학원, 과외, 선행 학습 등을 시키며 아이가 더 나아가길 원합니다.

초등 시절 그리고 남은 학창 시절은 정말 깁니다. 초등학교부터 재촉하면 아이는 금방 지칩니다. 초등 시절만큼은 아이들이 학업뿐 아니라 모든 영역에서 즐거움과 행복을 찾도록 한 걸음 한 걸음 진행하길 바랍니다.

안쌤의 꿀팁

아이들이 초등학교에 입학하면 중학교, 고등학교를 졸업하기까지 12년이 걸립니다. '학교'에 대한 인식은 초등 시기에 많이 형성됩니다. 초등학교 생활이 행복한 기억으로 가득하다면 중학교에 대한 기대도 생기고, 중고등 생활에 자신감이 붙을 수 있습니다. 반대로 초등 시절이 행복하지 않다면 이 마음은 중학교, 고등학교로 이어질 수 있습니다.
구체적으로 학업 때문에 초등 생활이 행복하지 않다면 중고등 학업도 힘들어질 수 있습니다. 누군가는 포기할 수도 있습니다. 특히 초등 시절 4가지 영역은 아이들 생활에 기본 바탕이 됩니다. 학부모들은 우리 아이들의 초등 생활을 행복하게 해 주겠다는 마음 자세를 보여 주면 감사하겠습니다.

질문 TOP 17 온라인 수업에서 준비해야 할 부분이 있나요?

2020~2021학년도는 코로나19로 등교가 제한됨에 따라 온라인 수업이 진행되었습니다. 학생들이 학교에 가서 오프라인으로 수업을 듣는 것을 대면 수업, 가정에서 온라인으로 수업을 듣는 것을 온라인 수업이라고 합니다. 물론 1·2학년은 2021학년도부터 전면 매일 등교를 했습니다. 그리고 2021학년도 2학기는 지역별로 전체 학년 매일 등교를 하기도 했습니다.

그러면 이제 온라인 수업을 할 필요가 없을 텐데 미리 준비해야 할 부분을 알려 주는 이유가 무엇인지 의문이 들 수 있습니다. 2년간 온라인 수업이 이어지면서 많은 문제와 걱정이 발생했습니다. 그중에서 '학생들의 학습 결손 및 학업 격차 발생 우려' '아이들의 사회성 결여' 등이 대두되어 2학기 전면 등교로 이어졌습니다.

위와 같은 많은 어려움과 문제가 발생했지만, 모든 가정에서 온라인 학습이 가능해졌다는 수업 혁신이 이뤄졌습니다. 오랜 기간 온라인 수업이 지속되는 일은 이제 없어야 하지만 1년 중 하루, 이틀 온라인 수업이 진행될 수도 있습니다.

예를 들어 천재지변(태풍, 홍수 등)으로 등교할 수 없는 상황이 생길 수 있습니다. 예전에는 뉴스나 알림장(가정 통신문) 등으로 등교 중지 상황을 알리고 수업을 진행할 수 없었습니다. 그러나 지금은 수업이 가능한 환경이 갖춰져 있습니다. 어떤 상황이 발생해도 수업은 진행할 수 있다는 뜻입니다. 그뿐만 아니라 담임 선생님이 주말이나 방학 때 학생들과 시간을 정해 온라인으로 만날 수 있습니다.

그렇기에 갑작스러운 상황에서도 온라인 수업에 참여할 수 있도록 기본 장비나 환경 구성을 알아 두면 좋습니다. 온라인 수업의 종류와 방법 등은 마지막 질문에서 다루니 뒤쪽 내용과 함께 보면 이해하기 쉬울 것입니다.

온라인 수업은 단방향 수업과 쌍방향(실시간) 수업으로 나눌 수 있습니다. 단방향 수업은 실시간으로 소통되지 않는, 동영상이나 콘텐츠를 제공하는 수업입니다. 그렇기에 영상을 볼 수 있는 장비만 갖춰져 있으면 됩니다. 컴퓨터·노트북·스마트폰 무엇이든 가능합니다.

가정에 쌍방향 수업 장비가 구성되어 있으면 영상 시청, 콘텐츠 제공 등 단방향 수업도 전혀 걱정할 필요가 없으니 쌍방향 수업을 위한 장비를 자세히 안내하겠습니다.

여기서는 크게 3가지 유형의 가정으로 구분했습니다. 각자 자기 환경에 맞게 방식을 선택하고, 필요한 부분을 보완하면 됩니다.

첫째, 컴퓨터(데스크톱)가 있는 가정입니다. 이것이 가장 보편적인 방식입니다. 단, 데스크톱에는 캠이 없습니다. 캠은 자기 모습을 상대에게 보여주는 기기입니다. 예를 들어 캠 없이 실시간 수업에 참여했다고 한다면 선생님과 친구들 얼굴은 보이지만, 내 얼굴은 아무에게도 보이지 않습니다. 따라서 수업에 제대로 참여하려면 꼭 필요한 장비입니다.

말을 하려면 헤드셋이나 마이크도 필요합니다. 기본적인 스피커만 있다면 듣기만 가능한 상태입니다. 선생님과 친구들의 말을 듣기만 할 뿐 소리 내어 내 의사를 전달할 수 없습니다. 이를 위해 2가지 장비 중 한 가지가 있으면 됩니다.

헤드셋(이어폰)에는 마이크가 함께 있는 것(세 번째 사진)이 있고, 그렇지 않은 것(네 번째 사진)이 있습니다. 마이크까지 있는 헤드셋이라면 더 준비할 장비가 없고, 듣기 기능만 있는 헤드셋이라면 컴퓨터와 연결 가능한 마이크까지 필요합니다.

데스크톱일 경우 필요한 장비들 목록

데스크톱 캠 헤드셋(마이크○) 헤드셋(마이크×) + 마이크

※이해를 돕기 위한 사진 자료입니다.

둘째, 노트북이 있는 가정입니다. 노트북은 데스크톱과 다르게 기기 자체에 카메라(캠)가 달려 있습니다. 따라서 캠을 따로 살 필요가 없습니다. 캠을 제외하고는 위의 상황과 같습니다.

노트북일 경우 필요한 장비들 목록

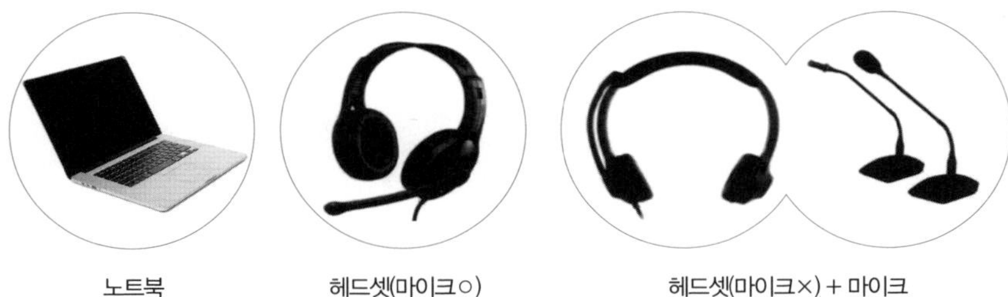

노트북　　헤드셋(마이크○)　　헤드셋(마이크×) + 마이크

※이해를 돕기 위한 사진 자료입니다.

셋째, 데스크톱과 노트북이 없고 스마트폰(태블릿, 패드 포함)만 있는 가정입니다. 인터넷(와이파이 등) 연결만 잘되는 환경이라면 간단히 수업 참여가 가능합니다. 스마트폰은 카메라 기능뿐 아니라 음성까지 전달할 수 있기 때문입니다.

안쌤의 꿀팁

온라인 수업이 진행되는 경우 스마트폰을 이용한 수업 참여보다는 데스크톱이나 노트북을 이용한 참여를 권장합니다. 스마트폰은 기본적으로 컴퓨터(데스크톱, 노트북)보다 화면이 작을 수밖에 없습니다. 수업 화면을 하루 종일 지켜보아야 하는 아이들 눈 건강을 위해서도 수업 화면을 정확하게 볼 수 있게 해야 합니다.

또한 집에 장비가 제대로 갖추어지지 않았다면 학교에 기기 대여를 요청하는 방법도 있습니다. 대부분 학교는 온라인 수업에 필요한 기기를 일정 부분 준비해 두니 담임 선생님에게 문의하면 도움을 받을 수 있습니다.

‘우리 아이가 학교에서 잘할 수 있을까?’ ‘학교에서 별일 없을까?’ 아이를 학교에 보내면 가장 먼저 드는 걱정입니다. 아이의 성장 속도에 따라 또래에 비해 빠른 아이도 있고, 느린 아이도 있습니다. 실제 교실에서 나타나는 학생들의 대표적 유형을 살펴보고, 추가로 우리 아이의 특성을 파악해 어떤 부분을 미리 준비하거나 신경 쓰면 좋을지 생활 지도 부분을 정리했습니다.

2

학부모가 가장 많이 물어보는 아이의 생활 지도 15가지

질문 TOP 18 정리 정돈을 잘 못하는데 교실 생활을 잘할 수 있을까요?

저자 직강 동영상 강의로 이해 쑥쑥

QR코드를 스캔해서 동영상 강의를 보고
이 칼럼을 읽으면 훨씬 이해가 잘됩니다!

학부모 상담을 하거나 학교에 행사가 있을 때 교실을 둘러보면 무엇이 가장 눈에 띄나요? 처음에는 우리 아이 책상은 어딘지, 어떻게 되어 있는지 궁금하지만 그다음은 자연스럽게 비교되는 책상에 눈길이 갑니다.

정리 정돈이 잘되어 있고 깔끔한 책상의 주인이 누군지, 반대로 온갖 책, 종이, 각종 물품이 책상 위에 널려 있는 책상의 주인이 누군지 궁금할 겁니다.

어린 시절부터 쌓아온 정리 정돈 습관이 이런 차이를 만듭니다. 그럼 정리 정돈과 연관 지어 영역별로 교실에서 아이들의 특징을 설명하고, 가정에서 자녀들에게 정리 정돈을 가르치는 방법을 안내하겠습니다.

정리라는 단어의 사전적 정의는 '흐트러지거나 혼란스러운 상태에 있는 것을 한데 모으거나 치워서 질서 있는 상태가 되게 함'입니다. 또 '체계적으로 분류하고 종합함'이라는 의미도 자주 사용됩니다.

즉 정리 정돈에는 자기 주변의 물품들을 정리한다는 생활 측면이 포함될 뿐 아니라 수업 시간에 배운 내용을 정리한다는 학습 측면도 포함되어 있습니다. 학교생활에 중요한 생활 영역, 학습 영역 모두 해당합니다. 심지어

생활 측면

정리 정돈을 잘하는 학생	정리 정돈을 잘 못하는 학생
• 책상 위에 필요한 것만 놓여 있음 → 국어 시간이면 국어 교과서만 있음 • 아이 책상 주변과 바닥이 깨끗함 → 떨어뜨리면 스스로 주울 수 있음 • 필요한 물품이 어디 있는지 금방 찾아서 꺼내 올 수 있음 → 시간을 낭비하거나 물건을 잃어버리는 일이 없음	• 전혀 관계없는 물건들이 책상 위에 있음 → 국어와 관련 없는 물건들이 올라와 있음 • 아이 책상 주변과 바닥이 지저분함 → 무엇이 떨어졌는지도 모르므로 쓰레기뿐 아니라 이런저런 물품이 떨어져 있음 • 자기 물품을 어디 두었는지 잘 모름 → 물건을 자주 잃어버리고 하루 종일 찾는 일이 생김

학습 측면

정리(정돈)를 잘하는 학생	정리(정돈)를 잘 못하는 학생
• 방금 배운 내용을 정리하며 복습함 → 중요한 부분을 한 번 더 떠올림 • 중요한 것과 중요하지 않은 것을 파악하여 구분할 수 있음 → 시간이 자연스럽게 절약됨 • 중·고학년이 되었을 때 노트 정리를 잘할 확률이 높음 → 노트 정리도 결국 다양하게 배운 지식을 깔끔하게 정리하는 동일한 원리임	• 다음 시간에도 이전 수업 교과서가 올라와 있음(기타 필요 없는 물건도) → 수업을 방해할 만한 요소들이 있어 집중하기 어려움 • 무엇이 중요한지, 무엇을 해야 하는지 모름 → 모두 읽으므로 시간이 많이 필요함 • 중·고학년이 되었을 때 노트 정리를 어려워할 확률이 높음 → 정리 자체를 해 보지 않았기 때문임

친구 관계 측면

정리 정돈을 잘하는 학생	정리 정돈을 잘 못하는 학생
• 친구들이 모일 수 있는 공간임 → 책상이 깔끔하면 아이들은 부담 없이 해당 아이에게 다가감 • 깔끔한 친구라는 인식이 생김 → 물건을 빌리거나 필요한 물품이 있을 때 해당 아이에게 다가오는 학생이 많음	• 친구들이 기피해야 할 공간으로 인식 → 책상도 지저분하고 바닥도 지저분하면 주변에 가고 싶어하지 않음 • 정리 정돈을 잘하지 않는 친구라는 인식이 생김 → 물건을 빌리러 오지 않을 뿐 아니라 자기 물건도 빌려주기 싫어할 수 있음

※ 내부(성격, 관계) 요인이 아닌 외부(정리 정돈)의 영향만

'다른 사람과 관계를 지속하지 아니하고 끝냄'이라는 친구 관계까지 연관되어 있습니다.

아이들 대부분이 중간에서 정리 정돈을 잘하는 방향으로 넘어가는 단계라고 생각합니다. 그렇다고 정리 정돈을 못 하는 아이들이라고 해서 교실 생활이 힘들다거나 어렵지는 않습니다. 아이들을 지켜본 결과, 정리 정돈을 못 하는 아이들은 '내 책상이 지저분하다.' '왜 내 주변만 더럽지?'라는 생각을 하지 못합니다. 그렇기에 교실 생활에서는 다른 친구들과 비슷하게 생활합니다.

다만 몇 가지 부분에서 조금씩 영향이 커질 수 있으니 지금부터라도 또는 어린 시절부터 정리 정돈하는 방법을 길러 주었으면 합니다.

첫째, 너그럽게 바라봐야 합니다. 아이들도 지금 처음 배우고 익숙해지는 과정이라고 받아들여야 합니다. '우리 아이가 이제 시작했구나!'라는 기특한 마음으로 바라보세요.

제대로 못 한다고 잔소리하거나 더 시키지 않으면 아이는 그 상태로 머물게 될 수밖에 없습니다. 작은 일을 하더라도 인정해 주고 지지해 준다면 아이들은 성취감을 얻게 됩니다.

둘째, 정리 정돈을 했을 때 보상으로 용돈을 주는 것은 당연히 금지입니다. 정리 정돈한 대가로 외부 보상을 받으면 아이들은 목적이 '정리 정돈의 필요성'에서 벗어나 점점 '용돈, 보상'으로 변질될 수밖에 없습니다. 부모도 당연히 용돈보다는 칭찬이 좋다는 것도 알고 있을 겁니다. 행동 자체보다는 조금 더 나아가 그런 행동을 하는 마음 또는 그 마음을 지닌 아이를 칭찬해 주면 좋겠습니다.

셋째, 정리 정돈을 시키기 전에 직접 하는 방법을 먼저 보여 주고, 몇 번은 아이와 함께 반복해야 합니다. 어른에게는 당연한 일이지만, 아이들은 처음 해 보는 일일 수도 있습니다. 제대로 하지 않는 것이 아니라 방법을 몰라서 못 한다고 생각하세요.

안쌤의 꿀팁

정리 정돈을 포함하여 집안일을 함께하면 좋겠습니다. 하버드대학교 의과대학 조지 베일런트 교수는 35년간 실험을 진행했습니다. 이 실험은 학생 456명을 대상으로 무려 35년간 추적했고, 성공한 사람들의 공통점을 한 가지 발견했는데, 그것은 바로 '어릴 때부터 집안일을 경험했다'는 사실입니다. 조지 베일런트 교수는 이 사실을 밝히면서 성취감이 가장 큰 이유라고 설명했습니다. 어릴 때부터 성취감을 계속 맛보고 경험하면서 성공에도 많은 도움을 준 것이라고 했습니다.

질문 TOP 19 행동이 느린 우리 아이, 학교에서는 괜찮을까요?

저자 직강 동영상 강의로 이해 쑥쑥

QR코드를 스캔해서 동영상 강의를 보고
이 칼럼을 읽으면 훨씬 이해가 잘됩니다!

행동이 느린 아이들이 있습니다. 좋게 표현하면 여유로운 학생이라고 볼 수 있습니다. 가정에서도 아이를 볼 때 답답함을 느끼거나 고민되는 경우가 있을 테고, '이 상태로 초등학교에 입학해도 괜찮을까?'라는 걱정이 드는 것은 당연합니다. 그럼 교실에서 행동이 느린 아이가 있는지, 대체 왜 그런 행동을 보이는지, 학교생활을 위해 미리 알아두거나 지도하면 좋은 부분이 있는지 알아보겠습니다.

저학년 교실, 고학년 교실 모두 개인차가 있습니다. 한 반이 10명이면 10명이 모두 다르고, 20명이면 20명 모두 수준이 다를 수밖에 없습니다. 그러다 보니 누군가는 비교적 행동이 빨라 보이고, 또 누군가는 행동이 느려 보일 수밖에 없는 구조입니다.

교사들도 당연히 다름을 인지하고 이해하기 때문에 일부 학생들의 행동이 빠르다거나 늦는다고 해서 혼을 내거나 잔소리를 하지는 않습니다. 그렇다고 가만히 방치해 두지는 않습니다. 각각의 이유와 상황을 보면서 설명하겠습니다.

1. 발달(성장) 단계로 늦는 아이들이 있습니다. 학년이 올라갈수록 기본 체격은 갖추어지고 적당한 근육도 생기지만, 저학년(1·2학년)은 아직 어린아이입니다. 근육도, 근력도 성장하는 중입니다.

구체적인 예를 들어보겠습니다. 학교에서 체육 시간을 제외하고 수업 시간에 가장 많이 써야 하는 근육은 무엇일까요? 바로 '손'입니다. 거의 모든 수업 시간에는 손을 써야 합니다. 국어, 수학 시간에는 연필을 잡아서 글자와 숫자를 써야 하고, 미술 시간에는 그림을 그리고 색칠을 해야 합니다.

글자는 칸에 맞춰 쓰는 경우가 많고, 그림도 점점 색칠해야 하는 크기가 작아집니다. 그럼 손에 들어가는 힘이 많이 필요하겠죠? 그래서 아이들이 점점 느리게 행동하는 것입니다. 쓰거나 그리다가 힘들면 조금 쉬고, 또다시 시작하다 보니 어쩔 수 없이 다른 아이들보다 늦어지게 됩니다.

2. 자기 스스로는 마음이 여유로운 아이들이 있습니다. 전혀 급하게 생각하지 않고 느긋하게 해야 할 일을 합니다. 보는 사람들은 답답해서 재촉하지만, 당사자는 그럴 의지가 없습니다. 이런 아이들은 부모님의 영향을 받은 경우가 많았습니다. 어린 시절부터 대부분 활동을 시간에 쫓기지 않고 여유롭게 하다 보니 학교에서도 세월아, 네월아 하며 자기 하던 대로 하는 것입니다.

예를 들면 하나의 그림 그리기 작품을 완성해야 하는 미술 시간입니다. 1~2시간이 끝나고 작품을 제출 또는 검사받으라고 할 경우, 1시간이 채 되지도 않았는데 나오는 아이가 있습니다. 행동이 빠르거나 대충 한 아이들입니다. 이런 아이들은 교사가 추가로 지도할 수 있습니다.

많은 학생이 제 시간 안에 완성하고 검사를 받습니다. 그리고 절반도 채 완성하지 못한 아이들도 있습니다. 바로 여기에 해당하는 아이들입니다. 꼼꼼하게 작품을 완성하고 여유롭게 색칠하다 보니 나머지 부분은 집에 가져가서 해 오는 상황이 발생합니다.

다른 경우도 있겠지만 교실에서 보이는 대표적 이유를 2가지 살펴보았습니다. 이런 아이들에게 어떤 부분을 알려 주고 지도하면 도움이 될까요?

먼저, 1번의 경우 성장하면 자연스럽게 해결됩니다. 아이는 가위질을 빠르게 하고 싶은데, 글씨를 빨리 예쁘게 쓰고 싶은데 손 근육이 따라주지 않기 때문입니다. 이런 아이들한테는 "빨리 해." "서둘러서 해야지."라는 말은 스트레스로 다가올 수 있습니다. 자연스러운 과정이라고 생각할 수 있도록, 부담 가지지 않도록 지도하면 됩니다.

2번의 경우이거나 다른 이유에 해당하는 상황에서는 아이들에게 이런 부분을 미리 알려 주면 아이들도 그리고 주위 어른들도 한결 마음을 놓을 수 있습니다.

첫째, 혼자 하는 활동은 시간에 관계없이 자기가 하고 싶은 대로 해도 됩니다. 가정에서는 물론이고 학교에서도 취미 활동을 하거나 쉬는 시간에 혼자 놀 때는 행동이 느린 것은 전혀 문제 되지 않습니다. 지켜보는 사람, 함께하는 사람이 없으니 답답해하는 사람도 없고, 피해를 주는 행동도 전혀 아니기 때문입니다. 책 읽기, 그림 그리기, 종이접기 등 어떤 활동이든 상관없이 혼자 즐기는 활동이라는 말입니다.

둘째, 짝·모둠 활동이나 팀 활동이면 상황이 달라집니다. 수업 시간에는 개인 활동뿐 아니라 2명이 하는 짝 활동, 3명 이상 모여서 함께하는 모둠 활동이 있습니다. 이때 한 가지 이뤄야 할 목표를 협력해서 해결해야 합니다.

모둠별로 모였을 때 각자 해야 할 일을 나누고, 각자 한 것들을 모아 발표하거나 전시하게 됩니다. 즉, 개개인 모두 완성해야 모둠 작품이 완성됩니다. 이런 상황에서는 최대한 모둠원과 비슷하게 맞춰서 할 수 있도록 지도해야 합니다. 또래들은 웃으며 기다려 주지 않습니다. 다른 모둠은 전부 제출하는데 우리 모둠만 제출하지 못하면 안 되니까요. 또는 모둠 활동을 시작하면서 미리 자기 상황을 말하게 하여 배려받는 방법도 있습니다.

셋째, 혼자 하는 활동이라도 제한 시간이 있다면 지키게 해야 합니다. 2번의 경우 시간에 쫓기기보다는 작품 완성도가 중요한 아이들이 있습니다. 하나를 하더라도 꼼꼼하게 신경 써서 하는 유형으로, 좋은 습관입니다.

단, 주어진 시간이라는 조건이 있으면 시간과 완성도 2가지 모두 신경 써야 합니다. 예를 들어 수학 시험 시간에 40분 동안 20문제를 풀어야 합니다. 1번부터 꼼꼼하게 푸느라 10번을 푸는데 시험지를 걷어 가는 상황도 같습니다. 학년이 올라갈수록 시간에 비해 해야 할 과제나 학습량이 늘어나니 저학년 때부터 시간과 완성도를 같이 실천하도록 연습해야 합니다.

안쌤의 꿀팁

행동이 느린 아이도 어떻게 행동하느냐, 어떤 모습을 보이느냐에 따라 같은 반 아이들이 대하는 태도가 달라질 수 있습니다. 팀으로 나눠서 경쟁 활동이나 게임을 한다고 가정하겠습니다. 저학년 아이들은 게임하는 '즐거움'도 있지만 마음속에는 '이기고 싶은' 마음도 있습니다. 이때 동작을 느릿느릿하게 하거나 행동을 느리게 하다가 게임에서 지면 아이들은 '쟤는 일부러 저러나?' '지려고 그러는 건가?' 오해할 수 있습니다. 친구들의 오해를 사지 않도록 '최대한 빠르게 노력하는 모습을 보이는 방법'과 미리 "내가 이 활동을 잘하지 못하는데 최선을 다해 볼게."라고 표현하는 방법을 연습하도록 해 주세요. 단, 행동을 느리게 하는 것이 절대 잘못된 것이 아님도 함께 알려 주기 바랍니다.

질문 TOP 20

말이 느린 우리 아이, 교실에서는 괜찮을까요?

말이 느린 아이에는 2가지 유형이 있습니다. 하나는 '소리 내어 말하기'가 또래에 비해 더딘 것이고, 다른 하나는 말하는 속도가 느린 것입니다. 이 중 말이 느린 것은 대부분 전자입니다.

초등 저학년, 특히 입학 전 학부모의 가장 큰 고민이 '한글'입니다. 한글에서 기본인 자음과 모음을 읽을 수 있어야 한다고 생각하고, 심지어 쓰기까지 연습시키는 가정도 있습니다.

그런데 이 과정 이전인 '말하기'가 익숙하지 않으니 오히려 더 걱정됩니다. 한글을 포함하여 모든 언어를 접하는 순서가 듣기 → 말하기 → 읽기 → 쓰기 순으로 진행되기 때문입니다.

사실 늦어도 1학년 때까지는 괜찮을 수 있지만, 2학년 이후 학년이 올라갈수록 아이 스스로 힘들어지는 일이 많이 생깁니다.

1학년은 자음·모음을 포함하여 한글을 배우는 시기입니다. 소리 내어 읽기도 하고 쓰는 방법도 배웁니다.

1학년 아이들도 한글을 배우고 있고, 자연스럽게 하고 싶은 말을 마음껏

한 지 몇 년이 채 되지 않았기 때문에 다른 친구들이 말이 느리다고 놀리는 일은 거의 없습니다. 또 교실에서도 자주 쓰는 단어, 문장 위주로 사용하기 때문에 불편함은 없습니다.

다만, 학년이 올라갈수록 주위 학생들은 말하기가 자연스러워지므로 '말하기'가 미숙하다면 연습해야 할 필요가 있습니다.

그럼 교실에서 말이 느린 아이의 모습이 드러나는 상황을 설명하면서 각 상황에 맞는 지도 방법을 알려 드리겠습니다.

1. 의견을 주고받는 상황에서 드러납니다. 모둠 상황이나 다툼, 갈등도 이에 해당합니다. 위에서 약간 언급했지만, 아이들은 장난감을 가지고 놀거나 함께 놀 때는 자유롭게 얘기할 수 있습니다. 자신들에게 친숙한 단어들이고, 주고받는 내용도 익숙하기 때문입니다. 그러다가 문제가 발생해서 다툼이 생기면 말싸움을 벌입니다.

말을 익숙하게 하는 아이는 자신이 하고 싶은 말을 차분하게 이어 가는 반면, 말이 느린 아이는 상대의 빠른 말에 당황하기도 하고 자신이 하고 싶은 말을 제대로 표현하지 못합니다. 그러다 보니 눈물을 흘리거나 몸을 쓰는 일이 생깁니다.

2. 발표하는 상황에서 드러납니다. 발표는 기본적으로 수업 시간에 특정 학생이 혼자 말하는 시간을 말합니다. 교사와 다른 아이들이 발표하는 아이를 쳐다보며 대답을 기다립니다. 물론 답이 정해진 질문이라면 쉽게 말(대답)할 수 있습니다.

그러나 자기소개를 하거나 생각을 말하는 질문이라면 말이 빠른 아이와 느린 아이는 다른 모습을 보일 수밖에 없습니다.

말하기는 의사소통 중 가장 일반적이고 평생 함께하는 표현 방법입니다. 입을 뗀 순간부터 자기 생각을 전달하는 수단입니다. 어린 시절부터 다양한 말하기에 익숙해지도록 가정에서도 꾸준히 노출하게 해 주고 기회를 주어야 합니다.

취학 전에 가정에서부터 말할 기회가 잘 주어지지 않고 듣기 위주로 자란 아이는 학교에서도 자기 의사를 표현하지 못합니다. 어른이 보기에는 엉뚱한 표현이고 쓸모없는 문장이라도 꾸준히 말할 기회를 많이 주고, 여러 말하기 상황에서 말할 기회를 주면 좋겠습니다. 말하기가 그만큼 익숙해지고 자신 있어 하면 이후 글쓰기도 큰 어려움 없이 진행할 수 있습니다.

3. 수업 시간에 교과서를 읽는 상황에서 드러납니다. 1·2학년 관계없이 모든 학년에 해당합니다. 학창 시절 자기 차례에 교과서 지문을 한두 문장 읽어 본 경험 있잖아요?

요즘도 이 방법이 남아 있습니다. '얼른 내 차례가 왔으면 좋겠다.'고 생각하는 아이가 있는 반면, '내 앞에서 끊겼으면 좋겠다.'고 생각하는 아이도 있습니다. 성격 차이도 있겠지만 저학년은 대부분 '읽고 말하기'에 자신감이 있느냐가 관건입니다.

한두 문장을 전혀 어려움 없이 또박또박 읽을 수 있는 아이는 자신감 넘치는 목소리로 읽습니다. 그러나 말이 느린 아이는 문장을 읽는다기보다 한 글자 한 글자 끊어서 읽는다는 느낌을 받습니다.

가정에서 아이가 책을 읽을 때 소리 내어 말하기(음독)를 해야 합니다. 같은 문장을 읽더라도 문장 전체를 보면서 읽는 것과 한 글자씩 읽는 것은 말하는 사람도, 듣는 사람도 전혀 다르게 받아들입니다. 소리 내어 읽는 것을 연습하다 보면 어느 부분에서 끊어야 하는지, 어떻게 말해야 하는지 조금씩 익숙해집니다.

결국 책에 나오는 문장을 말하다 보면 읽기 능력뿐 아니라 말하기 능력까지 향상됩니다.

안쌤의 꿀팁

말하기에 익숙해지려면 당연한 얘기지만 어릴 때부터 말을 많이 해야 합니다. '수업 시간에 엉뚱하고 쓸모없는 이야기를 하면 어쩌나?'라고 걱정하는 학부모가 있습니다. 말을 많이 하는 아이들은 학년이 올라갈수록 분위기 파악도 하면서 상황에 맞게 말을 줄이기도 하고 많이 하기도 합니다. 반대로 말을 하지 않는 아이들이(느리거나 조용한 학생) 말을 많이 하는 일은 거의 없습니다. 어떤 말이든 많이 하게 하는 것이 좋습니다. 아이가 어릴 때부터 끊임없이 많은 대화를 하세요.

질문 TOP 21 성격이 급한 우리 아이, 교실에서는 괜찮을까요?

성격이 급한 아이는 활동할 때 조급해하고 참는 시간이 짧습니다. 이는 습관 형성이나 친구 관계뿐 아니라 학습에도 영향을 줄 수 있습니다. 이미 급한 성격이 익숙해져서 한순간 바꾸기는 어렵습니다. 그래도 조금씩 바꾸도록 지도할 필요는 있습니다.

담임 선생님과 학부모가 함께 신경 써서 아이가 인내심을 기르고, 자기 마음을 절제하며 성장하도록 말입니다. 그럼 성격이 급한 아이의 모습이 드러나는 대표적인 상황을 설명하고 어디에 속하는지 파악한 뒤 어떻게 신경 쓰면 좋을지 알아보겠습니다.

1. 수업 시간에 나타나는 상황입니다. 교사가 수업하는데 돌아다니는 아이가 있습니다. 학부모 공개 수업이라는 학교 행사에 참여하면 1·2학년 교실에서 종종 볼 수도 있습니다.

선생님이 앞에서 수업하고 있고, 아이들은 선생님 말을 듣고 있습니다. 이런 시간에 혼자 일어서서 친구는 무엇을 하는지 친구에게 간다거나, 물건을 빌리러 간다거나, 화장실에 가는 아이들이 있습니다. 화장실은 생리적인 현상이니 그럴 수 있지만, 그 외 상황은 적절한 행동이 아닙니다. 자기가 생각하는 것을 먼저 해야 하므로 선생님 수업이 끝날 때까지 기다리지 못하고 바로 행동하는 것입니다.

2. 같은 수업 시간에 순서를 기다리지 못하는 아이가 있습니다. 선생님 질문에 여러 명이 손을 들었을 때, 차분하게 자기 이름이 불리기를 기다리는 아이가 있는 반면, "선생님! 저요! 저요!"라며 큰 소리로 외치는 아이가 있습니다. 선생님의 지도 방식마다 다르겠지만, 대부분 바른 자세로 조용히 손을 들도록 지도합니다. 그런데 자기 이름이 불리지 않을까 봐 걱정되고 자신이 발표하고 싶은 마음이 앞서다 보니 소리를 치는 것입니다.

3. 작품을 만드는 활동에서도 나타납니다. 미술 시간이 40분 있다고 가정하고 5~10분간 선생님이 오늘 배울 내용을 설명하고 함께 시작합니다. 이후 아이들이 작품 활동을 하는데 시간이 절반도 지나지 않았는데도 들고 나오는 아이들이 있습니다.

이런 아이들 중 절반 이상은 제대로 완성하지 않았습니다. 그림도 대충, 색칠도 대충 하고 끝내는 것입니다. 성격이 급해서 차분하게 꼼꼼히 색칠을 하지 못하는 아이도 있고, 빨리 작품 검사를 받고 다른 활동을 하거나 놀고 싶어하는 아이도 있습니다.

4. 시험 등 문제 푸는 학습에서도 나타납니다. 3번과 비슷한데, 문제를 풀면 항상 "선생님, 저 다 풀었어요!"라며 급하게 제출하는 아이들이 있습니다. 이는 위의 성격 급한 아이의 목적과는 약간 다릅니다. 자기가 잘하는 것을 아이들에게 자랑하고 싶은 마음도 있지만, 큰 맥락에서 보면 성격이 급한 아이의 유형입니다,

5. 친구들과 활동하는 상황입니다. 친구들이 먼저 놀고 있는데 아이가 함께 참여하길 바랍니다. 아이들이 지금 하는 판이 끝나면 함께하자며 같이 노는 데 동의했지만, 아이는 지금 당장 참여하고 싶어 화를 냅니다. 비슷하게 아이들끼리 노는데 순서를 정하거나 술래를 정할 때 꼭 자기가 먼저 한다고 하거나 중요한 역할을 해야 한다며 순서를 지키지 않는 아이도 있습니다.

위의 5가지 상황 외에도 다양한 유형이 있지만 결국 성격이 급한 아이는 자기 마음이 먼저이기 때문에 주변 상황을 잘 판단하지 않고 인내심이나 참을성이 부족한 경우가 대다수입니다. 어떤 부분을 아이에게 알려 주고 가정에서도 함께 지도하면 좋을까요?

첫째, 아이 마음을 알아주는 것입니다. 아이가 발표시켜 달라고 외치거나 순서를 지키지 못하거나 차례를 기다리지 못하는 것은 불안하기 때문입니다. '지금 이것을 당장 하지 못하면 내 차례가 안 오면 어쩌지?'라는 마음이 있고, 실제로 못 하고 넘어간 경험도 있을 겁니다. 가정에서도 이런 상황이 발생하면 아이에게 "응, 이것을 하고 싶구나. 꼭 할 거야. 먼저 하던 거 끝내고 하자." 하며 아이 마음을 알아주세요.

둘째, 당연히 약속을 지키며 신뢰를 쌓아 주세요. 교실에서도 마찬가지입니다. 선생님과 약속한 대로 아이가 가만히 손을 들었는데 발표 기회가 자주 오고 칭찬까지 이어지면 아이도 '급하게 표현하지 않아도 되는구나.'라고 깨닫게 됩니다. 가정에서도 아이 마음을 알아주고 신뢰를 쌓으면 재촉하는 상황이 많이 줄어들 것입니다.

셋째, 부모가 먼저 급하지 않은 모습을 보여야 합니다. 예를 들어 아이와 몇 가지 약속을 했습니다. 아이가 당장 약속을 지키면 좋겠지만, 원하는 모습을 바로 보이지 않을 수도 있습니다. 성격 급한 부분을 지키지 않는다고 부모가 아이를 바로 지적하거나 혼낸다면 결국 부모가 급한 모습을 보이는 것입니다. 아이는 이를 보고 배웁니다. 느긋하게 기다리는 모습을 보이며 솔선수범하기 바랍니다.

안쌤의 꿀팁

아이 요청이 있을 때만 도와주는 방법도 있습니다. 어른들 눈에는 아이들이 어떤 활동을 할 때 답답해 보이는 부분이 많습니다. '이것은 이런 식으로 하면 간단한데.' '아이고, 답답해.' 하며 방법을 알려 주거나 힌트를 줍니다. 아이에게는 사실 고민하는 시간이 가장 의미 있고 소중한 시간입니다. 이렇게도 생각해 보고 저렇게도 생각해 보고 다방면으로 고민하면서 여유로운 마음을 가질 수 있습니다. 그런데 고민도 하기 전에 "이건 이렇게 하는 거야."라고 알려 주면 아이들은 스스로 생각할 시간 없이 바로 하는 데 익숙해지고, 이것이 급한 행동으로 이어질 수 있습니다.

질문 TOP 22 더딘 우리 아이, 부모가 얼마나 도와줘야 할까요?

우리 아이가 해야 할 일을 어느 정도 도와주나요? 한 번 천천히 되돌아봅시다. 물론 아이가 자라는 데 부모 도움이 필요한 것은 사실입니다. 아이들이 유아일 때는 물론 어린이집을 다니는 동안 아주 작은 일이라도 생기면 가장 먼저 하는 말과 가장 먼저 찾는 사람이 누구였나요? "엄마" "아빠"를 외치며 울고는 했습니다. 이렇게 부모를 찾고 도움을 청하는 이유가 무엇이었나요? 아이 스스로 해결할 수 없는 문제가 많았고, 이를 해결하기 위해 부모에게 요청한 것입니다.

그렇다면 초등 입학을 앞둔 아이, 이미 저학년인 아이들은 어떤가요? 예전보다 우는 횟수나 부모를 찾는 빈도가 줄어들지 않았나요? 아이마다 개인 차이가 있겠지만, 대부분 많이 줄어들었을 겁니다. 부모로서는 약간 서운할 수도 있겠지만, 반대로 말하면 그만큼 아이들이 자랐다고 보면 됩니다.

이제 어린 시절에는 부모 도움이 필요했던 상황 가운데 일부는 스스로 해결할 수 있고, 그를 바탕으로 다른 상황에서도 직접 해결해 보려고 도전하는 것이죠. 이 과정이 또 아이를 성장시키는 중요한 단계입니다.

'1·2학년 우리 아이, 부모가 얼마나 도와줘야 할까요?'에서 '얼마나'를 '어떤 상황에서 (얼마나)' 도와줘야 할까요?로 생각하면 쉽게 판단할 수 있습니다. 아이들은 여전히 부모에게 의지하고 도움을 필요로 합니다. 청소년을 지나 어른이 되어서도요. 단, 직접적인 도움 → 간접적인 도움, 신체적 의지 → 정신적 의지로 변합니다. 아이가 어릴 때는 신체적으로도 제한되는 사항이 많았고, 자연스럽게 직접 부모가 해 줘야 했습니다.

몇 가지 상황으로 살펴보겠습니다. 생활 측면과 학습 측면으로 구분했는데 여기서는 생활 부분에서 도와줘야 하는 상황만 다루고, 학습(숙제, 수행 평가)에서 얼마나 도와줘야 할지는 학습 영역을 참고하세요.

1. 혼자서 처음 하는 활동을 하는 상황입니다. 초등학교에 입학하면 학교에서 해야 하는 생활 습관은 접해 보지 못했을 수도 있습니다. 예를 들어 책상 서랍이나 사물함 정리, 빗질-쓰레받기 사용법 등이 있습니다. 집에서 정리하거나 집안일을 도와 본 경험이 있는 아이는 학교에서도 혼자 잘할 테고, 그렇지 못한 아이는 학교에서 배우게 됩니다. 후자는 선생님과 함께 배웠지만 혼자서는 해 본 적이 없습니다.

집에 와서 책상 정리를 하고 싶고, 빗질도 해 보고 싶은데 혼자서는 처음 하다 보니 어려울 수 있습니다. 책상 모양도 다르고 빗자루와 쓰레받기 모두 다르니까 이런 사용법 등은 도와주면 됩니다.

일기나 독서 등도 비슷한 상황입니다. '학교에서 배웠겠지.'라고 생각하며 "얼른 학교 숙제해."라고 하는 것은 아이가 혼자 할 수 있는 경우에 해당합니다. 3월 초반에는 처음 접하는 활동이 다양하기 때문에 방법적인 면을 도와줘야 합니다. 다만, 내용 면이나 실제 활동하는 부분은 아이가 직접 할 수 있게 지켜봐 주세요.

2. 학교에서 배우지 않은 것을 해야 하는 상황입니다. 아이는 방법을 모르는 상태입니다. 학교에서 기본적인 생활 습관에 대해 교육합니다. 그럼에도 가정에서만 할 수 있는 상황이 있습니다. 대표적으로 집안일이 있습니다. 자기 방 청소, 신발장 정리, 옷 정리, 식사 후 그릇 정리 등은 학교에서 배우지 않지만 생활하는 데 필요한 부분입니다.

이 경우에도 방 청소는 어떻게 하는지, 신발장 정리는 어떻게 하는지 아이는 모릅니다. 함께 도와주고 나서 혼자 할 수 있도록 해 주면 됩니다. 결국 부모가 바라는 상황은 아이가 성장해서 혼자서도 주도적으로 다양한 일을 하는 것이니까요.

3. 도움을 필요로 하는 상황입니다. 부모님은 아이를 위해서 많은 것을 합니다. 아이가 불편해하거나 답답해하는 상황을 보는 것이 안타까울 수 있습니다. 그럼 다음번에 같은 상황이 발생한다면? 아이는 또 주위를 돌아보며 자신을 도와줄 누군가를 찾게 됩니다. 이 상황을 바라는 것은 아니잖아요.

1, 2번 상황에서도 혼자서 다양한 방법을 찾으려 하고, 이것저것 시도하는 아이가 있습니다. 이때는 가만히 지켜보다가 성공할 경우 듬뿍 칭찬하면 됩니다. 아이의 성취감과 자존감이 올라가서 다음번에도 혼자 해결하려고 합니다. 반대로 혼자서 도전하다가 어려운 경우 아이가 도움을 요청하게 됩니다. 이런 상황에서도 직접 도전하려고 한 부분과 실천한 부분을 먼저 칭찬하고 함께 돌아보며 필요한 부분을 도와주면 됩니다.

3번과 비슷하지만, 부모님이 구분해야 하는 상황이 있습니다. 아이가 아무것도 해 보지 않고 바로 부모를 찾으며 '도와주세요.'라고 하는 경우입니다. 3번에서는 시도해 보고 스스로 찾는 과정, 도전하면서 찾는 과정이 있었지만, 여기서는 전혀 그런 부분이 없습니다.

정말 할 수 없는 부분이라면 도와주어도 되지만, 아이 수준을 고려했을 때 충분히 할 수 있다고 판단하면 조금 더 시간을 주고 나서 도와주는 편이 좋습니다.

안쌤의 꿀팁

부모가 아이에게 즉각 도움을 주는 것은 단기적으로는 좋습니다. 아이도 불편함이 바로 사라지고, 지켜보는 부모도 답답함이 사라지니까 양쪽 모두 마음이 편안해집니다. 그러나 장기적으로 보면 아이가 성장할 기회를 박탈하는 것과 비슷합니다. 아이가 성장하여 부모 도움 없이 다양한 일에 도전하고 이뤄낼 수 있도록 각 상황에 맞게 판단해서 적합한 지원과 적절한 도움을 주면 됩니다.

질문 TOP 23 집중 못 하는 우리 아이, 교실에서는 괜찮을까요?

집중하지 못하는 아이는 주의 깊게 관찰해야 합니다. 집중하는 방법을 모르거나 다른 것에 흥미를 느껴서 집중하지 못하는 유형이 있는 반면, 의지와 관계없이 집중하지 못하는 유형도 있기 때문입니다. 대표적인 예가 '주의력결핍 과잉행동장애(ADHD)'입니다. 아동기에 주로 나타나며, 지속적으로 주의력이 부족하여 산만하고 과다 활동, 충동성을 보입니다.

이러한 증상을 치료하지 않고 방치하면 초등 내내 여러 방면에서 어려움을 겪을 수 있고, 그중 일부는 청소년기와 어른이 되어서도 증상이 남을 수 있으므로 초기에 발견하고 상담을 한 이후 치료를 시작해야 합니다.

학교에 입학하면 1학기(보통 4월)에 학생 정서 행동 특성 검사를 합니다. 대상은 1학년과 4학년입니다. 1학년은 검사를 아이가 하는 것이 아니라 학부모가 직접 참여합니다. 그런데 우리 아이의 결과가 좋지 않게 나올까 걱정되어 설문 문항 답변을 좋은 방향으로 표시하기도 합니다. 이는 아이에게 아무런 도움을 줄 수 없습니다. 객관적이고 솔직하게 점검하고, 이후 조치대로 진행하면 됩니다.

그 전에 걱정되면 별도 기관에서 검사받는 방법도 있습니다. 그럼 집중하지 못하는 아이들은 교실에서 어떤 모습을 보이는지 살펴보고, 이를 위한 지도 방안을 이어 가겠습니다.

1. 수업 시간에 가만히 앉아서 선생님이 하는 말에 집중하지 못합니다. 물론 1·2학년이 40분 동안 앉아서 수업을 듣기가 어려울 수도 있습니다. ADHD에 해당하는 아이는 자리에 앉아 있기조차 힘들어하는 경우가 많습니다. 단순히 집중을 못 하는 아이는 자기 이름이 불렸을 때 반응하지 못한다거나 선생님 질문에 답변하지 못하는 상황으로 이어집니다.

다른 생각을 하다 보니 누구 이름이 불렸는지, 어떤 질문을 했는지 알 수 없습니다. 이는 점차 학습 결손으로 이어질 수 있으므로 학업 측면에서도 유의해야 하는 사항입니다. 집중하지 못하는 아이들은 대부분 수업 시간에 가장 많이 드러납니다.

2. 종이접기나 모형 만들기, 풀로 붙이는 등의 섬세한 작업을 어려워합니다. 손 근육이 덜 발달해 제대로 작품을 만들지 못하는 것과는 잘 구분해야 합니다. 담임 선생님도 저학년 아이들이 만들 수 있는 수준을 제공합니다. 즉, 수준이 높아서가 아니라 선생님이 하는 모습을 집중해서 그대로 따라 하는 활동을 어려워합니다. 그러다 보니 모범 예시보다는 자기만의 생각대로 종이를 접거나 모형을 만듭니다. 교실에서 아이가 작품을 만드는 모습을 관찰할 때 이를 참고하면 무슨 말인지 이해할 수 있습니다.

3. 친구들과 놀거나 대화할 때 자연스럽게 이어지지 않는 일도 있습니다. 이는 가정에서 학부모와 대화할 때도 그대로 나타날 수밖에 없습니다. 다른 친구가 이야기하는 주제가 아니라 자기가 생각한 이야기나 하고 싶은 말로

전환합니다. 배려심이 많은 아이는 서로 이야기를 이어갈 수 있지만, 학년이 올라갈수록 친구 관계에서 어려움을 겪게 됩니다.

4. 결국 문제 풀이, 시험을 포함하여 독서, 정리 등의 활동을 혼자서 하지 못합니다. 집중을 잘하지 못하는 아이라도 선생님이나 학부모가 옆에서 일대일로 관심을 가지고 지도하면 어느 정도 따라오려고 노력합니다. 그러나 옆에서 지켜보고 도와주는 사람이 없으면 다시 집중하지 못하게 됩니다.

집중은 생활, 학습 등 모든 활동을 할 때 필요합니다. 특히 좋아하는 활동을 할 때 아이들은 완전히 몰입합니다. 정확한 방법은 아니지만, 아이가 좋아하는 활동이 무엇인지 떠올려보면 우리 아이가 집중할 수 있는지 아닌지 판단할 수 있습니다. 학부모들은 아이가 관심 있는 영역 외에 다른 활동을 할 때는 집중을 잘하지 않는 부분을 걱정합니다. 그럼 집중력을 높이는 방법에는 무엇이 있을까요?

첫째, 우리 아이가 집중을 못 하는 이유를 찾는 것이 우선입니다. 사실 수업 시간 40분은 저학년뿐 아니라 고학년도 힘들어합니다. 교사들도 알기 때문에 아이들이 40분 내내 집중하는 활동은 진행하지 않습니다. 교사가 말하는 시간, 아이들이 활동하는 시간 등을 잘 분배하면서 수업을 진행합니다.

담임 선생님과 상담하면서 우리 아이의 집중 정도를 파악하세요. 가정에서 보이는 모습과 비교하며 자발적인지, 비자발적인지 파악하고 후자가 염려된다면 검사를 먼저 해야 합니다.

둘째, 어떤 영역에서 집중하지 못하는지와 함께 원인을 파악해야 합니다. 수업 시간에 선생님 말에는 집중하는데 독서에는 집중하지 못한다면 이 아이는 기본적으로 집중할 수 있습니다. 그렇다면 왜 독서할 때 집중하지 못

하는지 원인을 찾고 그 부분을 해결하면 됩니다. 아이가 흥미를 느끼는 책을 직접 골라보게 한다거나 책 읽는 환경을 만들어 주는 등 집중을 방해하는 이유를 없애는 것입니다.

셋째, 집중 시간을 짧은 시간부터 점차 늘리며 연습해야 합니다. 처음부터 무리하게 긴 시간을 잡으면 아이들이 따라오지 못하는 것은 당연합니다. 아이가 충분히 해낼 수 있는 시간부터 시작해 스스로 할 수 있다는 자신감을 가지도록 하세요. 무슨 일이든 아이가 해냈을 때 칭찬과 응원은 필수입니다.

안쌤의 꿀팁

평소 아이의 관심사가 무엇인지 파악하는 것이 중요합니다. 아이가 가장 이야기를 많이 꺼내거나 그 활동에 집중하기 때문에 금방 찾을 수 있습니다. 그럼 다른 영역의 집중도를 연습할 때, 아이 관심사를 토대로 최대한 연관 지어 시작하는 방법이 있습니다. 게임을 좋아한다면 게임 형식을 바탕으로 학습 활동에 적용하는 방법, 공룡·자동차 등 특정 장난감이나 물건을 좋아한다면 공룡과 자동차 모형 직접 만들기, 공룡과 자동차를 다룬 학습 만화(글책) 조금씩 읽기 등 아이가 집중할 수 있는 환경을 최대한 지원하는 방법입니다.

질문 TOP 24

친구들이나 선생님에게 예쁨받는 방법이 있을까요?

저자 직강 동영상 강의로 이해 쑥쑥

QR코드를 스캔해서 동영상 강의를 보고
이 칼럼을 읽으면 훨씬 이해가 잘됩니다!

예쁨받는다는 표현을 아이가 학교생활을 하는 데 친구들과 사이좋게 지내고 선생님에게도 멋진 아이로 기억될 수 있다는 의미로 생각해 주세요. 다양한 방법이 있지만 저학년인 만큼 모든 학교생활의 기초가 되면서도 주변 사람들에게 인정받을 수 있는 문장 3가지를 알려드리려고 합니다. 아주 간단한 말이지만, 의외로 이 말을 하지 않는 아이들이 정말 많습니다.

이 3가지만 적절하게 사용한다면, 앞으로 친구 관계뿐 아니라 인성 측면에서도 걱정할 일은 전혀 없을 겁니다. 다음 3가지 문장을 우리 아이가 자주 사용하는지 가정에서 관찰하고, 학교에서도 꼭 실천하도록 지도하면 좋겠습니다.

TOP 3. "고마워!" "감사합니다."

이런 간단한 말을 못 하는 학생이 있냐고요? 못 한다기보다는 굳이 하지 않는다가 적절한 표현입니다. 가만히 보면 생각보다 고마운 마음을 표현하는 아이는 흔치 않습니다. 학년이 올라갈수록 고맙다고 말하는 아이는 더욱 줄어듭니다. 그렇다고 아이들이 고마운 마음이 전혀 없는 것도 아니며, 상대 호의를 당연하게 받아들이는 것도 아닙니다. 단지, 고마운 마음을 가슴 한구석에 묻어 두고 표현을 제대로 하지 않을 뿐입니다.

그러나 아주 사소한 것이라도 고마움을 표현하는 것이 좋습니다. 아이에게 한번 물어보세요. 예를 들어 짝이나 친구가 물건을 빌려줄 때, 떨어져 있는 내 물건을 주워 줄 때 어떻게 하냐고요. 이것은 당연한 것이 아닙니다.

고마운 표현을 함으로써 상대방은 이런 생각을 합니다. '와, 이 친구는 고마운 마음을 표현할 줄 아는구나. 앞으로도 계속해야겠다.' 그런데 반대로 이런 행동을 당연하게 받아들이고 아무런 표현을 하지 않으면 '왜 고맙다는 표현을 하지 않지?'라고 생각하며 점점 도와줄 일이 줄어들 것입니다.

마찬가지로 선생님도 학부모도 어른이기 전에 사람입니다. 선생님이 아이들과 놀려고 재미있는 활동을 하거나 간식 등을 준비해 다 함께 즐겁게 보낼 때가 있습니다. 선생님이 아이들을 위해 당연히 해야 하는 일이라고 생각할지라도 "선생님, 재미있는 활동 준비해 주셔서 감사합니다."라는 한마디면 앞으로 선생님은 더욱더 아이들만 떠올립니다.

요즘 아이들은 너무 당연하게 받아들이는 경우가 많아서 가끔 속상합니다. 가정에서도 마찬가지입니다. 아이를 위해 부모들이 정말 많이 고생하잖아요. 모든 상황은 아닐지라도 종종 감사하다는 말을 전하는 아이로 성장하길 바랍니다.

TOP 2. "미안해!" "죄송합니다."

두 번째는 바로 "미안해!" 사과하는 마음을 표현하는 문장입니다. 교실에서 '고마워.'라는 말보다 더 듣기 힘든 말입니다. 적절한 상황에서 '미안해.'만 있으면 다툼이나 갈등은 물론 학교 폭력도 사라질 거라고 생각합니다.

친구들과 다툼이 일어나는 일반적인 상황을 예로 들어보겠습니다. 상현이와 서정이 두 아이가 처음에는 즐겁게 장난치다가 점점 장난 수준이 심해지면서 기분이 나빠집니다. 간단하게 대화하다가도 갑자기 기분이 나빠질 때가 있습니다. 이때 상현이가 "너 자꾸 왜 그래?"라거나 "그만해. 기분이 좋지 않아."라고 하면 서정이 반응은 이렇습니다. "네가 먼저 그랬잖아." "너도 지난번에 그랬으면서."

어떤 상황인지 그려지나요? 앞의 예시처럼 아이들은 '미안해.'라는 말을 쉽게 꺼내지 않습니다. 갈등 상황에서 멈출 수 있는 타이밍이 많은데도 이 말을 하지 않다 보니 갈등이 심해지는 경우가 있습니다. 친한 친구 사이에서는 오히려 더 사과 표현을 하지 않습니다. '친하니까 당연히 이해해 줄 거야.' '나도 지난번에 봐줬으니까 얘도 그냥 넘어가겠지.'라고 생각할 게 아니라 친할수록 더 미안하다고 표현해야 합니다.

아이들이 무엇인가 잘못해서 선생님에게 혼나야 하는 상황도 있습니다. 선생님들은 아이들을 꾸짖거나 눈물을 쏙 빼려고 혼내는 것이 아닙니다. '스스로 무엇을 잘못했으며, 그 일을 반성하고 있다고 직접 말하면' 됩니다.

아이들도 보통 선생님 앞에 가면 "선생님, 사실 제가 그러려고 그런 것이 아니라…" "어쩌고저쩌고… 변명변명"을 하기 바쁩니다. 이런 이유보다는 정확하게 "제가 이런저런 것을 잘못해서 친구가 기분이 나빴던 것 같습니다."라고 서로 감정을 이해하려는 모습을 보이는 아이들이 훨씬 기특하고 대견합니다.

TOP 1. "안녕?" "안녕하세요."

마지막은 바로 "안녕?" "안녕하세요." 같은 인사입니다. 2, 3번보다 싱거울 수 있지만 간단한 문장일수록 더 중요합니다. 심지어 다양한 외국어로도 할 수 있는 말이잖아요? 저는 아이들 등교 시간에 교실 문이 열릴 때마다 아이들과 서로 꼭 인사를 합니다. 타이밍이 어긋나면 서로 마주칠 때까지 쳐다보다가 인사합니다.

그런데 아이들끼리는 인사를 잘하지 않습니다. 짝이나 친한 친구끼리는 반갑게 인사하지만 생각만큼 학급 친구들이 들어올 때는 인사하지 않습니다. 물론 독서 중이거나 다른 일에 집중하고 있겠지만 하루 첫 시작으로 문을 열고 들어오는 친구에게 반갑게 인사해 주는 것만큼 상대를 기쁘게 하는 일도 없습니다.

아이들에게 등교하여 매일 많은 친구에게 인사해 주는 친구가 누군지 살펴보라고 해 보세요. 없다면 매일 아침 학급 친구에게 반갑게 인사를 먼저 시작하도록 해 주세요. 자연스럽게 주위에 친구들이 몰릴 겁니다.

안쌤의 꿀팁

인사는 정말 상대를 기쁘게 합니다. 친구들뿐 아니라 옆 반 선생님, 지나가는 선생님들에게 바른 자세로 "안녕하세요." 이 한마디면 모든 선생님의 사랑을 듬뿍 받을 수 있습니다. 복도에서 아이들을 관찰해 보면 10명 중 7~8명은 선생님을 봐도 그냥 지나갑니다. 물론 우리 반 선생님, 우리 학년 선생님이 아니라 모를 수도 있지만, 인사는 상대를 배려하는 기본 습관이잖아요. 또한 같은 학교에 있는 선생님이기도 하고 언젠가 같은 학년 또는 담임 선생님이 될 수도 있습니다.

질문 TOP 25 아직 놀게 놔둬도 될까요? 따로 준비해야 할 것이 있을까요?

이 부분에서는 자신 있게 "그렇다."고 합니다. 이제 초등학교 1·2학년인데 못 놀게 하거나 학업에 대한 부담을 주는 가정은 없으리라고 믿고 싶습니다. 그러나 매년 여러 학부모로부터 비슷한 질문을 받습니다. 사실 이런 질문이 나온다는 것 자체가 몹시 안타깝습니다.

물론 학업에 대한 부담도 많고, 3학년부터는 과목 수도 많아진다고 하니 저학년부터 준비해야 할 것 같은 마음일 겁니다. 하지만 저학년 때부터 공부만 시키면 아이가 "네. 어머니!" 하고 집중해서 점차 공부를 잘하게 될까요?

저는 '아이들의 학교생활이 행복해야 한다.'고 주장합니다. 가정생활은 말할 것도 없겠지요. 학교생활이 행복해야 교실에 오고 싶어하고, 수업 시간에 집중해서 수업을 들을 수 있습니다. 1·2학년은 학교생활을 시작하는 지점입니다. 12년의 장거리 마라톤을 해야 하는데 시작부터 스트레스받고 힘들어한다면 완주할 수 없습니다.

초등학교						중학교		
1학년	2학년	3학년	4학년	5학년	6학년	1학년	2학년	3학년

반대로 아무것도 하지 않고 무조건 놀게 하라는 것 또한 아닙니다. 그럼 학부모들이 학업에 대한 부담을 조금이라도 덜고, 학생도 미리 신경 써야 할 부분을 준비하면서 마음껏 노는 방법은 무엇일까요?

기본적으로 아이가 해야 할 활동을 스스로 하는 습관을 들이고, 그 일을 끝내면 마음 편히 놀아도 된다고 생각합니다. 해야 할 일에는 예습, 선행 학습 등은 포함되지 않습니다. 학업 관련 학원은 더더욱 아닙니다. 부담 없이 아이가 놀고 싶은 대로 놀되, 간단한 몇 가지 습관만 연습하는 것으로 아이와 약속하세요. 결국 이 시기에 필요한 습관을 잡느냐 마느냐가 이후 학년에서 자기 주도 학습에 중요한 영향을 미친다고 보기 때문입니다.

첫째, 수업 시간만큼은 집중하는 습관입니다. 저학년은 특히 학교 수업 시간 외 학업은 크게 중요하지 않습니다. 담임 선생님 말에도 집중하지 못한다면 학원도 별 소용 없습니다. 그리고 뒤에서 자세히 확인할 수 있지만, 저학년 수업 시간에는 많은 내용을 배우지 않기 때문에 아이들에게 전혀 부담이 가지 않습니다. 다른 학업 활동을 추가하지 않는 대신 수업 시간에 정확히 듣도록 하고 종종 확인도 하세요.

둘째, 학교 숙제만큼은 부모님이 시키지 않아도 혼자 하는 습관입니다. 1학년은 거의 숙제가 없긴 합니다. 2학년은 1학년보다는 조금 늘어납니다. 학년이 올라갈수록 숙제의 양도 늘어가고 다양한 과목에서 등장합니다. 그뿐만 아니라 일기나 독서 등 매일 해야 하는 활동이 시작됩니다.

무슨 일이든 한 번에 하기는 어려우니 저학년 때부터 숙제는 한다는 인식으로 습관을 들인다면 이후 부모님이 잔소리할 일은 없어질 것입니다. 다만, 초반에 이런 습관을 들이려면 부모의 꼼꼼한 관심이 필요합니다. 며칠 하다가 그만두지 않도록 세심하게 관리해서 끝까지 이어가게 합니다.

셋째, 독서에 흥미를 가지고 꾸준히 독서하는 습관입니다. 저학년 때는 책을 즐겨 보는 아이들이 많습니다. 그런데 중학년, 고학년으로 올라갈수록 급격하게 줄어듭니다. 저학년 때 책을 어떻게 읽었느냐에 따라 달라집니다. 책을 읽는 것이 즐거워서 찾아보는 아이와 부모님이 시켜서 억지로 읽는 아이입니다. 저학년 때는 별말 없이 부모가 시키는 대로 독서하지만, 점차 학년이 올라갈수록 하기 싫은 것은 하지 않으려고 합니다. 독서 자체가 부담으로 다가가지 않도록, 흥미를 느낄 수 있도록 습관을 잡아 주세요.

넷째, 다양한 활동으로 아이의 관심사를 폭넓게 만들어 주세요. 예체능도 좋고, 취미 활동도 좋습니다. 이밖에 부모님들이 체험 학습, 문화 활동을 함께 다니는 것을 추천합니다. 아이는 본인이 경험해본 것과 알고 있는 것을 배울 때 더욱 관심을 가지고 집중도도 높아집니다. 이후 학년이 올라갈수록 저학년 때의 경험이 떠오를 수 있도록 많은 활동을 접하게 해 주세요.

안쌤의 꿀팁

학교생활에서 잘 노는 능력도 아이들에게는 정말 필요한 요소입니다. 수업 시간에는 교사가 주도하여 다양한 놀이와 친교 활동을 하고, 쉬는 시간에는 친구들끼리 모여 놀이 활동을 합니다. 노는 데 익숙한 아이들은 친구들과 함께 다양한 방식으로 팀을 이끌며 즐겁게 참여합니다. 친구 관계에서는 함께 놀면서 친해지는 것이 최고 좋은 방법입니다. 잘 노는 아이는 친구들과 자연스럽게 친해질 수 있고, 이는 수업 시간의 자신감으로 연결됩니다.

질문 TOP 26

예체능 활동 중 배우면 학교생활에 도움이 되는 것이 있을까요?

저는 무조건 초등 전부터 또는 저학년 때는 예체능 활동을 하라고 추천합니다. 물론 시간 여유가 있다면 중학년, 고학년 아이들과 학부모들한테도 이어갈 수 있으면 꾸준히 실천하기를 권장합니다.

아이가 좋아한다면 더할 나위 없이 좋겠지만, 예체능 분야의 다양한 경험은 결국 학교생활의 자신감으로 이어진다고 자신 있게 주장합니다. 예체능의 범위가 무척 넓지만 수업 시간과 아이들 생활에서 가장 광범위하게 적용되는 음악·미술·체육 중심으로 도움이 될 만한 것들을 안내하겠습니다.

예체능-음악 분야

음악 관련 활동을 배우면 어떤 부분이 도움이 되는지 설명하고, 학생들이 좋아하고 관심이 많은 활동을 추천하겠습니다. 저학년 때는 모든 학생이 목청껏 노래 부르고, 음악에 맞춰 몸을 움직이며 적극적으로 참여합니다. 그러다 차츰 학년이 올라가

초등음악 악기를 배워야 하는 이유

면 목소리 크기도 줄어들고 소극적으로 변합니다. 그러다 보니 고학년 교실에서는 일부를 제외하면 노랫소리가 거의 들리지 않고 조용한 경우가 많습니다.

반대로 생각하면 음악에 자신 있는 아이들, 음악 관련 활동을 좋아하는 아이에게 관심이 집중되는 경우가 많습니다. 음악 수업 시간뿐 아니라 학예회, 학급 장기 자랑 등 자신의 재능과 노력을 마음껏 뽐낼 기회가 많아집니다. 이는 자존감, 자신감뿐 아니라 친구 관계에도 긍정적 영향을 줍니다. 음악과 관련해서는 크게 3가지 활동(악기 연주, 노래 부르기, 댄스)을 할 수 있습니다.

악기 연주는 우리가 알고 있는 악기 중 무엇이든 좋습니다. 기본적으로 피아노, 바이올린, 기타, 플루트 등을 많이 합니다. 접근성이 가장 좋고, 교실에서도 쉽게 연주가 가능하기 때문입니다. 악기 1개 이상을 연주할 수 있는 것은 정말 큰 장점입니다. 초등학생 때뿐 아니라 어른이 되어서도 매력으로 다가갈 수 있기 때문에 악기를 배우는 것을 추천합니다. 게다가 기본적인 음계를 배우기 때문에 음악 수업에서 이론도 가볍게 이해하고 친구들에게도 알려 줄 수 있습니다.

노래 부르기는 가요든 성악이든 장르를 떠나 정말 잘 부르는 아이가 있습니다. 발성을 배운 친구도 있고, 어린 시절부터 노래 부르기를 좋아하는 아이도 있습니다. 악기 연주와 달리 준비할 것이 없습니다. 목소리와 음악만 있으면 어디서든 노래를 들려줄 수 있습니다. 노래 부르는 시간이 되면 이목이 집중되고 그만큼 발표 시간이 많아져 적극적인 학생이 되는 경우가 많습니다.

춤추기(댄스)는 방송 댄스나 무용, 발레 등이 있습니다. 위의 2가지 활동이 몸을 많이 움직이지 않는 정적인 활동이라면 춤은 동적인 활동입니다. 활동적인 것을 좋아하고 흥과 끼가 많은 아이라면 댄스 활동에 관심을 많이 가질 수 있습니다. 더군다나 요즘은 아이돌이 대세인 만큼 아이돌 춤을 보여주는 순간, 파급 효과는 정말 좋습니다.

예체능-미술 분야

미술 활동은 그림 그리기, 만들기, 접기 등으로 구분할 수 있습니다. 보통 음악은 소리나 동적으로 표현한다면 미술은 차분하고 조용한 아이들이 선택을 많이 합니다. 미술 시간에 각자 작품을 완성하고 학급 게시판에 걸거나 발표하는 시간이 있습니다.

관련 활동을 미리 접해 본 아이들의 작품이 등장하면 친구들의 감탄사가 나올 때가 있습니다. 당연히 아이의 자존감은 올라가고, 그림에 관심 있는 아이들이 주변에 모이게 됩니다.

그림 그리기는 사물 표현하기부터 색칠하기까지 모든 것을 포함해 특별히 활동을 구분하지 않아도 될 듯합니다. 미술 시간의 모든 활동은 그림 그리기가 기본입니다. 방과 후나 학원에 가도 그리기부터 하니까요. 만들기는 조각, 레고 등 물품을 이용하여 작품을 완성하는 것을 말합니다. 집에서 무언가 만들면서 집중하기를 좋아하는 아이들에게 추천할 만합니다.

학교에서도 모둠 활동을 하거나 팀별 활동을 할 때 만들어야 하는 시간이 많은데 이런 상황에서 아이가 주도해 이끌어 갈 수 있습니다. 접기는 종이접기가 대표적입니다. 신기한 동물, 물건 등을 자리에 앉아 접기만 해도 주위에 친구들이 알려고 달려들거나 접어 달라고 하게 됩니다.

예체능-체육 분야

초등운동을
해야 하는 이유

체육은 말할 필요도 없이 1학년부터 6학년까지 가장 인기 많은 과목입니다. 일부 신체 활동에 자신이 없는 아이들을 제외하고는 모두 즐기고 자유롭게 활동하는 시간입니다. 아이들이 대부분 집중할 뿐 아니라 겉으로 드러나는 신체 활동이기 때문에 누가 잘하는지 정말 금방 눈치챕니다. 그래서 체육 수업에 어떤 활동을 하더라도 대표로 시범을 보일 수 있고, 시범이 아니더라도 그 친구 차례가 오면 친구들이 궁금해서 쳐다봅니다.

심지어 아이들이 가장 기다리는 학교 행사인 운동회가 있습니다. 학급 아이들뿐 아니라 학년 그리고 전교생이 있는 자리에서 실력을 보여 줄 수 있는 예체능이 바로 체육입니다.

체육은 워낙 종목이 다양해서 종목별로 구분하지 않고 아이들에게 필요한 능력을 안내하겠습니다. 이 중에서 아이들에게 필요한 부분을 길러 주는 활동을 함께 정하면 됩니다. 4~6학년이 되면 학교에서는 해마다 학생건강체력평가(PAPS)를 실시하여 학생들의 건강·체력 등급을 측정합니다.

물론 이 평가를 위해 체육 활동을 해야 한다는 것이 아니라 PAPS에서 측정하고자 하는 능력이 결국 저학년 때부터 체육 활동을 하는 데 큰 도움이 된다는 것입니다. 심폐 지구력, 근력, 순발력, 유연성이 중요하게 생각하는 항목이고 아이들에게 필요한 영역이니 이를 향상해 줄 운동을 미리 하는 것도 좋은 방안이라 생각합니다.

학생건강체력평가제(PAPS, physical activity promotion system)는 학생들의 비만과 체력 저하를 방지하기 위해 개발된 건강 체력관리 프로그램으로, 총 5가지 영역을 측정합니다.

심폐지구력	① 왕복 오래 달리기 ② 스텝검사
유연성	① 앉아윗몸앞으로굽히기 ② 종합유연성검사
근력, 근지구력	① 팔굽혀 펴기 ② 윗몸말아올리기 ③ 악력검사
순발력	① 50m 달리기 ② 제자리멀리뛰기
체지방	① 체질량지수(BMI) ② 체지방률

※ 필수 평가 : 5개 체력요인별 1종목씩 선택하여 실시

안쌤의 꿀팁

음악, 미술, 체육 활동이 아니라도 상관없습니다. 어떤 한 분야에 특출난 재능이 있거나 재능이 아니더라도 큐브, 마술, 요리 등을 좋아하고 시작한 지 오래되어 다른 아이들에 비해 장점이라고 생각하는 부분이 있으면 됩니다. 결국 이런 활동을 하지 않는 아이들에게 관심의 대상이 되고, 관심사가 같은 아이들이 주위에 모이면서 친구 관계도 형성되며, 학교생활의 자신감으로 자연스럽게 이어질 수밖에 없습니다.

질문 TOP 27 아이가 깜빡할 것 같은데 담임 선생님에게 대신 얘기해도 될까요?

이런 부분에서 학부모가 생각하기에는 어린이집, 유치원과는 확실히 다르다고 느낄 듯합니다. 초등 입학 전에는 아침마다 아이와 함께 어린이집이나 유치원에 들러 선생님과 만나면서 아이 상태나 몇 가지 당부 사항 등을 전달했는데 초등학교는 이런 부분이 없습니다.

학부모 동반 등교는 3월 초반에는 교실까지, 이후 일정 기간부터는 정문까지만 배웅할 수 있고 그 이후부터는 아이 혼자 교실로 가야 합니다. 즉, 학부모가 교사와 만나서 무언가 얘기할 시간이 거의 없습니다. 일과 중 아이가 해야 할 것이 있고, 학교 끝나고 가야 할 곳이 있는데 아이에게 말하자니 깜빡할 것 같으면 어떻게 해야 할까요?

당연히 담임 선생님에게 얘기하면 됩니다. 전달하는 방법에는 어떤 것들이 있는지, 학부모들에게서 자주 연락 오는 것은 무엇인지, 유의할 사항은 무엇인지 알아보겠습니다.

1. 알림장에 적어 주는 방법이 있습니다.

가장 많이 사용하는 방법입니다. 알림장은 학부모와 교사를 연결해 주는 하나의 창구입니다. 알림장은 기본적으로 매일 작성하게 되고, 그날 학교에서 진행했던 수업이나 활동을 정리하고 다음 날 학교에서 필요한 내용이 적혀 있습니다.

가정 통신문 안내나 준비물이 적혀 있을 수 있고, 가정에서 해야 할 숙제도 적혀 있습니다. 이는 결국 아이들에게 전달하는 내용이면서 동시에 학부모에게도 전달하는 거라고 보면 됩니다. 아직 저학년이니 스스로 챙기고 준비하는 데 어려움이 있을 수밖에 없습니다. 기본 알림장은 교사가 학생, 학부모에게 전달하는 내용이라면, 알림장 아래 빈칸에는 학부모가 교사에게 전하고 싶은 내용을 적으면 됩니다.

알림장에는 내용 질문이 가장 많고, 다음으로 아이에 대한 걱정이나 요청 사항이 적혀 있습니다. 아이가 깜빡할까 봐 한 번 더 안내를 부탁하는 내용입니다. 주로 방과 후 관련 사항이 많습니다. "수업 끝나고 14:00에 방과 후 프로그램(스포츠 교실) 있어요." "돌봄 교실로 가 있으면 됩니다." "도서관에서 책 읽고 있으면 데리러 갈게요." 알림장에 적혀 있으면 아이도 부모님이 적어 준 것을 보며 떠올릴 수 있지만, 알림장 검사를 하면서 교사도 아이에게 한 번 더 알려 주고 잊지 않도록 전달합니다.

알림장에서 부탁할 때 유의할 사항이 있습니다. 각 교실의 알림장 적는 시간을 확인해야 합니다. 그래야 교사도 아이도 놓치지 않게 됩니다. 알림장은 대부분 일과 도중에 적기보다 마지막 교시가 끝나기 전에 작성합니다. 예를 들어 5교시 수업을 하는 날이면 5교시가 끝나기 전에 작성하고 알림장 검사를 합니다.

그런데 "점심 먹고 약을 먹어야 합니다."라는 부모 요청이 있었다면 이미 점심시간이 끝나고 수업까지 마치고 나서 집에 가기 전에 그 글을 보게 됩니다. 점심시간에 알림장을 적는 학급이라면 가능합니다. 그러니 각 반의 알림장 쓰는 시간을 확인하고 그에 맞게 요청 사항을 적으면 됩니다.

2. 포스트 잇 등 간단한 쪽지로 전달하는 방법입니다.

아침에 아이에게 쪽지를 주며 담임 선생님에게 전달하는 방법입니다. 교실 문을 열고 들어오자마자 아이를 통해 확인할 수 있습니다. 숙제(예: 일기)가 있었다면 일기장 앞에 쪽지를 붙이면 검사하다가 발견할 수 있습니다. 아이들이 숙제를 내기만 하면 교사가 확인할 수 있습니다. 급한 요청이나 일과 중 필요한 부분을 적는 경우가 많습니다.

"아침에 열이 있어서 걱정되는데 괜찮은지 종종 확인해 주세요." "점심 먹고 약을 챙겨 먹었는지 확인해 주세요." 등 아이 건강 상태 관련 내용이 가장 많습니다. 또 "준비물 챙겨서 가방 앞쪽 주머니에 넣었는데 혹시 아이가 못 찾으면 알려 주세요." "제가 바빠서 아이 준비물을 못 챙겼어요." "어제 다리를 다쳐서 체육 시간에 참여하지 못할 수 있어요." 등 수업 시간에 아이에게 필요하거나 교사가 참고할 내용을 위의 예를 참고해서 부담 없이 남기면 됩니다.

쪽지나 포스트 잇을 이용하는 방법에서도 유의할 사항이 있습니다. 아이가 깜빡하거나 교실 가는 길에 잃어버리는 일이 종종 있습니다. 아직 어리니까 충분히 일어날 수 있는 일입니다. 쪽지를 잘 전달하도록 아이가 자주 사용하는 필통이나 주머니에 넣어서 혹시 깜빡하더라도 언제든 아이가 볼 수 있는 곳에 넣으면 됩니다. 또는 쪽지로 적고, 알림장에 간단하게 "쪽지 한번 확인해 주세요."라고 이중으로 적으면 됩니다.

이상의 2가지가 가장 보편적인 방법이지만 아이가 갑자기 결석하거나 지각하는 경우가 있을 수 있습니다. 그럼 알림장도 쪽지도 전달할 수 없습니다. 그럴 때는 학교로 전화해서 해당 학급으로 연결해 달라고 해도 좋고, 교실 직통 번호를 안다면 바로 담임 선생님에게 전화하면 됩니다.

"오늘 아이가 늦잠을 자서 조금 늦을 수도 있어요." "애가 늦어서 혼날까 봐 너무 걱정해요…"처럼 알려 주면 됩니다. 온라인 학급방을 운영한다면 가장 간단하게 교사에게 채팅(또는 메시지)을 보내놓거나 담임 선생님만 볼 수 있는 비밀글을 올리면 바로 확인할 수 있습니다.

안쌤의 꿀팁

갑자기 담임 선생님에게 부탁해야 하는 상황이 생길 수 있습니다. 아이가 아파서 병원에 들렀다가 등교해야 한다거나 늦잠을 자서 지각하는 경우 등이 대표적입니다. 이때 교실로 전화할 텐데, 참고할 사항이 있습니다.

보통 아침에 급한 상황이라 일찍 전화합니다. 대부분 학교 출근 시간이 08:30 또는 08:40이라서 그 전에 전화하면 연결되지 않을 수 있습니다. 그럼 학부모는 답답할 수 있습니다. 급한데 연락이 되지 않으니까요. 선생님마다 일찍 출근하는 분도 있지만, 가정 상황에 따라 시간에 맞춰서 오는 분도 있으니 한 번에 연결되길 바란다면 08:40 이후 연락하면 됩니다.

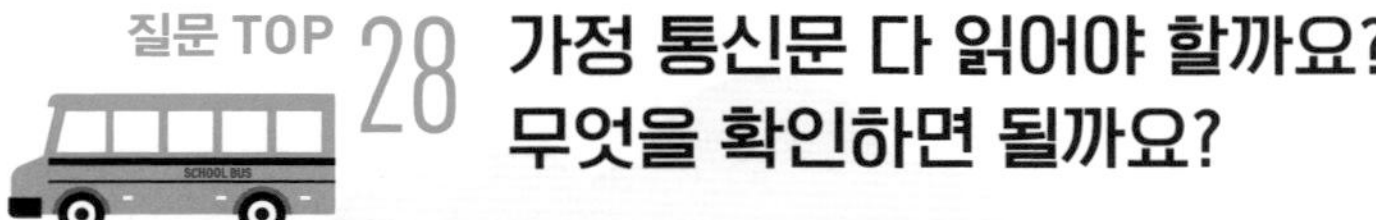

질문 TOP 28 가정 통신문 다 읽어야 할까요? 무엇을 확인하면 될까요?

가정 통신문은 학교에서 학부모들에게 알릴 사항이나 설문·투표 등이 있을 때 보내는 문서라고 생각하면 됩니다. 예전에는 모든 가정 통신문을 종이로 보냈습니다. 그러다 시간이 흐를수록 종이 절약 차원에서 꼭 필요한 것만 인쇄하고, 비교적 덜 중요한 통신문은 온라인으로 전송하기 시작했습니다.

학교마다 사용하는 가정 통신문 앱(어플)은 다릅니다. 보통 1학년 입학 전, 예비 소집일에 학교에서 사용하는 것은 무엇인지, 어떻게 접속하고 회원 가입은 어떻게 하는지 알려 줍니다. 대표적으로는 다음과 같은 것이 있습니다.

이외에 네이버 밴드, 카카오톡 채널 등 온라인 학급방으로 알림장이 전달될 수 있습니다. 기능마다 조금씩 다르지만 가정 통신문뿐 아니라 학교 홈페이지 공지 사항, 학교 소식, 급식 소식, 학급 알림장 등도 실시간으로 확인할 수 있고 학교 홈페이지에서도 확인할 수 있지만 모바일로 쉽고 빠르게 처리할 수 있어 점점 모바일 가정 통신문으로 옮겨 가고 있습니다.

그런데 1학년 입학하고 나서 또는 2학년으로 올라간 3월 초창기에 정말 많은 가정 통신문이 옵니다. 종이 가정 통신문은 한 번 더 모바일로도 전송되기 때문에 진동이나 알림이 시도 때도 없이 올 수 있습니다. 학교마다 업무 처리가 달라서 알리미를 보내는 시간에 일괄적으로 여러 개를 보내기도 하지만, 정해진 시간 없이 담당자가 생각한 시간에 보내는 학교도 있습니다. 그러다 보니 학부모들은 조금씩 지칩니다.

입학한 지 얼마 지나지 않은 3월 초반에는 학교에서 보내는 가정 통신문은 중요하다고 생각해서 꼼꼼하게 읽습니다. '혹시나 읽지 않아서 놓치면 어쩌나?' '아이에게 중요한 내용일 수도 있잖아.' 등으로 하나하나 다 읽을 수밖에 없습니다.

막상 모든 가정 통신문을 읽었는데 중요한 사항이라기보다는 간단히 안내하는 내용도 많습니다. 심지어 우리 아이 학년과 관계없는 가정 통신문도 종종 옵니다. 그러다 보면 점점 가정 통신문이나 e알리미 알림에 무뎌집니다. 신기하게도 안 읽고 넘겨 버리면 담임 선생님에게 연락이 와서 가정 통신문을 확인해 달라고 합니다.

저학년 학부모와 고학년 학부모의 차이 중 하나인 경험 차이라고 생각합니다. 이미 1·2학년 때 똑같은 과정을 겪어서 어느 정도 노하우가 생긴 것입니다. 사실 학교에서 나가는 가정 통신문을 모두 읽으라고 하기에는 무리가 있습니다. 최소 수백 개는 훌쩍 넘길 테니까요. 그럼 어떤 방법이 있을까요?

첫째, 매일 아이 학급 알림장을 확인하는 방법이 있습니다. 학부모 총회, 학부모 상담, 운동회 등 학교에서 주관하는 학교 행사는 가정 통신문으로 반드시 안내합니다. 그리고 해당 업무 담당자는 각 담임 선생님에게 학급 알림장에 '학부모 총회(예시) 안내 가정 통신문이 발송되니 각 가정에서는 확인 부탁드립니다'라고 적어 달라고 요청합니다.

그만큼 가정에서도 종이 가정 통신문이나 e알리미보다는 담임 선생님의 학급 알림장을 신경 쓴다는 것을 알기 때문입니다. 즉, 학급 알림장에 적힌 가정 통신문은 학부모·학생이 꼭 읽고 확인해야 하는 내용일 가능성이 높습니다.

둘째, 종이 가정 통신문은 꼭 확인하는 방법입니다. 위에서 말씀드린 대로 가정 통신문의 유형은 2가지이지만 점점 오프라인(종이)에서 온라인으로 바뀌고 있습니다. 그럼에도 온라인으로 나갈 수 없는 가정 통신문이 있습니다. 기초 환경 조사서처럼 각 학급에서 수합해야 하는 가정 통신문, '개인 정보 활용 동의서'나 '응급 조치 동의서'처럼 아이가 학교생활을 하는 데 필요한 정보 등에 학부모가 동의하는지 등을 확인하는 가정 통신문이 대표적입니다.

방과 후 학교나 돌봄 교실 등 신청자를 수합하는 가정 통신문에도 개인 정보가 들어간다면 종이로 나갈 수 있습니다. 즉, 온라인으로 보내지 않고 종이로 직접 출력해서 가정으로 보내는 가정 통신문이라면 그만큼 중요하다고 보면 됩니다.

셋째, 제목만 확인하고 판단하는 방법입니다. 1·2학년 학부모들은 아직 다양한 가정 통신문을 받아보지 않아서 처음에는 어려울 수 있으니 몇 가지 유형을 정리하겠습니다. 이를 참고해서 '이것은 봐야겠구나' '아직은 관심 없으니 넘기자'를 판단하면 됩니다.

1년, 2년 경험이 쌓이면 제목만 봐도 자연스럽게 중요하다, 중요하지 않다를 구분할 수 있습니다. 제가 안내를 위해 편의상 구분한 것이니 학부모 관심 여부에 따라 볼지 말지 판단하는 것이 제일 현명한 방법입니다.

중요한 내용	• 학교 행사와 학사 운영 안내 ※ 대부분 이에 해당 • 해당 학년(학급) 내용과 설문
참고할 내용 (선택 가능)	• 월별 급식 안내 • 학부모 연수 안내 • 각종 공모전 안내 • 단순 온라인 설문 조사 • 다른 학년 내용

3월 초에 학교에서 모든 학생에게 학사력을 나눠 줍니다. 1년간 학교 학사 운영 및 학년별 주요 행사가 담긴 달력입니다. 버리지 말고 눈에 잘 보이는 공간에 두면 좋습니다. 그리고 학사력의 행사 중 우리 아이 학년과 직접 또는 밀접하게 관련 있는 행사에 표시하세요. 해당 행사의 1~2주 전에는 이와 관련된 가정 통신문이 올 거라고 예상할 수 있습니다. 기다리던 가정 통신문이 온 것을 확인하면 필요한 내용과 자세한 정보를 파악할 수 있습니다.

질문 TOP 29 집에서는 싫은 것을 끝까지 안 하려고 고집부리는데 학교에서는 괜찮을까요?

"집에서 새는 바가지 들에 가도 샌다"는 속담은 집에서 사용하던 바가지가 깨져서 그 사이로 물이 줄줄 새는데, 그것을 들(다른 장소)에 가져간다고 새지 않겠냐는 말로, 주로 사람도 마찬가지라고 빗대어 사용합니다. 학부모들도 워낙 어린 시절부터 비슷한 내용을 많이 듣다 보니 '아이가 학교 가서는 잘할까, 별문제를 일으키는 것은 아닐까, 집에서 하던 것처럼 하면 큰일 나는데…' 등 걱정을 합니다.

물론 기본적인 생활 습관이나 말투 등은 가정 환경의 영향을 많이 받아서 위의 상황에 해당한다고 볼 수 있지만, 그 외는 신기하게도 아닌 경우가 정말 많습니다. 즉, 걱정이 앞서서 미리 아이에게 가르치거나 부담을 줄 필요는 없습니다.

"가정에서 자녀 모습과 학교에서 아이 모습은 다를 수 있습니다."

제가 학부모들과 상담할 때 자주 강조하는 문장입니다. 학부모들 고민은 대표적으로 "아이가 집에서 안 좋은 습관이나 버릇이 많은데 학교에서는 괜찮을까요?"입니다.

예를 들어 싫어하는 활동이나 마음에 들지 않는 것은 끝까지 안 하려고 고집부리기, 싫어하는 반찬 끝까지 안 먹기, 떼쓰기, 엄마 말 반대로 하기 등 청개구리가 따로 없어서 혹시 학교에서도 이런 모습을 보이지 않을까 걱정합니다.

"학교에서 그런 모습은 거의(또는 한 번도) 보인 적이 없습니다."

여러 답변 중에서 가장 많이 나온 문장입니다. 대체 말썽꾸러기, 집에서 말을 듣지 않던 아이가 학교에서는 그렇지 않다니, 이런 생각은 자연스럽게 '선생님이 학부모인 나를 안심시키려고 저렇게 말씀하는구나.' '아이가 학교생활에 적응 중이니까 봐주는 걸까?' 등으로 이어집니다. 하지만 그렇지 않습니다.

교사는 학부모에게 자녀에 대해 거짓말할 필요가 없습니다. 아이에게 학교에서 보이는 모습을 그대로 전달하고, 가정과 연계하여 지도가 필요한 부분이 있다면 정확히 설명하는 것이 아이 성장에 도움이 됩니다. 아이가 성장하는 모습을 보면 교사도 기쁘고 학부모도 만족할 텐데 그릇된 행동을 숨길 필요 자체가 없으니 오해하지 마십시오.

이는 절대 중·고학년 아이들만 해당하지 않습니다. 실제 1학년 담임을 하면서 저학년도 똑같이 다른 모습을 보인다는 걸 더 크게 느꼈습니다. 아이들이 이렇게 행동하는 이유를 찾아보려고 노력한 끝에 2가지 결론을 내렸습니다.

첫째, 아이 스스로 역할 기대가 달라지기 때문입니다. 역할 기대라는 말은 교육학에서 나오는 전문 용어인데 '집단이나 조직 또는 다른 개인이 그에게 어떤 역할을 어떻게 수행해 줄 것을 기대하는 것'을 뜻합니다. 쉽게 말해, 교실에서 교사나 다른 친구들이 '나'에게 어떻게 학교생활을 할 것을 기대하는지 아이도 느끼고 생각한다는 것입니다. 역할 기대를 충족하기 위해 제대로 역할을 수행하는 아이가 있고 그렇지 못한 아이도 있습니다.

맞는 표현은 아니지만 직관적으로 빗대어 표현하면 '눈치'가 생겼다고 보면 됩니다. 학교에서 선생님이 자기에게 기대하는 바도 있고, 주위 친구들이 자신을 바라봅니다.

그런데 집에서 하던 것처럼 본인이 하기 싫다고 끝까지 고집부리거나, 떼쓴다면 주위 사람(교사, 친구)은 실망하게 됩니다. 아이 스스로도 이런 생각을 할 정도로 충분히 성장했다는 것입니다.

그럼 왜 집에서는 그러지 않을까요? 가정에서는 아이들에게 학교에서처럼 '학생' '친구'라는 역할 기대와 부담이 없기 때문입니다. 물론 '아들' '딸'이라는 역할이 있지만, 아이들 스스로는 아직 가정에서 이런 부분에 대한 역할 기대가 없습니다.

좋게 표현하면 집은 정말 마음 편히 쉴 수 있는 공간, 엄마·아빠는 나를 편하게 해 주는 분들이라고 생각하면 됩니다. 제가 바라는 가정의 모습이 딱 이런 형태입니다. 왜냐하면 반대로 아이들이 느끼기에 학교는 그만큼 편안하지 않다는 것이죠. 그러니 위와 같이 집에서는 함부로 하는 행동을 학교에서는 하지 않는 것입니다.

둘째, 학부모나 주위로부터 조기 교육을 받았기 때문입니다. 조기 교육을 시킨 적이 없는데 무슨 말이냐고요? 학교에 병설 유치원도 있고, 동네에 어린 아이들이 많아서 초등학교 입학을 앞둔 예비 초등학생 또는 유치원 아이들과 학부모들을 종종 만납니다.

아이가 우는 상황이 발생하거나, 고집을 부리거나, 어리광을 피울 때 가장 많이 들은 말이 있습니다. 바로 "지금은 되는데, 내년에 초등학교 가서는 안 돼." "그런 모습 보이면 선생님이 혼내실걸?"입니다. 이런 말을 반복해서 듣다 보니 아이들이 막연하게 '초등학교에 입학하면 어리광 피워도 안 되고, 떼를 써도 안 되겠다'고 생각하는 게 아닐까 합니다. 결과적으로 경고나 조언 등의 문장이 되었으니까요.

안쌤의 꿀팁

위의 2가지 모습과 달리 가정에서 보이는 모습 그대로 교실에서 하는 아이들도 있습니다. 수업 시간에 돌아다니는 아이, 반찬 투정하는 아이, 선생님에게 떼쓰는 아이 등 어린 시절 습관을 그대로 교실에서 보일 수 있습니다. 아이가 초등학교에 입학했다고 해서 갑자기 변하면 그것이 더 이상하잖아요? 이후는 담임 선생님이 교육적으로 다양한 방법을 동원해 지도할 테죠. 여기서 아이가 충분히 변화된 모습을 보이며 성장한다면 학부모에게 따로 연락이 가지 않을 테니 걱정은 접어 두고 마음의 여유를 찾으면 됩니다.

질문 TOP 30 맞벌이라 집에 혼자 있는 아이, 어떻게 도와줘야 할까요?

맞벌이 가정에서 가장 큰 고민이 '방과 후에 아이를 어떻게 둬야 할까?'라고 생각합니다. 특히 아이가 저학년이라면 더 걱정이 들 수밖에 없습니다. 아이들이 학교 끝나고 하교하는 시간부터 보호자 중 한 분이 퇴근하는 시간까지 꽤 공백이 있을 테니까요.

가장 먼저 해야 하는 일은 아이 성향을 파악하는 것입니다. '혼자서도 잘 있을 수 있는지, 계획(시간표)이 있다면 할 수 있는지' 또는 '혼자서는 외로움을 타거나 심심해하는지, 아무것도 하지 못하거나 누군가의 도움이 있어야 하는지' 등입니다. 대표적인 2가지 유형인데 대부분 이 중 한 가지에 포함될 것입니다.

먼저, 혼자서도 충분히 있을 수 있는 아이는 이미 혼자 있는 것에 익숙해졌을 수도 있고, 계획이 있다면 그것에 따라 실천할 수도 있습니다. 아이와 이야기해서 2가지 사항을 먼저 정하고 약속해야 합니다. 아이가 집에 혼자 있는 동안 '하고 싶은 활동'이 무엇인지와 혼자서 꼭 '해야 할 활동'입니다. 2가지가 적절하게 섞여야 아이도 하려는 의욕이 생기고, 학부모도 만족할 수 있습니다.

하고 싶은 활동은 대부분 놀이에 초점이 맞춰져 있을 것입니다. 만약 게임이나 텔레비전 등에 치우쳐 있다면 그대로 내버려 두기보다 아이가 흥미를 느낄 만한 다양한 놀이 활동을 함께 준비해 주면 좋습니다. 보드 게임, 색칠하기, 만들기, 그림 그리기, 악기 연주 등 자신이 좋아하는 취미 활동을 찾을 수 있도록 말이죠.

해야 하는 활동은 뒤쪽에 나오는 학습, 독서와 관련하여 습관을 잡는 데 필요한 것들입니다. 하루에 30분씩 책 읽기, 학교 숙제하기, 일기 쓰기, 1인 연산하기 등 부모님이 최소한 해야 하는 사항이나 학습 습관을 잡기 위해 필요한 과제를 제시하고, 퇴근한 후 아이가 혼자서 잘해냈는지 점검하면 됩니다.

혼자서 위의 2가지 활동을 아무리 잘한다고 해도 일주일 내내 혼자 있는 것보다는 아래 나오는 활동을 곁들이는 것이 아이에게도 훨씬 좋으리라 생각합니다. 혼자 있기 어려운 아이는 누군가 돌봄을 신경 써 주거나 어딘가 맡길 수 있는 환경이 필요합니다.

1. 돌봄 교실에 들어가는 방법이 있습니다.

하교 시간부터 퇴근 시간 전까지 학교에서 돌봄 교실을 운영합니다. 돌봄 전담사가 아이들과 함께 있으며 돌봄 기능을 담당합니다.

학교 숙제, 독서 등 학습적인 면을 봐주기도 하고 체육 활동, 예술 활동 등 다양한 문예체 활동도 진행합니다. 또한 수익자 부담으로 간식도 제공하며, 저녁까지 남아 있어야 하는 경우 저녁 급식까지 가능합니다. 돌봄 교실에 들어가지 못한 학생은 방과 후 학교 연계형 돌봄 교실도 있습니다.

이 2가지 학교에서 운영하는 돌봄 교실 이외에 주민센터나 지자체에서 운영하는 돌봄 센터가 있으니 홈페이지 등을 참고하면 됩니다. 자세한 사항은 학교 행사 및 지원 제도의 돌봄 교실에서 확인하세요.

2. 방과 후 학교 프로그램을 신청하는 방법이 있습니다.

방과 후 프로그램은 학습뿐 아니라 아이들의 흥미와 적성을 찾도록 요일별로 다양한 프로그램이 있습니다. 학원보다 비용이 저렴하지만 강사의 질은 좋습니다. 또한 학급 친구들과 함께 참여할 수 있고 학교 내에서 진행되기 때문에 학부모 불안도 덜 수 있습니다.

방과 후 프로그램은 학년 하교 시간에 맞춰 시작하니 시간을 배분하기에도 적절합니다. 보호자 퇴근 시간에 맞춰 2개씩 신청해도 되지만 아이들이 매일 2가지 프로그램에 참여하면 부담스러울 수 있으니 아이에 따라 잘 판단하면 좋겠습니다. 방과 후 프로그램 시간이 하교나 퇴근 시간과 딱 맞아떨어지지 않는 경우에는 학교 도서관에 가서 책을 읽게 하거나 연계형 돌봄 교실에 신청하면 별 무리 없이 일정을 진행할 수 있습니다.

3. 학원 등으로 보내는 방법이 있습니다.

돌봄 교실과 방과 후 프로그램을 주로 이용하나 돌봄이나 방과 후에 들어가지 못하는 경우나 위 2가지 방법으로는 할 수 없는 활동일 때 3번을 이용합니다. 돌봄 교실과 방과 후 프로그램은 인원 제한이 있습니다. 추첨이나 선착순 등 별도 기준으로 인원을 선발하기 때문에 못 들어가는 경우가 생깁니다. 또한 방과 후 프로그램에 속하지 않는 활동일 때 학원을 보내기도 합니다.

대표적으로 태권도, 전문 악기 등인데 요즘은 학원에서도 차량을 이용하여 학생들 하교 시간에 맞춰 학교 정문으로 와서 아이들을 인솔해 갑니다. 학원이면서 돌봄 기능까지 함께 제공하는 곳들이 많아지니 잘 찾아보면 되겠습니다.

안쌤의 꿀팁

학교 오후/저녁 돌봄 교실이나 지역 돌봄 센터에 맡기는 분이 많습니다. 학교는 인원 제한이 있고, 한 번 들어가면 1년간 생활할 수 있습니다. 반면 지역 돌봄 센터는 필요한 날만 또는 기한을 정해 신청할 수 있습니다. 두 곳 모두 간식을 포함하여 프로그램 등이 제공되기 때문에 이용료가 있습니다. 그래도 아이가 혼자 집에 있는 것보다는 돌봄 시설에 있는 것이 정서적으로나 친구 관계에서 많은 도움이 된다고 생각합니다. 그리고 돌봄 기관에 맡겼다 하더라도 저녁 늦게까지 아이 혼자 남지 않도록 신경 써야 합니다.

질문 TOP 31 방과 후에 친구들끼리 놀게 해도 괜찮을까요?

아이들이 노는 것은 당연히 좋은 일이지만 학부모에게는 걱정되는 부분도 있습니다. '친구들끼리' 그리고 '놀게 해도', 이 2가지에서 정말 저렇게 해도 되는지 고민될 겁니다. 걱정 사항을 한 가지씩 살펴보면서 아이도, 학부모도 덜 걱정스러운 방향으로 노는 방법과 함께 유의 사항을 안내하겠습니다.

먼저 '친구들끼리' 있어도 괜찮을까요? 저학년 아이들이다 보니 위험에 노출될 확률도 크고, 놀다가 다칠 수도 있고, 싸울 수도 있는 등 걱정 요소가 많습니다. 보호자 한 분이라도 함께 있으면 좋겠으나, 아이들끼리 놀 때마다 누군가 참석할 수도 없습니다.

아이들끼리 놀더라도 어느 정도 학부모 걱정도 덜 수 있고, 아이들도 즐겁게 노는 방법이 있습니다. 사실 저학년 아이들이라 멀리 나가는 일이나 돈을 쓰는 경우가 거의 없기 때문에 대부분 다음 사항에 해당한다고 볼 수 있습니다.

첫째, 학교 운동장이나 놀이터를 이용하는 방법입니다. 학교라는 장소는 학생들에게도 친숙하고, 학부모들에게도 다른 곳보다는 안전한 장소라는 인식이 있습니다.

또한 마음껏 뛰어놀 수 있는 운동장뿐 아니라 모래사장이나 놀이터 등이 있는 학교가 많습니다. 공을 차고 놀든 모래로 장난을 치든 체육 물품을 이용하든 놀거리도 충분합니다. 학교 안이기 때문에 차가 다닐 걱정도 없고 학교 교사, 보안관이 있으니 낯선 사람들에 의한 위험 등의 걱정도 할 필요가 없습니다.

유의 사항으로 아이들에게 하교함과 동시에 바로 노는 것은 안 된다고 알려 주어야 합니다. 집에 와서 책가방을 내려놓고 부모님 허락을 받은 뒤 다시 학교를 이용하는 방식이 적합합니다. 그러나 학교별로 방과 후 학교 내에서 놀 수 있도록 하는 학교가 있고, 그렇지 않은 학교가 있으니 담임 선생님 또는 교무실에 확인해야 합니다.

둘째, 우리 집 또는 친구 집을 이용하는 방법입니다. 집에 보호자가 있으면 더 안전하고 든든하겠지만, 그러지 못하는 경우라도 집은 충분히 안전한 공간입니다. 집은 안전할 뿐 아니라 놀거리가 있어 다양하게 놀 수 있습니다. 본인 또는 친구들이 평소 놀던 물품들도 있을 테고, 친구들과 함께할 수 있는 것들도 평소 생각을 많이 해뒀을 겁니다. 반 친구라면 집도 대부분 근처에 있습니다.

유의할 점은 아이들에게 불을 이용하거나 위험한 행동을 하지 않도록 해야 한다는 것입니다. 저학년이라 그럴 일은 적겠지만 혹시나 전자레인지나 가스레인지(인덕션 등)를 사용하다가 다칠 수 있습니다. 배가 고플 수 있으니 미리 아이들끼리 먹을 수 있도록 간식을 준비해 준다면 위와 같은 걱정은 덜 수 있습니다.

위의 방법 말고 지역 도서관에서 만나는 방법도 있고, 아파트에 있는 별도 공간에서 보는 방법도 있습니다. 직접적인 보호자가 아니더라도 주위에 어른이나 누군가 지켜볼 수 있는 장소에서 노는 것이 좋긴 합니다. 아이들에게도 미리 몇 가지 당부 사항을 약속하고, 아래 사항을 어길 경우 아이들끼리 놀 수 없게 하거나 보호자를 동반할 수밖에 없다는 것을 인지시켜 주세요.

1. 언제든 연락이 가능하도록 해야 합니다. 부모가 걱정하는 것은 아이가 어디에서 무엇을 하는지 모르는 상황입니다. 그러니 친구들끼리 놀더라도 "나 학교 운동장에서 친구들이랑 축구할 거야." "나 상현이네 놀러 가서 보드 게임 하기로 했어." 등 다른 장소로 이동하거나 해당 장소에 도착했을 때 장소와 같이 있는 친구 등을 알려 주도록 당부하세요. 개인 폰이 없는 경우에는 친구 연락처라도 남길 수 있게 하면 됩니다.

2. 낯선 장소 또는 위험한 장소는 가지 않게 해 주세요. 당연한 말이지만 아이들은 궁금한 것을 더 재미있어합니다. 학교나 집 근처 외에 다른 장소를 가고 싶어할 수도 있습니다.

친구들 중 누군가 가 봤다고 가자고 해도 부모 허락 없이는 가지 않도록 해 주세요. 버스를 타고 가야 하는 곳일 수도 있고, 피시방이나 오락실 같은 경우가 대표적입니다.

3. 노는 것에 집중해서 계획된 일을 놓치면 안 된다고 알려 주세요. 예를 들어 3시에 방과 후 프로그램이나 학원 일정이 있습니다. 친구들과 학교 끝나고 2시에 만나서 즐겁게 놀다가 3시에 학원이 있다는 것을 깜빡하고 빠지는 일이 생깁니다.

반대로 학원이 있다는 것을 알고도 가지 않는 아이나 노는 것과 학원 둘 중에서 고민하는 아이가 있습니다. 이런 경우 단호하게 해야 합니다. 안 그러면 앞으로도 계획된 일을 신경 쓰지 않을 수 있습니다. 차라리 고민되는 사항이라면 부모님에게 전화 걸어서 결정할 수 있도록 안내하세요.

안쌤의 꿀팁

아이들끼리 노는 방법을 많이 봤는데, 그중에서 가장 인상 깊은 장면이 있었습니다. 하교 후 친한 친구 몇 명이 함께 분식집에 들어가는 것을 보았습니다. 누가 사는지, 아니면 무슨 일인지 궁금하여 따라 들어가 보았는데 보호자 한 분이 미리 주문하고 결제까지 한 상황이었습니다. 해당 가정에서 아이들과 자주 가던 단골 식당이라서 사장님과 아이들도 서로 알았습니다. 금전 관련해서 싸울 일도 없고, 어디 위험한 곳에 갈 걱정도 없이 어른이 있는 장소에서 맛있는 음식을 먹으며 이야기하는 방법도 있다는 것을 알려 드립니다.

질문 TOP 32 우리 아이 성향을 담임 선생님에게 얘기하고 부탁해도 될까요?

아이의 성장과 발전을 위해서도 담임 선생님에게 얘기하는 편이 좋습니다. 교육 상담(가정 환경) 조사서*를 작성할 때도 아이 성향이나 교사가 참고할 사항을 적어 달라고 안내합니다. 많은 학부모가 '괜히 얘기했다가 우리 아이에 대해 편견을 가지면 어쩌지?' '모르고 지나칠 수도 있는데 굳이 말할 필요가 있을까?' 등 걱정과 고민으로 선뜻 얘기하기 조심스러워합니다.

교육 상담 조사서
5장 학부모가 꼭 알아야 할 학교 행사 및 지원 제도 참고

아이들의 대표 성향 몇 가지를 예로 들면서 교실에서 담임 선생님이 어떻게 신경 써 줄 수 있는지 알려 드리겠습니다. 가정에서 학부모 역할을 학교에서는 교사가 하니까요.

1. 우리 아이는 낯을 많이 가리고 혼내면 주눅이 많이 들어요.

학기 초에는 대부분 아이들이 낯선 교실에 낯선 아이들과 낯선 선생님과 함께 있습니다. 아이가 얼마나 어색하고 낯가림이 심할까요? 이 상황에서

교사가 아이 성향을 모른다고 해 보세요. 돌아가면서 자기소개를 할 수도 있고, 한 명씩 일어서서 발표해야 할 수도 있습니다.

1번에 해당하는 아이가 일어나 머뭇거립니다. 조금 기다려도 부끄러운 학생은 입을 못 뗄 수 있습니다. 물론 교사가 빠르게 아이가 쑥스러워하고 민망해하는 것을 파악해서 다른 친구가 먼저 발표하게 하거나 다른 형식으로 진행할 수도 있습니다.

그러나 처음부터 다른 방법을 사용하는 것과는 차원이 다릅니다. 이미 학생은 순서가 되어 일어난 상태고 반 친구들은 모두 자신을 쳐다보았으며, 아이는 발표를 하지 못했습니다. 아이 스스로 더 위축되는 상황입니다.

물론 점차 교실 생활에 적응하면서 아이가 발표할 수 있도록 교사가 지도하겠지만, 처음에는 아이가 편안하게 만들어 주는 것이 중요합니다. 그를 위해 교사가 배려할 수 있고 참고하도록 전달하면 좋습니다. 이런 일은 없으면 좋겠지만, 아이 성향을 모르는 교사가 혹시라도 "모두 발표하는데 너도 발표해야지?" "모두 기다리잖아." "목소리 더 크게 해야지." 등 꾸짖음이나 잔소리를 한다면 아이는 한없이 주눅 들게 됩니다.

2. 친구 관계에서 먼저 다가가기 어려워합니다.

저학년 아이들은 학업에 집중하기보다 학교생활에 적응하고 즐겁게 노는 것이 중요합니다. 그러려면 친구 관계가 비중을 많이 차지합니다. 쉬는 시간에도 항상 친구들과 있고, 수업 시간에도 모둠 활동을 하면 친구들과 함께 있습니다. 심지어 급식조차 학급 친구들과 함께하니 학교에 있는 동안은 언제 어디서나 곁에 친구들이 있습니다.

그런데 먼저 새로운 친구들에게 다가가지 못하는 성격이라면 가만히 앉아 있거나 놀고 있는 친구들을 쳐다볼 겁니다. 이런 성향을 가진 아이들은 먼저 다가가서 "같이 놀자"라는 말을 하기 어려워합니다.

담임 선생님이 미리 성향을 들어서 알고 있다면 자리 바꾸기 등 환경 구성을 할 때도 모둠 활동을 할 때도 의도적으로 적극적인 아이나 친해질 수 있는 아이를 같이 편성할 수 있습니다. 그럼 자연스럽게 함께 활동하면서 서로에 대해 알게 되고 친근감을 가질 수 있습니다. 수업 시간에 자주 만나서 대화를 나누고 친해진다면 쉬는 시간에도 다가가는 데 훨씬 부담이 줄어들 테고, 반대로 친구들이 먼저 부르게 됩니다.

3. 집중력이 많이 약하고 주의가 산만합니다.

이 부분도 학부모들의 걱정이 많은 성향 중 하나입니다. '미리 얘기했다가 우리 아이가 매일 혼나면 어쩌지?'라고 생각할 수도 있는데 완전히 그 반대입니다. 앞에서 언급한 2가지도, 언급되지 않은 사항도 모두 포함되는 중요한 말인데, '미리 성향을 알고 있는 부분'이라면 교사의 이해 폭이 확 넓어집니다.

예를 들어 3번 학생이 수업 시간에 집중하지 못하고 다른 행동을 하거나 돌아다닌다고 해 보겠습니다. 그럼 이 성향을 모르는 교사라면 당연히 아이를 불러서 혼내거나 그런 행동에 대해 꾸짖게 됩니다. 그런데 성향을 안다면 바로 혼을 내기보다 그런 행동을 한 이유를 물어보고, 조심할 수 있도록 지도할 가능성이 높습니다.

이해의 폭이 넓어진다는 것은 아이의 특정 행동을 보았을 때 '어떻게 지도하는 것이 아이에게 도움이 될지' 고려하게 된다는 말입니다. '일반적으로 지도할 것인가?' 아니면 '아이 특성 또는 성향에 맞게 지도할 것인가?'

판단하는 기준이 정해집니다. 모든 아이는 개개인의 성향이 있고 모두 다른 특성이 있습니다. 그렇기에 담임 선생님들도 학기 초반 학급 아이들의 성향을 파악하려고 많이 노력합니다.

아이들에게 가장 적합한 방법을 적용해야 성장을 이끌 수 있습니다. 그러니 학부모들도 교사가 아이들을 파악할 때 참고할 만한 내용을 적극적으로 알려 주면 아이 지도에 큰 도움이 된다는 것을 기억하세요.

안쌤의 꿀팁

아이 성향에 대해 '담임 선생님에게 말해야 하나? 말아야 하나?'라는 고민이 들 때는 말하는 편을 무조건 추천합니다. 이미 고민이 된다는 자체가 조심스러운 부분이 있거나 '아이가 교실 생활을 하는 데 일정 부분 지장이 있지 않을까?'라고 생각하는 것입니다. 당연히 얘기하면 손해 보는 것보다 도움 되는 것이 훨씬 많습니다. 손해 보는 일은 없다고 생각해도 됩니다. 혹시 주위에 알려지거나 반 아이들이 알게 될까 봐 걱정이라면 성향을 말할 때 선생님만 알고 다른 아이들에게 알려지는 것은 원치 않는다고 하면 됩니다.

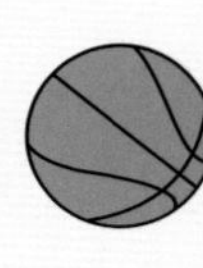

아이들에게 친구 관계는 정말 중요합니다. 친구 관계가 학교생활에 미치는 영향이 가장 크다고 봐도 될 정도입니다. 학교에서 하는 대부분 활동은 친구와 함께합니다. 수업 시간의 개인 활동을 제외하고는 혼자 하는 활동은 거의 없습니다. 아이가 학교에서 친구 관계를 잘 맺는지, 그렇지 않다면 어떻게 도움을 줄지, 혹시 친구와 다투면 어떤 부분을 확인하고 도움을 줄지 등 친구 관계에 대한 여러 상황을 살펴보겠습니다.

3

학부모가
가장 많이 질문하는
친구 관계 11가지

질문 TOP 33

우리 아이의 친구 관계를 파악하는 방법이 있나요?

저자 직강 동영상 강의로 이해 쑥쑥

QR코드를 스캔해서 동영상 강의를 보고
이 칼럼을 읽으면 훨씬 이해가 잘됩니다!

"우리 아이와 친하게 지내는 친구 3명 이름을 말해 보세요."

"가장 최근에 만난 친구는 누구일까요?"

위의 질문에 대답을 잘했나요? 아이들의 친구 관계를 어느 정도 알고 있는지 간단하게 질문해 보았습니다. 아이가 부모님에게 친구나 학교생활에 대해 잘 이야기한다면 몇몇 이름이 기억에 남아 있을 테고, 이야기를 잘하지 않는다면 정말 궁금하고 한편으로는 답답할 겁니다.

이 경우 자연스럽게 질문하게 됩니다. 학부모들이 아이와 대화할 때 또는 교사와 상담할 때 "너 친구 관계는 어때?" "저희 아이가 누구랑 친한가요?"라고 개방형으로 질문하는 것보다는 다음에서 소개하는 것처럼 구체적인 상황을 들어 질문하는 것이 훨씬 더 아이의 친구 관계를 정확하게 파악할 수 있습니다.

친구들과 잘 지내는지, 친한 친구는 있는지, 싸우거나 따돌림당하지는 않는지 등 학부모들이 가장 많이 걱정하고 궁금해하는 자녀의 학교생활이 바로 친구 관계입니다. 마찬가지로 교사들도 교실 내에서 아이들의 친구 관계를 파악하려고 정말 많이 노력합니다.

제가 수년간 아이들의 친구 관계를 파악할 때 참고하는 관점과 여러 상황에서 관찰하는 방법을 소개하겠습니다. 학부모들도 자녀에게 친구 관계를 질문했을 때 반복되어 나오는 친구가 누구인지 파악하면 됩니다.

첫째, "복도에 줄을 설 때 앞뒤에 누가 서? 누구랑 같이 줄 서?"

간단하게 줄을 섰을 때 파악하는 방법입니다. 학교에서 줄을 서는 방법은 크게 2가지인데, 번호순과 선착순(랜덤)입니다. 번호순은 아이 이름 'ㄱㄴㄷ' 순이라서 상관은 없습니다. 번호 순서의 경우, 앞뒤 학생들은 매번 만나기에 다른 학생들에 비해 더 빨리 친해질 수 있습니다.

그러나 선착순이나 랜덤 방식 등 줄 서는 방법이 정해지지 않은 반은 "복도에 줄 섭시다."라고 선생님이 말하면 보통 친한 친구끼리 뭉쳐서 줄을 섭니다. 교과실이나 어디론가 이동하는 그 짧은 시간이라도 함께 대화를 나누고 장난을 치기 위함입니다.

위처럼 질문했을 때 "보통 누구누구랑 같이 가."라고 대답하는 아이의 경우, 자주 나오는 이름이 아이와 가까운 친구일 가능성이 높습니다. 반대로 "누가 너 뒤에 안 섰으면 좋겠어?"라고 질문한다면 아마 자신에게 장난을 많이 치는 친구나 불편한 친구를 말할 가능성이 높을 테니 참고하면 됩니다.

둘째, "밥 먹고 나서 누구랑 교실에 올라가? 기다리는 친구 있어?"

급식 시간으로 파악하는 방법입니다. 학교 급식 방법은 크게 2가지인데, 교실에서 급식하는 방법과 급식실에서 먹는 경우입니다. 이 질문은 급식실이 있는 학교에서만 쓸 수 있는 방법입니다. 교실 급식을 하는 학교는 식사 이후에도 그대로 교실에 남아 있기 때문입니다. 보통 급식실에서는 번호대로 먹습니다. 가끔 자리를 바꿔서 먹는 학급도 있으나, 우리가 관심을 가지는 시간은 급식 이후 행동이라서 크게 상관없습니다.

밥을 다 먹고 친한 친구들끼리는 교실에 같이 올라가려고 기다리는 일이 많습니다. 올라가는 동안 이야기도 할 수 있고, 자연스럽게 점심시간에 함께 놀 수 있으니까요. 삼삼오오 모여서 가는 아이도 있고, 단짝만 기다렸다 같이 가는 아이도 있고, 이런 것을 신경 쓰지 않고 천천히 먹고 혼자 올라가는 아이도 있습니다. 이런 것으로 친구 관계나 아이 성향을 파악할 수 있습니다.

셋째, "집에 갈 때 누구랑 같이 가?"

하교 시간으로 파악하는 방법입니다. 저학년은 보통 정문까지 담임 선생님이 안전하게 데려다주는데, 이후 학부모가 마중 나오는 경우는 예외입니다. 정문(교실)에서 담임 선생님과 인사를 하고 하교하는 모습을 보면 정말 다양한 유형이 있습니다. 빨리 집에 가고 싶어 인사 후에 바로 달려가는 아이들, 학원 가는 아이들도 있지만 친구와 함께 가려고 기다리는 아이도 있습니다.

심지어 다른 반 친구들을 기다리는 아이도 있습니다. 왜일까요? 집이 같은 방향이니까 같이 갈까요? 꼭 그렇지는 않습니다. 같은 초등학교인 이상 다 비슷한 학군일 수밖에 없습니다. 이는 정말 친한 친구들이어야 가능합니다. 하교하면서 오늘 학교에서 있었던 일을 서로 이야기할 수도 있고, 친구네 집에 놀러 갈 수도 있고 정말 할 것이 많은 시간이니까요.

넷째, "짝을 바꿀 때 어떻게 바꾸면 좋겠어? 누구랑 짝이 되고 싶어?"

자리 바꾸기 시간으로 파악하는 방법입니다. 가장 단순한 질문입니다. 친한 친구가 있는 아이들은 그 친구 이름을 말하는 경우가 많습니다. 또는 아직 친하지는 않지만 친해지고 싶은 아이를 말할 수 있습니다. 반대로 정말 피하고 싶거나 친해지고 싶지 않은 친구를 말하는 경우도 있으니 이유도 함께 물어보면 아이 마음을 잘 파악할 수 있습니다.

예전에 교사들이 교우 관계를 파악하기 위한 질문 중 하나는 "생일이 되면 누구를 초대하고 싶어?"였습니다. 이처럼 자연스럽게 함께하고 싶은 친구 이름을 말할 수 있는 질문을 하면 됩니다.

안쌤의 꿀팁

아이들이 학교생활과 친구 관계에 대해 부모님에게 많은 부분을 얘기한다면 직접 물어보는 방법이 가장 정확합니다. 그러나 그렇지 않은 아이도 많습니다. 질문하기 전까지는 먼저 한마디도 안 하는 아이, 질문을 받아도 대답하기 귀찮아하는 아이, 친한 친구가 없는 아이 등 답답할 때가 있습니다. 이런 질문으로 우리 아이의 상태가 어떤지, 친구 관계는 괜찮은지 등을 파악하세요. 그리고 꿀팁! 친구 관계에서 필요한 부분과 친해지고 싶은 친구 등을 담임 선생님에게 전달하면 자연스럽게 반영되어 자녀가 행복한 교실 생활을 이뤄 나갈 수 있습니다.

질문 TOP 34

친구와 다투었다면 어떻게 해야 할까요?

저자 직강 동영상 강의로 이해 쑥쑥

QR코드를 스캔해서 동영상 강의를 보고
이 칼럼을 읽으면 훨씬 이해가 잘됩니다!

학교생활을 크게 생활 측면과 학습 측면으로 구분한다면, 아무래도 저학년 학부모들은 생활 쪽에 더 많이 신경 쓸 것이라 생각합니다. 거기에는 학교생활에 잘 적응할지에 대한 걱정, 친구 관계에 대한 걱정도 포함되어 있습니다. 아이들은 싸우면서 자란다고 하지만, 우리 아이는 그렇지 않았으면 하는 것이 학부모 마음입니다. 그렇지만 이 부분은 마음을 비우고 열어 두면 어떨까 합니다.

친구와 지내다 보면 작은 갈등이 있을 수도 있고, 심하게 다툴 수도 있습니다. 단, 친구와 싸우고 나서 어떻게 대처하고 관계를 회복하는지가 핵심입니다. 이는 초등 시절 성장하는 과정에서 꼭 배워야 하는 중요한 요소입니다. 오히려 초등학생 때 이런 과정을 거치고 친구와 갈등을 원만하게 해결하는 방법을 익힌다면 중고등학교 때 큰 걱정이 없을 거라고 생각합니다.

막상 아이가 친구와 싸웠다는 말을 들으면 화가 나고 걱정도 될 것입니다. 누구와 싸웠는지도 궁금하고, 혹시 다쳤다면 당장 찾아가고 싶을 수도 있습니다. 싸우지 않았다면 좋았겠지만, 이미 다툼은 발생했습니다. 그럼 우리가 할 수 있는 것은 무엇일까요? 아이 마음을 달래고, 괜찮아진다면 이후 그 상황을 되돌아보며 나아갈 수 있습니다.

이런 과정에서 우리가 바라는 것은 아이의 성장입니다. 그렇기에 해결 과정에서 주인공이 되어야 하는 사람은 '학부모'가 아니라 '학생'이어야 합니다. 물론 1·2학년은 여러 상황을 판단하며 결론 내리기 힘들어할 수 있습니다. 학부모가 아이와 차분하게 대화하면서 다투게 된 이유, 기분, 해결 방안 등을 아이 스스로 생각하고 결정하도록 도와주어야 합니다.

첫째, 혼내지 말고 무슨 일이 있었는지 차분하게 이야기할 수 있도록 합니다.

학부모도 많은 감정이 교차할 테고, 이것저것 물어보고 싶지만 우선 아이 마음을 달래 주면 좋겠습니다. 아이도 물론 그 당시에는 화가 나서 싸웠겠지만, 이후 집에 오는 동안 다양한 생각을 했을 겁니다. 아직 화가 덜 풀렸을 수도 있고, 억울할 수도 있고, 친구에게 미안한 마음이 생겼을 수도 있습니다.

아이들은 부모 앞이라 해도 자기 잘못을 쉽게 꺼내지 못합니다. 자기 잘못은 줄이고, 상대가 잘못한 부분 위주로 이야기하게 될 가능성이 많습니다. 그렇더라도 도중에 "너 거짓말하면 안 돼."라고 끊지 말고 우선은 들어줍니다. 아이가 자기 상황을 충분히 이야기하며 마음을 풀어내도록 부모님이 경청하고, 아이 상황과 감정에 공감하세요. 아이도 자기 말을 풀어 나가다 보면 어느새 안정을 찾고 조금 객관적으로 상황을 생각하게 됩니다.

둘째, 아이가 차분해졌다면, 이야기를 듣다가 궁금한 것은 물어봅니다.

위에서처럼 아이가 마음이 덜 풀린 채 이야기한다면 중간중간 파악하기 힘든 부분이나 궁금한 사항이 생길 겁니다. 마찬가지로 자기 잘못은 말하지 않기 때문에 왜 싸웠는지 이해가 가지 않는 부분도 있습니다. 사실 말은 하지 않지만 아이 스스로는 왜 다툼이 있었고, 누구 잘못인지 정확히 알고 있습니다. 인정하기 싫을 뿐입니다.

이런 질문을 하는 자체가 학부모가 상황을 파악하려는 목적도 있지만, 더 중요한 역할은 아이에게 그 상황을 되돌아보게끔 하는 것입니다. "그 상황에서 화가 난 이유는 뭐야?" "그 친구는 왜 그랬을까?" 등 아이가 그 상황을 살펴볼 수 있도록 쉬운 표현으로 질문하면 됩니다.

여기서 조심해야 하는 부분은 바로 학부모의 섣부른 판단입니다. "네가 잘못했네." "그 친구가 잘못했네." 등의 판단은 단기간에는 문제를 해결하는 것처럼 보이지만 실제 아이에게 도움이 되는 부분이 없습니다.

셋째, 친구와 어떻게 하고 싶은지, 대처·해결 방안도 학생이 떠올리도록 하세요.

학부모가 "이 부분은 네가 잘못했어." "그땐 이렇게 했어야지!" 등 잘못을 따지고, 어른들이 화해시켜 주는 것은 아이를 위해 그다지 효과적인 방법이 아닙니다. 학년이 올라가서 또 다른 친구와 비슷한 상황이 발생했을 때를 대비해 아이 스스로 생각하고 판단할 기회를 주어야 합니다.

"너는 그 친구랑 어떻게 했으면 좋겠어?" "앞으로도 그 친구랑 계속 놀고 싶어?" 등 아이가 생각할 수 있도록 방향만 제시하고, 어떻게 화해해야 할지 등 구체적인 행동은 직접 선택하게 하세요. 이런 방식은 점차 청소년기를 지나 어른이 되는 과정에서 친구뿐 아니라 주위 사람들과 갈등 상황을 해결하는 데 좋은 밑거름이 될 수 있습니다.

넷째, 이후에도 꾸준히 관심을 가지고 공감과 칭찬의 대화로 이끌어 주세요.

아이 행동과 선택에 지속적으로 관심을 가져야 합니다. 예를 들어 아이가 '친구랑 화해하기로 했다'는 해결을 선택했고, 다음 날 학교에 가서 친구와 화해했다면(약속을 실천했다면) 칭찬과 격려는 필수입니다. 앞으로도 그 행동에 대한 강화가 될 수 있습니다. 물론 싸우지 않고 사이좋게 친구 관계를 유지할 때도 칭찬이 필요합니다. 당연한 것이 아니라는 점, 기억하세요.

만약 친구와 싸우고 화해할 때만 칭찬한다면 엉뚱한 생각을 할 수 있습니다. 그리고 칭찬할 때는 2가지 부분을 같이 언급하면 좋습니다. 스스로 선택하여 실천하기로 한 행동을 지킨 것에 대한 용기와 결단력 그리고 친구와 화해하려는 마음, 비록 싸웠지만 각자 잘못을 인정하고 친구 관계를 유지하겠다는 그 마음도 함께 칭찬하는 겁니다.

안쌤의 꿀팁

아이들끼리도 충분히 다툼이 있을 수 있고, 갈등이나 싸움이 있을 수 있습니다. 초등 생활 6년 동안 다툼 한 번 없이 졸업하는 것은 정말 힘든 일입니다. 성장 과정에서 자연스러운 행동입니다. 그러나 다투기만 하고 대처나 해결 과정이 없다면 서로 몸과 마음에 상처만 남습니다. 다툼을 겪고 나서 이를 해결해 나가는 과정, 서로 이해하고 화해하려는 노력이 진행된다면 아이들에게도 좋은 교훈이 되고, 한편으로는 추억으로 이어질 수 있습니다. 학부모들도 아이들이 슬기롭게 대처할 수 있도록 신경 쓴다면, 아이들은 친구와 갈등을 통해 더 성장한 모습을 보이게 됩니다.

질문 TOP 35 단짝 친구하고만 노는데 괜찮을까요?

이런 고민 상담을 받는데, 이 경우 반대로 학부모에게 물어봅니다. 단짝 친구하고만 노는 것이 문제가 된다고 생각하는지 말입니다. 아니면 별다른 문제는 없는데 더 다양한 친구를 만났으면 하는 바람으로 이런 고민을 하는 건가요? 대부분 후자가 많았습니다. 내 학창 시절을 떠올려 보면 나는 어떤 유형이었나요? 단짝 친구와 노는 것을 좋아했을 수도 있고, 다양한 친구와 어울리는 것을 좋아했을 수도 있습니다.

마찬가지로 아이들도 개인 성향이 있습니다. 그에 따라 친구를 만나는 유형이 다를 수밖에 없습니다. 교실에서 모든 아이와 친하게 지내는 아이도 있고, 그룹을 지어 뭉쳐 다니는 아이도 있고, 단짝 친구하고만 다니는 아이도 있습니다. 이를 파악하지 않고 어른 시선에서 "어릴 때는 다양한 친구를 만나야 해." "그렇게 단짝하고만 놀면 안 좋아." 또는 "그렇게 많이 친해도 결국 소용없어." "마음 맞는 한두 명만 만나도 인생 성공한 거야."라는 조언은 아이들에게는 크게 와닿지 않습니다. '나는 지금도 충분히 즐거운데 왜 이렇게 하지 말라는 거지?'라고 받아들일 수 있습니다. 누구를 만나고 어떤 과정을 겪는지도 아이가 직접 경험하면서 선택하는 것입니다.

그럼 학부모는 아이의 친구 관계에 아무런 신경을 쓰지 말아야 할까요? 무조건 "친구 관계는 이렇게 해야 해!"라고 강요하는 것은 잘못이지만, 부모님 학창 시절 경험담을 들려주면서 아이와 서로 생각을 이야기하는 시간은 의미가 있다고 봅니다. 이로써 친구 관계에도 다양한 관점이 있다는 사실을 알려 주고 조금 더 넓게 바라볼 수 있도록 해 준다면 이후 아이가 선택하는 상황에서 많은 도움이 될 것입니다.

그럼 각 특성의 장단점을 정리하고 걱정되는 부분이 무엇인지 살펴보겠습니다. 이를 참고해서 아이들과 대화할 때 함께 알려 주면 됩니다. 아이들이 친구를 만나는 유형은 크게 2가지로 나눌 수 있습니다.

이와 같은 특성 말고도 학부모들이 생각하고 경험한 것을 아이들에게 알

	단짝 친구와만 놀기
장점	• 가장 편하게 만날 수 있음 • 속마음 등 비밀도 편하게 이야기할 수 있음 • 친구 관계에서 오는 스트레스가 상대적으로 적음
단점	• 다른 친구를 만날 기회가 적음 • 무엇이든 같이해야 하는 상황이 올 수도 있음(얽매임) • 단짝 친구와 다툴 경우 힘들어질 수 있음 • 학년이 올라가면 친구 관계에 부담이 생김
	다양한 친구와 놀기
장점	• 친구 관계를 폭넓게 유지할 수 있음 • 특정 친구에게 얽매이지 않음 • 학년이 올라가도 친구 관계에 부담이 없음 • 각 친구의 특성을 파악하며 친구 대하는 방법을 터득함
단점	• 친구 관계에서 스트레스가 발생할 수 있음 (친구 관계에서도 또 다른 친구 관계, 약속, 짝 등) • 비밀이나 속마음을 터놓을 친구가 없음 • 자기가 하고 싶은 걸 하기보다 맞춰주어야 하는 상황도 많음

려 주어도 됩니다. 2가지로 분류해서 다소 극단적일 수 있지만, 대표적 특징이라고 보면 됩니다. 그럼 친구 관계에서 아이들이 이뤘으면 하는 사항은 무엇일까요? 아이가 자기와 정말 잘 맞는 단짝 친구를 만났고, 몇 개월간 붙어 다닙니다. 그러다 그 친구가 전학 간다면? 또는 그 친구에게 다른 단짝 친구가 생긴다면? 아이는 정말 속상하고 당황스러울 수 있습니다. 반대로 학급 친구들과 모두 친한데 정작 속마음을 얘기할 친구가 없다면 이 또한 슬픈 일입니다.

우리 아이가 현재 친구를 만나는 유형이 있을 겁니다. 그 부분을 존중하되 행복한 학교생활이 이어지도록 관점을 추가하면 좋겠습니다. 친구 관계에 영향을 받지 않는 아이라면 상관없겠지만, 아이들 학교생활에서 친구 관계는 정말 큰 비중을 차지합니다. 그런데 어느 날 갑자기 지금껏 유지되어 오던 친구 관계가 어긋나면 친구 관계뿐 아니라 학업을 넘어 학교생활에 영향을 미치게 됩니다. 그러니 단짝 친구와 다툼이 생기더라도, 혹시 한쪽 친구 관계에 살짝 문제가 발생하더라도 별 지장이 없는 학교생활을 하는 친구 관계를 형성하는 것이 좋습니다.

안쌤의 꿀팁

친구 관계에서 무조건 상대방에게 맞추고, 자기 의견을 양보하는 아이들이 있습니다. 친구와 싸우기 싫어서 또는 친구 관계를 유지하기 위해 무조건 계속 양보하다 보면 관계가 오래 지속되기 어렵습니다. 당사자 마음 또한 다치게 됩니다. 아이들에게도 "무조건 양보하라." "싸우지 마라."보다는 상대방과 의견이 다를 때는 자기 의견도 얘기할 수 있는 생산적인 친구 관계를 유지하도록 안내해 주세요.

질문 TOP 36 혼자 노는 우리 아이 괜찮을까요? 친구를 만들어 주는 방법이 있나요?

저자 직강 동영상 강의로 이해 쑥쑥

QR코드를 스캔해서 동영상 강의를 보고
이 칼럼을 읽으면 훨씬 이해가 잘됩니다!

아이로부터 오늘 학교에서 혼자 놀고 왔다는 말을 들으면 기분이 어떨까요? 가슴이 철렁하는 분도 있고, 아이가 친구 관계에 무슨 문제가 있나 생각하는 분도 있을 겁니다.

대부분 긍정적 반응보다는 부정적 반응을 보일 텐데, 이는 당연한 일입니다. 아무래도 아이의 학교생활에서 친구 관계가 차지하는 비중이 크다는 것을 학부모들도 몸소 겪었을 테니까요.

먼저 학교에서 혼자 노는 이유를 살펴보고, 각각의 특징에 이어 학부모로서 아이에게 친구를 만들어 줄 방법이 있는지 설명하겠습니다.

교실에서 아이들을 보고 있으면 매시간 혼자 노는 아이들이 있습니다. 학부모들도 외부 사람들도 혼자 놀았다고 생각하면 '주위에서 따돌리나?' '대체 왜 혼자 놀았지?' 하지만 실제 쉬는 시간에 혼자 노는 모든 아이가 불행한 학교생활을 보내고, 친구 관계에서 힘들어하지는 않습니다.

혼자 노는 아이들에도 유형이 있습니다. '자발적'으로 혼자 노는 아이, '비자발적'으로 혼자 노는 아이로 칭해 보겠습니다. 우리 아이가 혼자 논다는 말을 들었을 때, 어느 쪽에 속하는지를 파악하는 것이 먼저입니다. 각각의 특성을 살펴보겠습니다.

	'자발적'으로 혼자 노는 아이	'비자발적'으로 혼자 노는 아이
특징	• 친구들과 어울려 있기보다는 혼자 활동하기를 좋아하는 아이	• 혼자 있기보다 친구들과 함께 있고 싶으나 그러지 못하는 아이
쉬는 시간 대표 활동	• 독서, 그림 그리기 등 정적 활동 • 개인 취미 활동	• 가만히 앉아 있거나 멍함 • 친구들을 바라보며 눈치를 봄
아이 마음	• 편안함/즐거움	• 심심함/함께 놀고 싶음
걱정/도움	• 혼자서 충분히 잘하니 크게 걱정할 필요 없음 → 친구들과 어울려 놀 수 있는지는 확인이 필요함	• 학생도, 학부모도 걱정되는 상황 → 교사나 학부모 등 외적 도움이 필요한지 확인

등교해서 하교하는 순간까지 교실에 있다고 해서 쉬는 시간마다 친구들과 어울려 놀지는 않습니다. 다 같이 모여 있을 때도 있고, 혼자서 해야 할 일이나 하고 싶은 활동을 하는 경우도 있습니다.

그러니 어느 날 문득 아이 입에서 "오늘은 혼자 놀았어."라는 말을 들었을 때 당황하거나 깜짝 놀라 아이를 다그치며 학교에서 일어난 일을 꼬치꼬치 캐묻지 말아야 합니다. 오히려 대수롭게 생각하지 않았던 아이가 더 놀랄 수도 있습니다.

자연스럽게 무슨 시간이었는지, 다른 수업 시간이나 쉬는 시간에도 혼자 있었는지, 무슨 활동을 했는지 구체적인 상황을 파악하면 됩니다. 이를 통해 혼자 노는 이유가 자발적인지 비자발적인지 확인할 수 있습니다. 아이가 친구 관계에서 어떤 부분을 힘들어하는지, 학교생활은 어떤지 등도 물어보세요. 그리고 만약 친구 관계에서 혼자 극복하기 힘들어 외적인 도움이 필요하다면, 다음과 같은 방법이 조금이라도 도움이 될 것입니다.

첫째, 담임 선생님에게 아이 상황을 안내하는 방법입니다. 교사는 학교와 교실에서 일어나는 일에서 가장 가까이에서 도움을 줄 사람입니다. 학부모가 자녀와 대화해서 또는 이런 상황을 전달하면 시간을 내어 담임 선생님과 아이가 상담을 진행합니다.

아이가 교실에서 어떤 상황인지, 누구와 친해졌으면 하는지, 누구와 같이 앉으면 조금이라도 마음이 편하거나 친구 관계에 도움이 될지 파악해서 자연스럽게 자리를 만들어 줄 수 있습니다. 그뿐만 아니라 수업 시간에 모둠 활동이나 단체 활동에서도 신경 써 줄 수 있습니다. 먼저 다가가기 힘든 아이라면 이렇게 담임 선생님을 통해 의도적으로 친구들과 함께 있는 시간을 만들어 줄 수 있습니다.

둘째, 친구들이 많이 하는 방과 후 프로그램을 하게 하거나 학원을 같이 다니게 하는 방법입니다. 예습이나 선행 학습 등 학업 관련 학원은 친구를 사귀는 데 큰 도움이 되지 않습니다. 이미 친한 친구, 형성되어 있는 친구들은 같은 학원에 다니면서 옆자리에 앉아 공부할 수 있지만, 새롭게 친해지기는 어려운 공간입니다.

체육 활동, 함께 연주하거나 무언가를 만드는 시간처럼 신체적·활동적인 행동을 함께하는 것이 도움이 될 수 있습니다. 함께 목표를 향해 도전하고 실천하면서 자연스럽게 친해지고, 이런 친근감이 학교생활로 이어질 수 있습니다.

셋째, 학부모 모임 참석 또는 개별 초대 등의 방법입니다. 아이가 정말 혼자서는 어려워한다면 학부모가 직접 함께하는 방법입니다. 반별 학부모 모임에 참여하거나 친한 학부모들을 만날 때, 아이들을 동반해 아이들끼리 만나도록 하는 것입니다. 아이들도 새로운 친구들과 만나 함께 놀고 대화하는 경험이 필요합니다. 어린 시절부터 이런 환경에서 자란다면 친구 관계에서 부담이 덜할 수 있습니다. 그러니 부모님이 직접 신경 써 줄 수 있는 하나의 방법입니다.

안쌤의 꿀팁

위의 3가지는 근본적인 해결책이라기보다는 교사나 학부모가 직간접적으로 도움을 주는 방법입니다. 사실 무엇보다 아이가 친구 관계에서 먼저 다가가도록 용기를 주어야 합니다. 이는 아이 성향과 밀접한 관련이 있기 때문에 단기간에 바꾸기는 어렵습니다. 위의 방법으로 몇몇 친구와 관계를 유지하며, 그를 바탕으로 새로운 친구에게도 다가가도록 해야 합니다. 아이들은 조용히 앉아 있는 아이에게는 먼저 다가가지 않으므로 '내가 가만히 있지만 누군가 다가와 줬으면 좋겠다'는 생각을 바꾸도록 하면 좋겠습니다.

질문 TOP 37 좋아하던 친구를 이제는 싫다고 하는데 어떻게 해야 할까요?

이런 상황은 저학년 학부모라면 몇 번은 경험하게 될 것입니다. 오늘은 하교하면서 "상현이 너무 좋아. 내일도 같이 놀 거야."라고 말했다가 내일이면 "상현이 싫어. 이제 안 놀 거야."라고 말이 바뀌면 학부모는 어떻게 반응해야 할지 당황스럽기도 하고 걱정되기도 합니다.

그러나 걱정할 필요 없습니다. 하루하루 바뀌는 것이 아이 마음입니다. 아무리 좋아하는 친구일지라도, 어느 날 문득 마음에 들지 않는 행동을 하면 미워할 수도 있고, 싫어할 수도 있습니다. 그동안 싫어했던 친구와 친하게 되는 반대 상황도 자연스럽게 나타납니다.

저학년 아이들은 아직 성장하는 단계이기 때문에 '내'가 우선입니다. 학년이 올라갈수록 다른 사람 마음을 이해하고, 그에 따라 자기 행동이나 관계를 어떻게 해야 할지 정립합니다. 유아 시절보다 많이 컸지만, 아직은 자기중심적일 수밖에 없습니다.

물론 아이들의 환경에 따라 또래 친구들에 비해 '덜' 자기중심적이냐, '더' 자기중심적이냐로 나뉠 수는 있습니다. 그렇다고 이런 아이가 잘못된 것도 아니고, 문제도 아닙니다. 저학년에서 나타나는 지극히 자연스러운 현상입니다. 발달 단계에서 이런 부분이 있다는 것을 알면 앞으로 친구 관계에서도 많은 부분을 이해할 수 있습니다.

저학년 교실에서 아이들은 쉽게 친해지기도 하고, 반대로 갑자기 싫어지기도 합니다. 그 이유는 정말 단순합니다. 함께 무언가를 같이할 때 갈등이나 싸움이 없으면 그 친구와 친해질 가능성이 높습니다. 함께 놀이 활동을 할 수도 있고, 그림을 그릴 수도 있는데 아무 일이 발생하지 않으면 좋아합니다.

"선생님, 그런데 이런 부분은 고학년도 어른도 다 비슷하지 않나요?" 약간 다릅니다. 고학년 아이들은 문제가 발생하면 무조건 싸우지 않고 의사소통을 하면서 의견 조율이 가능합니다. 예를 들어 놀이를 하다가 무슨 문제가 생기면 문제 상황을 돌아보며 각자 잘못을 인정하고 다시 놀이 활동을 이어갈 수 있습니다(자기 잘못을 인정하지 못하는 아이들도 있기 때문에 고학년에서도 갈등이나 다툼이 일어나곤 함).

그러나 저학년은 서로 자기 이야기를 하는 경우가 많습니다. "네가 먼저 그랬잖아." "아니야, 네가 먼저 그랬잖아." 또는 "이것 내가 먼저 가지고 놀고 있었어." "아까부터 내가 놀고 있었어."처럼 상대 말보다는 자기주장이 우선입니다. 같은 말만 하다 보니 둘이서는 해결되지 않고, 재미있게 놀다가도 순식간에 상대가 미워질 수 있습니다.

여기서 중요한 점은 그 친구가 미워진 것이라기보다 그 순간이 싫은 것이라고 받아들이는 것입니다. 아이는 분명 어제 싫다고 한 친구와 오늘 재미있게 놀고 있습니다.

그럼 처음 질문으로 돌아와서 아이가 좋아하던 친구를 이제는 싫다고 한다면 어떻게 말해야 할까요? 우선 차분하게 아이 말을 끝까지 듣습니다. 중간중간 궁금한 사항을 질문해도 됩니다. 여기서 유의할 것은 부모가 단정 짓는 말이나 누구 잘못인지 서둘러 구분 지으려고 하는 태도입니다. 몇 가지 예시를 보겠습니다.

자녀: "엄마, 나 상현이랑 이제 안 놀 거야. 이제 싫어."

단정하는 표현	공감하는 표현
"어이구, 또 싸웠어?" "네가 또 잘못했지?" "어차피 내일 또 같이 놀 거면서 뭘."	"많이 속상해 보인다." "상현이가 싫어졌나 보네." "상현이랑 무슨 일 있었어?"

앞의 예시를 듣게 되면 아이는 혼나는 것처럼 느낄 수 있습니다. 즉, 대화가 이어지지 않고 끊깁니다. 앞으로 비슷한 상황이 발생하더라도 더는 이야기를 꺼내지 않으려고 합니다. 혼날 것이 뻔하기 때문이죠.

가장 먼저 해야 하는 것은 '공감'입니다. 어차피 시간이 지나면 다시 상현이랑 놀 거라는 사실을 알지만 지금 당장은 싫다고 하니 그대로 받아들입니다. 이런 공감을 전제로 아이 스스로 그 상황을 떠올리며 생각할 수 있도록 해야 합니다.

구체적으로 상현이가 왜 좋았는지, 함께 놀았던 이야기를 주제로 대화도 하고, 자연스럽게 오늘 무슨 일이 있었는지, 왜 싫어졌는지도 이야기할 수 있도록 합니다.

여기서 조금 더 나아간다면 상현이 기분은 어땠을지도 생각해 보게 하고, 앞으로 상현이와 어떻게 하고 싶은지도 고민해 볼 수 있도록 이끌어 가야 합니다. 기분이 풀리고 상현이와 계속 놀고 싶은 마음이 생겼다면 해야 할 행동(앞서 "질문 TOP 34 친구와 다투었다면 어떻게 해야 할까요?"에서 제시한 방법)과 앞으로 다짐으로 이어가면 됩니다.

안쌤의 꿀팁

친구라고 해서 무조건 친하게 지내야 하고 사이좋게 지내야 하는 것은 아닙니다. 아이에게 진심으로 싫어하는 아이가 생길 수 있습니다. 위의 대화 과정에서 만약 아이 입에서 당분간은 같이 놀고 싶지 않다는 말이 나오면 억지로 화해시키려 하지 말고, 아이 말대로 하게 해 주세요. 아이는 여전히 미운 감정이 남아 있고, 그 친구와 함께 놀고 싶지 않은데 어른들이 빨리 화해시키려고 한다면 오히려 더 큰 다툼이 생길 수 있습니다.

질문 TOP 38

짝 바꾸기는 어떻게 하나요? 짝을 마음에 안 들어 하면 어떻게 해야 할까요?

저자 직강 동영상 강의로 이해 쑥쑥

QR코드를 스캔해서 동영상 강의를 보고
이 칼럼을 읽으면 훨씬 이해가 잘됩니다!

학창 시절 짝(자리) 바꾸기는 어땠나요? 일주일이나 한 달 정도 간격을 정하고 자리를 바꾸면서 여러 짝을 만난 기억이 있을 겁니다. 요즘 아이들도 여전히 비슷하게 자리를 바꿉니다. 그리고 자리 바꾸는 날 집에 오면 대표적으로 하는 말이 있습니다.

"엄마, 자리 바꿨는데 짝이 마음에 안 들어." "짝 다시 바꾸고 싶어." "나 원하는 친구랑 짝 됐어." 등 자기 상황에 따라 긍정적인 반응, 부정적인 반응으로 나뉩니다. 그럼 이런 아이에게 어떻게 반응하면 좋을까요? 관련하여 자리 바꾸기를 대체 왜 하는지, 짝 바꾸는 방법 그리고 아이가 원하는 짝이나 자리에 앉으려면 어떻게 하면 좋을지 안내하겠습니다.

그 전에 학부모나 교사에게 짝을 바꿔 달라고 하는 마음은 무엇일까요? 간단히 2가지 경우로 나눌 수 있습니다. 짝을 바꿔 달라고 건의하는 아이들은 1. 현재 자리나 짝이 마음에 들지 않기 때문에 2. 자신과 친한 친구와 짝이 되고 싶었는데 그러지 못했기 때문입니다. 당연히 아이가 원하는 친구와 짝이 되었다면 별다른 말을 하지 않았겠죠. 괜히 말을 꺼냈다가 짝이 바뀌면 안 되니까요.

이처럼 짝 바꾸기 전에도 짝을 하고 싶은 아이가 있는 반면, 그렇지 않은 아이도 있습니다. 또 짝을 바꾼 뒤에도 자기 옆에 누가 앉느냐에 따라 개개인의 태도가 달라집니다. 교사는 학급 구성원 모두가 만족할 수 있도록 편성하지만 100% 만족하는 짝 바꾸기란 거의 불가능에 가깝습니다.

교실에서 일반적으로 짝 바꾸기는 어떻게 할까요? 짝 바꾸는 방법은 담임 선생님마다 방법이 다릅니다. 키 순서, 번호 순서인 곳도 있고, 시력이나 체격, 컴퓨터 프로그램 등 다양한 방법으로 선정합니다. 또는 담임 선생님이 임의의 기준으로 자리를 지정해 주기도 하고, 아이가 원하는 자리, 중간인 랜덤 뽑기 등도 있습니다.

매년 재미있고 기발한 아이디어를 내 봐도 결과는 비슷했습니다. 일부는 만족하고, 누군가는 억울해하고 속상해합니다. 그중에서도 몇 년 동안 짝 바꾸는 과정에서 가장 안타까웠던 경험은 짝이 된 친구를 보고 한숨을 쉬거나 싫은 티를 팍팍 내는 것이었습니다. 혹시 아이가 집에 와서 짝이 마음에 안 든다고 할 때 그 친구가 들리도록 앞에서 말했는지 아니면 혼자 속으로 생각했는지도 확인하고, 전자라면 지도해야 합니다.

누군가 상처받는 이런 상황을 반복하다가 문득 이런 생각이 들었습니다. 아이들이 자리 바꾸는 이유를 알기는 할까? 이 부분부터 설명하고 추가로 원하는 자리에 앉는 방법을 알려 주면 지금보다 만족도가 훨씬 높아지지 않을까? 이후 짝을 바꿀 때마다 아이들에게 자리를 바꾸는 이유를 정확히 교육했습니다.

물론 교육한다고 해서 아이들이 100% 만족하지는 않았겠지만, 예전보다는 훨씬 납득하며 나름 만족스러워했습니다. 자리를 바꾸는 이유에 대한 정확한 규정이나 답은 없고, 단순히 제가 생각하는 의견이니 오해하지 않기를 바랍니다.

저는 자리 바꾸는 이유를 아이 본인, 즉 '나'를 위해서 바꾼다고 설명합니다. 교실에는 나와 맞는 친구도 있고, 그렇지 못한 친구, 조용한 친구, 시끄러운 친구 등 정말 다양한 친구가 있습니다. 쉬는 시간이나 방과 후에는 친한 친구, 잘 맞는 친구와만 대화하고 같이 놉니다. 자연스럽게 대화가 잘 통하니 갈등도 잘 발생하지 않고 원하는 대로 편하게 지낼 수 있습니다.

물론 이런 관계도 좋을 수 있지만, 학창 시절인 만큼 나와 맞지 않는 친구와 소통하는 방법도 필요하다고 생각합니다. 즉, 다양한 유형의 아이들과 의사소통할 기회를 주는 것이 바로 짝 바꾸기라고 생각합니다. 예를 들어 자신과 성향이 정반대인 아이와 짝이 되었을 때, 다시 바뀌기 전까지 계속 싸우기만 하는 아이도 있을 테고, '아, 이 친구는 이런 부분을 싫어하는구나. 앞으로 조심해야겠네.'라고 조율하는 아이도 있을 겁니다.

당연히 학부모가 아이들에게 알려 주고 지도할 부분은 후자입니다. 여러 유형의 친구와 지내면서 '이 친구는 이렇게 대화하면 좋구나.' '저 친구는 이런 행동을 싫어했지.' 등 사람마다 그에 맞게 의사소통하고 대하는 방법을 터득할 수 있습니다. 교실은 사회의 축소판이라는 말이 있듯 미리 사회성을 경험하고 배울 수 있는 공간입니다.

그런데 많은 학생이 이런 좋은 기회를 놓치고, 자신이 싫어하는 친구와 짝이 되면 몹시 속상해하고 다음번 짝 바꾸기 시간만 기다리며 계속 싸웁니다. 물론 아직 초등학생들에게, 특히 1·2학년에게 이 부분을 이해시키는 것이 쉬운 일은 아닙니다. 그러나 설명해 주는 것과 그렇지 않은 것의 차이는 큽니다. 시간 될 때 친절하게 알려 주면 좋겠습니다.

마지막으로, 우리 반 애들에게만 알려 주는 최고 비법인 원하는 친구, 원하는 자리에 앉는 방법을 알려 드리겠습니다. 자리 바꾸는 시간에 '나 상현이랑 짝하고 싶어.'라고만 생각하지 말고 더 나아가 '나는 상현, 서정, 형욱, 예준, 승훈 등 우리 반 친구 누구든 괜찮아.'라고 생각하면 됩니다. 어이없을 수도 있는데 이 말에 무릎을 탁 치면 좋겠습니다. 한 반에 21명이라고 하면 나를 제외하면 20명입니다. '상현이하고만 짝하고 싶어!'는 이뤄질 확률이 1/20밖에 되지 않습니다. 그럼 겨우 5%입니다. 그런데 10명 중 아무나 괜찮아.'라고 생각하면 10/20, 확률은 50%로 올라옵니다.

'20명 누구든 짝이 되어도 괜찮아. 나는 누구와도 잘 지낼 수 있으니까! 나를 성장시켜 주는 기회니까!'라고 마음먹는다면 원하는 친구와 무조건 같이 앉을 수 있습니다.

'19명 중 아무나 괜찮아.'라고 생각했는데 다른 1명이 되었다면 어떨까요? 정말 속상하고 충격받을 겁니다. 그렇지만 '와, 이런 일도 있구나.' '대체 얼마나 날 성장시키려고?'라며 무슨 일이 일어날지 궁금해하도록 해 주세요. 조금 더 넓게 바라보고 긍정적인 사고를 하는 것이 좋다는 말입니다.

안쌤의 꿀팁

짝 바꾸기로 바뀐 자리는 다음번까지 거의 바뀌지 않는다고 보면 됩니다. 자리를 바꾼 상태에서 누군가 짝이 마음에 들지 않는다고 바꿔 달라고 하면, 그 말을 듣는 아이도 상처를 받습니다. 또한 1명의 말을 들어주면, 너도나도 모두 바꿔 달라고 합니다. 즉 정말 짝을 하기 싫다면, 나를 괴롭히는 아이가 있다면 짝 바꾸기 전에 학부모가 담임 선생님에게 상담을 요청해 이런 내용을 전달하면 반영될 가능성이 높습니다.

질문 TOP 39 부끄러움이 많아서 친구를 못 사귈까 봐 걱정인데 어떻게 해야 할까요?

내성적인 아이의 부모들이 많이 걱정하는 부분입니다. 부끄러움이 많아서 친구들에게 먼저 다가가지 못하고, 함께 있을 때는 자신이 하고 싶은 말을 자신 있게 하지 못하는 아이들의 경우입니다.

부끄럼이 많고 내성적인 성향의 차이일 뿐, 아이 문제는 전혀 아니니 왜 그렇게 하지 못하냐고 아이를 다그치기보다는 2가지 측면에서 아이가 알고 있는지, 모른다면 방법부터 차분히 알려 주면 됩니다. 확인해야 할 사항은 '친구 사귀는 방법을 아는지, 다가갈 용기가 있는지' 입니다.

전자의 친구 사귀는 방법을 구체적으로 표현하면 막상 친구에게 다가간 다음 무슨 말을 해야 할지, 대화 주제를 어떻게 해야 할지, 또 어떻게 같이 놀자고 해야 할지 모르는 것입니다.

후자의 용기가 없다는 것은 친구에게 다가가서 어떻게 해야 할지는 다 알지만, 그것을 실천으로 옮기기 어렵다는 것입니다. 이 2가지 중 우리 아이가 어떤 부분을 어려워하는지 파악하고 그에 맞게 다음과 같은 사항을 연습하게 하고 실천하도록 지도해 주세요.

우선, 모든 새로운 일을 한 번에 잘하기는 어렵습니다. 경험치가 필요하고 노력이 필요한데, 친구 관계도 마찬가지입니다. 아이들도 새로운 친구와 낯선 친구를 사귀는 방법에 대한 경험이 필요합니다. 어린 시절부터 자연스럽게 지인 가족과 동네 또래들을 자주 만나는 환경에 노출되어 있었다면 크게 어렵지 않습니다.

그러나 밖에서 활동하기보다 집에서 독서하고, 부모와만 노는 것에 익숙하다면 친구들과 있을 때 어떻게 해야 할지 경험이 부족할 수밖에 없습니다. 이런 환경 차이가 이후 아이 성향과도 일정 부분 관련이 있습니다.

아이가 입학하기 전에 이 책을 읽는다면, 더 어린 아이가 있다면 틈틈이 낯선 친구들을 만나는 경험에 노출시키는 것이 좋습니다. 초등학생들은 일정 부분 성향이 갖춰져 있어 변화하려면 많은 노력과 시간이 필요합니다.

첫째, 친구를 사귀고 싶다면 스스로 변화해야 한다고 알려 주어야 합니다. 학부모나 교사가 아무리 옆에서 도와주고 신경 써 줘도 결국 직접 하는 것은 '아이'입니다. 만약 아이는 지금이 편안하다고 하는데, 옆에서 이것저것 알려 주려고 하면 아이에겐 스트레스로 다가올 수 있습니다.

아이들은 웬만해서는 조용하고 가만히 앉아 있는 친구에게 먼저 다가가지 않습니다. 뒤에서 다룰 특정 부분을 제외하고는요. 그렇기에 친구들과 만나고 싶고, 사귀고 싶은 마음이 있다면 스스로 마음을 먹는 것이 무엇보다 중요합니다.

둘째, 친구에게 다가가는 방법을 알려 줘야 합니다. 수업 시간에도 개인 활동뿐 아니라 모둠 활동, 팀 활동을 자주 합니다. 이런 시간이 기회입니다. 함께 목표를 향해 수업에 참여하다 보면 나와 잘 맞는 아이도 있고, 잘 맞지 않는 아이도 파악할 수 있습니다.

또한 아이가 무언가 의견을 내세웠을 때, 자기 말에 잘 호응해 주고 받아주는 아이를 떠올립니다. 그리고 쉬는 시간에 그 친구가 혼자 있을 때 가서 아까 모둠 활동에서 있었던 이야기, 고마운 감정 등을 이야기하면 됩니다. 무턱대고 여러 명이 뭉쳐 있는 그룹에 가서 말을 걸면 오히려 상처를 받을 수 있습니다.

처음에는 서로 조금 아는 아이가 혼자 있을 때 말을 거는 것이 편안합니다. 또 아이가 친해지고 싶은 친구는 무엇에 관심이 있는지, 어떤 것을 좋아하는지 등을 미리 파악한다면 더 재미있게 대화를 이어갈 수 있습니다. 그리고 그 친구를 통해 새로운 친구를 확장할 수 있습니다.

셋째, 먼저 다가갈 수 있다는 용기를 심어 줘야 합니다. 내성적인 아이들이 교실에서 보이는 특징이 몇 가지 있습니다. 지나치게 조심하는 아이, 나를 싫어하면 어쩌지 등 걱정이 많은 아이, 주위 시선을 많이 신경 쓰는 아이 등 자신감이나 용기가 부족한 경우가 많았습니다.

가정에서부터 차분하게 자신감과 용기를 가질 수 있도록 해야 합니다. 아이 말에 귀 기울이고, 아이 선택을 존중하며, 아이가 주도적으로 선택할 기회를 주고 그에 맞는 칭찬을 하면 아이 자존감을 올릴 수 있습니다. 그리고 가족 < 친척 < 동네 친구들 순으로 다가갈 수 있도록 기회를 많이 주면 좋습니다.

넷째, 친구들이 먼저 다가오게 하는 방법이 있습니다. 아이들은 가만히 있는 친구에게 먼저 다가가는 경우는 거의 없습니다. 담임 선생님이 시키거나 임원으로서 책임감 등이 대표적입니다.

그 외에 한 가지가 더 있습니다. 그 아이가 자신이 못하는 어떤 재능이나 능력을 가지고 있을 때입니다. 마술을 잘한다거나 큐브, 그림 그리기 등 호기심을 자극하고, 재미있어 보이는 특기가 있으면 아이들은 자연스럽게 주위에 몰리게 됩니다. 그때 자신에게 온 친구들에게 방법을 알려 주면서 대화할 수 있습니다. 이런 상황에서 점차 자신감을 가질 수 있고, 또 다른 친구들을 만날 수 있습니다.

안쌤의 꿀팁

쉬는 시간에 교실에 앉아서 친구들을 관찰하며 다가갈 친구를 찾는 것도 하나의 방법입니다. 학급 친구들 중 먼저 다가가서 어울려 노는 아이도 있고, 자신과 비슷하게 자리에 앉아 있는 아이도 있습니다. 조용히 책을 읽거나 그림을 그리는 등 아이 성향과 비슷합니다. 그럼 그 친구에게만이라도 말을 걸거나 다가가서 비슷한 활동을 함께할 수 있도록 지도하면 됩니다. 실제로 그렇게 친해져서 남은 기간, 그리고 다음 학년 이후 꾸준히 친하게 지내는 아이들을 많이 봤습니다.

질문 TOP 40 친구들에게 따돌림을 당할까 걱정인데 어떻게 해야 할까요? 학교 폭력인가요?

날이 갈수록 학교 폭력에 대한 이슈들이 터지면서 관심이 쏠리고 있습니다. 학교 폭력의 심각성과 학교 폭력 예방 교육 등을 알릴 좋은 기회이면서도, 한편으로는 그런 일들이 끊임없이 일어난다는 현실이 안타깝기도 합니다. "선생님! 따돌림을 당할까 걱정하는데 왜 학교 폭력 이야기를 하나요?" 따돌림 또한 학교 폭력 중 한 가지 유형이기 때문입니다.

아이들은 어렴풋하게 학교 폭력이 '어떤 친구가 다른 친구를 힘을 이용해서 때린다' 정도로만 알고 있는 경우가 있는데, 학교 폭력이 무엇인지 아이들에게 정확히 알려 줘야 합니다. 그래야 본인이 또는 주위 친구가 그런 상황에 처했을 때 대처할 수 있고, 도움을 줄 수 있습니다.

'학교 폭력'*은 학교 내외에서 학생을 대상으로 발생한 상해, 폭행, 감금, 협박, 약취, 유인, 명예훼손·모욕, 공갈, 강요·강제적인 심부름 및 성폭력, 따돌림, 사이버 따돌림, 정보 통신망을 이용한 음란·폭력 정보 등에 의하여 신체·정신 또는 재산상의 피해를 수반하는 행위를 말합니다.

학교 폭력

학교 폭력 예방 및 대책에 관한 법률 제2조(약칭 학교 폭력 예방법)

학교 폭력이 발생하면 어떻게 조치해야 하고 어떤 절차가 진행되는지는 뒤의 학교 제도 부분에서 자세히 안내하고, 여기서는 따돌림에 집중하겠습니다. '따돌림'은 학교 현장에서 가장 많이 발생하는 문제인데, 학교 내외에서 2명 이상의 학생이 특정인이나 특정 집단의 학생을 대상으로 지속적이거나 반복적으로 신체적 또는 심리적 공격을 가하여 상대방이 고통을 느끼도록 하는 모든 행위를 말합니다.

위의 정의에서 우리 아이가 따돌림을 당하는지 파악할 수 있습니다. 중요한 핵심이 여러 가지이니 아이들에게도 꼭 알려 주어야 합니다.

이런 사항을 알아야 하는 이유는 뒤에 나올 대처와 직접 연관이 있기 때문입니다.

우선, '학교 내외' 모두 포함합니다. 종종 학원이나 놀이터에서 이런 괴롭힘, 따돌림이 발생해서 고민하는 분들이 있습니다. 학교뿐 아니라 학교 밖(학원, 동네, 놀이터)도 포함됩니다. 따돌림은 '2명 이상'이라는 전제가 있습니다. 1:1인 경우에는 단순히 자신과 맞지 않아서, 또는 아이를 미워하는 것은 어쩔 수 없습니다.

다만, 그 친구가 다른 친구에게까지 험담을 하고 같이 못 놀게 하는 것은 따돌림이 맞습니다(물론 1:1로 신체적으로 때리거나 괴롭힌다면 폭행 등 다른 학교 폭력입니다). 그리고 '지속적 또는 반복적' '고통을 느끼는 모든 행위'입니다. 기준은 모두 '피해 학생'입니다. 상대가 놀리든 괴롭히든 따돌리든 어떤 행위를 했는지 관계없이 상대 아이가 고통을 느꼈고, 그 행위가 한 번으로 끝나지 않고 지속적이나 반복적이면 따돌림입니다.

그럼 친구들에게 따돌림을 당할까 걱정된다면(당한다면) 어떻게 해야 할까요?

첫째, 아이는 언제나 당당해야 합니다. 따돌림을 당하기 전에도, 혹시 따돌림을 당하더라도 말입니다. 다른 말로 하면 따돌림, 학교 폭력을 당한 아이가 절대 위축될 필요가 없다는 뜻입니다. 따돌리는 학생들 잘못이지 당한 아이는 잘못이 없습니다.

그런데 이런 일이 발생해서 학생들과 얘기하다 보면 "제가 문제예요." "제가 답답해서 그런가 봐요." 등 자기 질책을 하는 아이들이 있어서 정말 속상했습니다. 부모님들도 아이가 위축되지 않도록, 격려와 응원으로 아이가 당당하도록 가정에서 신경 써야 합니다.

둘째, 단호하게 그만하라고 말할 수 있어야 합니다. 앞에서 학교 폭력, 따돌림에 관하여 자세히 안내한 이유가 바로 이 대처와 관련이 있기 때문입니다. 상대 친구들이 처음으로 나를 괴롭히려고(따돌리려고) 할 때 가만히 있으면, 상대는 나를 만만하게 보고 앞으로 더 심하게 괴롭힐 수 있습니다.

"그만해." "기분 나빠." 등 말로 의사를 정확히 표현하며 멈추게 해야 합니다. 가해 학생의 80% 이상이 하는 말이 "장난으로 했는데요." "재가 기분 나쁜 줄 몰랐어요."입니다. 이런 말을 아예 할 수 없도록 아이가 기분과 의사를 정확하게 전달하고, 그럼에도 지속되면 "이거 학교 폭력이야." "학교 폭력으로 신고할게."로 더 단호하게 나가야 합니다.

이와 관련하여 아이들에게 '장난'과 '학교 폭력'의 차이도 분명하게 알려 줘야 합니다.

장난	• 모두가 즐거운 상황(누군가 기분 나쁘거나 고통스럽지 않아야 함) • 상대가 멈추라고 했을 때 그만두는 상황 • 다음에도 같이 놀고 싶은 마음이 들어야 함
학교폭력	• 앞서 언급한 내용들(장난과 엄격하게 구분됨)

셋째, 부모님이나 교사에게 반드시 알려야 합니다. 가해 학생들 대부분은 본인들이 잘못된 일을 한다는 사실을 압니다. 그러니 하는 말이 "선생님한테 말하지 마라." "집에다 말하면 너 죽는다." 등의 협박입니다. 반대로 말하면 교사와 학부모에게 말하는 것을 가장 두려워한다는 뜻입니다.

또한 어른에게 말한다고 했을 때 "진짜 다음부터 안 그럴게." "다시는 그런 일 안 할게."라고 약한 모습을 보일 텐데 마음 약해지지 말고 최소한 부모님에게 '이런 일이 있었다. 앞으로 안 한다고는 했다.'는 꼭 알려야 합니다. 주위 어른이 그 사실을 인지하는 것과 하지 않는 것은 차이가 크기 때문입니다.

안쌤의 꿀팁

본인이 아니라 친구가 따돌림이나 괴롭힘을 당할 때도 반드시 어른에게 알려야 합니다. 일부 아이들은 '우리끼리 일인데 선생님이나 학부모에게 알려도 되나?' '고자질하는 거 아닐까?' '괜히 나까지 괴롭히면 어쩌지?'라는 걱정으로 조용히 있습니다. 이는 엄연히 고자질과는 다른 정의로운 '신고'입니다. 가해 학생들이 잘못된 일임을 깨달으며 반성할 수 있도록, 따돌림당하는 아이 또한 행복한 학교생활을 할 수 있도록 도와줄 수 있습니다. 따돌림, 학교 폭력이 없는 학교가 되도록 철저하게 신고해 주세요.

질문 TOP 41 학교에서 생일을 챙기나요? 아이 생일 파티에 친구들을 초대해도 될까요?

생일을 챙기고 안 챙기고는 선생님마다 다릅니다. 그리고 방법 또한 다양합니다. 제가 교실에서 챙기는 방법을 포함하여 주위 선생님은 어떻게 생일을 챙기는지, 생일인 아이가 준비해야 하는 것이 있는지도 함께 알려 드리겠습니다.

"선생님! 저희 아이 생일은 어떻게 아시나요?" 기초 환경 조사서를 보면 파악할 수 있습니다. 학기 초에 생년월일, 주소 등을 작성하여 내잖아요? 이것을 보고 모든 아이의 생일을 월별로 정리해 둡니다. 또는 학급 게시판에 예쁘게 생일판을 만들어 월별로 아이들 명단을 붙여 두는 반도 있습니다. 그리고 생일을 앞둔 아이들은 일주일 전부터 "선생님, 몇 월 며칠이 무슨 날인지 알아요?" 등 자기 생일을 알리기도 합니다.

그럼 학급에서는 왜 생일을 챙길까요? 당연히 아이들 생일을 축하해 주기 위함입니다. 예전처럼 교실에서 생일자가 음식(햄버거·피자)을 사서 반 아이들에게 돌리는 것은 금지되었습니다. 누군가에게는 큰 부담이 되기도 하고, 자칫 위화감도 조성될 수 있기 때문입니다.

그래서 이제 학급별로 교사 주도 아래 간단하게 생일 파티를 하는 형식으로 바뀐 것입니다. 생일인데 "생일 축하해."만 하고 끝낼 수는 없으니 반별로 무언가를 함께하는 것입니다. 반대로 위와 같은 부담으로 아예 생일을 챙기지 않는 반도 있습니다.

학급별로 생일을 챙기는 방법은 크게 2가지입니다. 생일날 챙기는 학급과 월별 행사로 같은 달 친구들을 한꺼번에 챙기는 학급입니다. 후자가 일반적입니다. 왜냐하면 케이크 대신 간단하게 과자 케이크를 만들어 생일 분위기를 내는데, 모든 학생 생일마다 그렇게 하기에는 부담이 되기 때문입니다. 월별로 생일자들이 나와서 과자 케이크에 불을 붙이고 학급 친구들이 생일 축하 노래를 불러 주면서 마무리됩니다.

과자만 먹으면 생일 파티가 끝나나요? 여기서부터 또 달라집니다. 창의적 체험 활동 시간이라고 해서 담임 재량입니다. 생일 파티로 들떠 있는 아이들이 금방 차분해져 수업에 집중할 수 있을까요? 그래서 장기 자랑을 하는 학급이 있습니다. 학급 친구들에게서 생일 축하를 받은 아이들이 자기 특기나 장기를 보여 주는 것입니다.

평소 악기(피아노, 기타, 바이올린 등등)를 배우는 아이들은 실력을 뽐내지만 다른 친구들을 즐겁게 해 주는 개그, 마술, 이야기 등을 하는 아이들도 있습니다. 장기라기보다는 평소 친구들에게 보여 주지 못한 모습을 보여 주는 시간이라 생각하면 편합니다.

이로써 자신에 대해 다른 친구들이 아는 좋은 기회가 됩니다. 만약 3월에 학급에서 생일 파티를 챙겨 주고 장기 자랑 시간이 있다고 하면, 미리 어떤 장기를 보여 줄지 준비하는 것도 하나의 방법입니다. 반대로 이 시간이 정말 부담스럽고 하기 싫은 아이도 있을 겁니다. 그 경우에는 아이와 이야기해 보고 같이 연습한다거나 미리 담임 선생님에게 알려서 제외하는 방법이 있습니다.

장기 자랑 말고 친구들이 축하 편지를 써서 주는 학급도 있습니다. 롤링 페이퍼라고 하죠. 한 친구를 대상으로 학급의 다른 친구들이 편지를 적어 주는 활동입니다. 그해를 기억할 수 있는 최고 선물이기도 합니다. 실제로 아이들이 가장 기대하고 기분 좋아한 것이 이 활동이었습니다.

혹시 학급에서 이런 활동을 한다면 다른 친구 생일날 편지지에 최대한 성의 있게 적어 줄 것을 추천합니다. 생일 주인공이 누구인지에 따라 편지지가 꽉 차는 경우가 있고, 공간이 텅텅 남는 일도 있습니다. 평소 친구 관계에 따라 나뉠 수도 있지만, 그 전에 자신에게 적어 준 그대로 적는 경우도 많습니다.

예를 들어 다른 친구 생일 편지에 모두 "○○야, 생일 축하해."라고만 적고 자기 생일에는 친구들이 가득 적길 바란다면 가능한 일일까요? 아이들은 자기 편지에 누가 성의 있게 적었고, 자기 마음을 기쁘게 하는 문장을 적었는지 기억합니다. 그러니 생일 축하한다는 말뿐 아니라 그 친구 장점 등을 함께 적으면 좋겠습니다. 장기 자랑, 편지 외에는 반별로 놀이 활동이나 팀별 게임 활동 등 노는 시간도 있는데 이는 즐기기만 하면 되는 것이라 따로 준비할 것은 없습니다.

아이 생일 파티에 친구를 초대해도 될까요? 학교 외부에서 일어나는 일이기도 하고, 가정의 일인데 학교에서 하라, 하지 마라 할 사항이 아닙니다. 다만 생일 파티와 관련하여 유의하면 좋은 부분이 있습니다. 친구들에게 생일 파티를 초대하는 상황에서입니다.

아이들은 '저 친구랑 친하다.' '친해지고 싶다.'는 친구가 생일 파티를 하면 당연히 참석하고 싶어합니다. 그러나 다른 친구들은 초대되는데 자신은 초대받지 못한다면 정말 속상하고 그 친구가 미워질 수 있습니다.

아이로서는 자신이 생일인 것을 알리고 싶고, 맛있는 음식과 함께 생일 파티를 한다는 것을 자랑하고 싶을 수밖에 없습니다. 그래서 학급 전체에 자랑했는데 정작 초대받은 사람은 소수라면, 기분 좋은 일보다는 친구 관계에서 서운함을 표현하는 아이들이 있을 수 있습니다. 그러니 정말 모든 아이를 초대해 기분 좋게 파티할 것이 아니라면 친한 친구들에게 또는 초대하고 싶은 아이들에게만 연락해 생일 파티를 하는 것이 좋습니다.

안쌤의 꿀팁

학급에서 교사 주도로 생일 파티를 하고, 학급 친구들끼리 노래를 불러 주며 생일 파티는 끝납니다. 그런데 만약 내가 친해지고 싶은 아이의 생일이라면 쉬는 시간에 따로 다가가서 생일 축하한다고 표현하는 것도 좋은 방안입니다. 아이들 머릿속에 '선생님과 학급 친구들이 생일 축하해 줬다.'에서 '상현이가 날 더 축하해 줬어.'라고 남을 테고, 이후 학급 생활에도 영향을 미치게 됩니다. 또한 월별로 진행하는 학급이라면 그 친구 생일날 한 번 더 축하해 주면 더욱 좋은 친구 관계를 유지할 수 있습니다.

질문 TOP 42 내년에는 저 친구와 같은 반을 하고 싶은데 방법이 있나요?

어떤 상황이냐에 따라 또는 담임 선생님에 따라 방법이 있기도 하고, 전혀 존재하지 않을 수도 있습니다. 학교마다, 학년마다 내년도 학급 편성 기준을 세워 놓기 때문입니다. 모두 만족하는 반 편성이면 좋겠지만, 사실상 불가능하다는 것을 학부모들도 알 것입니다. 기본적으로 모든 아이가 잘 적응하도록 기준을 정하고 편성한다는 부분을 명심해 주세요.

반 편성과 관련된 모든 상황은 기본적으로 담임 선생님과 상담해서 결정합니다. 그럼 몇 가지 예시를 들 테니 각 가정의 상황과 비슷한 상황이 있다면 해당 부분을 중점적으로 살펴보면 됩니다. 다른 반이 되었으면 하는 경우입니다.

1. 학교 폭력(따돌림, 괴롭힘 등) 등으로 나쁜(아픈) 기억이 있는 상황입니다. 우리 아이가 1학년이고, 올해 학급에서 다른 친구에게 학교 폭력을 당했거나 반 친구 여러 명에게 따돌림을 당했다고 가정해 보겠습니다. 학교 폭력 조치 결과에 따라서 가해 학생은 생활기록부에 기록되고, 정해진 기간이 되

면 삭제 처리됩니다.

당연히 1학년에서 발생한 일이기 때문에 다음 학년 2학년 학급 편성에는 모두 다른 반으로 분리하여 편성됩니다. 담임 선생님이 그 사실을 알고 있기 때문입니다. 가해 학생들도 마찬가지로 가해 학생들과 피해 학생은 같은 반으로 편성하지 않습니다. 그래도 혹시 불안하면, 학기 말에 담임 선생님과 상담(대면, 통화 상관없음)하면 됩니다.

다음 학년부터는 신경 써야 하는 사항이 있습니다. 보통 낮은 처벌은 다음 학년이 올라가면서 생활기록부에서 학교 폭력 관련 조치 사항이 삭제됩니다. 1학년 때 발생한 일이라면 1학년에서 2학년 올라갈 때 삭제되어 올라간다는 뜻입니다. 그럼 2~5학년 담임 선생님은 생활기록부로는 아이의 학교 폭력 사건을 정확하게 파악하기 어렵습니다. 전해 듣지 않으면 알 수조차 없습니다.

즉, 그다음 학년이나 이후 학년에서도 가해 학생들과 같은 반으로 만나고 싶지 않다면 매년 상담 때 또는 학급 편성 전인 학년 말에 담임 선생님에게 "이런 일이 있었다." "가해 학생과는 아직 같은 반에서 지내기 어려워한다." 등을 얘기하면 충분히 고려되는 사항입니다.

2. 학교 폭력까지는 아니지만 서로 자주 부딪치고, 갈등이 일어나고, 수업 활동할 때마다 만나면 싸우는 상황입니다. 위의 사항보다 약한 느낌이지만 아이나 학부모로서는 충분히 고민되는 사항입니다. 내년에 같은 반이 되는 상상만 해도 벌써 끔찍할 테니까요. 이 부분은 담임 선생님에게 알려도 되는 사항입니다.

물론 알린다고 해서 무조건 분리되는 것은 아닙니다. 만약 상담을 진행하다가 그 친구와 관계가 언급되었을 때 담임 선생님이 이미 그 두 학생의 관계를 안다면 고려 대상이 될 가능성이 높습니다. 서로 갈등이 있고, 사이가 좋지 않다는 것을 수업 시간뿐 아니라 학교에서 자주 보여 줬다는 뜻이니까요.

반대로 학교에서는 잘 내색하지 않고 학원 등 학교 외부에서 자주 부딪치는 경우에는 담임 선생님이 어떤 관계인지 잘 모를 수 있습니다. 팁을 드리면, 학기 말 반 편성하기 전에 요청하는 것이 아니라 1·2학기 상담에서 미리 그런 관계를 알려 주면 학교생활을 하면서 교사가 정말 사이가 안 좋은지 등을 점검하고 파악할 기회가 됩니다.

위의 2가지와 반대로 같은 반이 되었으면 하는 경우입니다. 단짝 친구, 친한 친구들과는 항상 같은 반이 되고 싶어하므로 운에 맡기는 것이 좋은데 특수한 상황이 있습니다. 다음 상황도 모두 담임 선생님의 판단이고, 학교폭력처럼 무조건적인 조항은 없습니다.

3. 정말 내성적이고 부끄럼이 많아서 다음 학년이 걱정되는 상황입니다. 학부모는 물론 교사가 비슷한 생각인 경우가 있습니다. 그래서 올해 학급에서 나름 친하게 지냈던 아이와 같은 반으로 편성해 줄 수 있는지 종종 문의합니다. 해당 아이로서는 정말 절실하게 느끼고, 다음 학년에 적응하려면 필요하므로 건의는 할 수 있습니다. 다만, 지목당한(?) 아이는 다른 반으로 갈, 다른 친구와 만날 기회가 제한된다고 볼 수 있기 때문에 조심스러운 부분입니다.

4. 장애가 있거나 도움이 필요한 특수한 상황입니다. 대부분 학교는 통합학급을 운영합니다. 특수반·도움반은 장애가 있는 학생을 위한 학급입니

다. 그러나 하루 종일 도움반에서 수업을 받지 않고, 학생들의 적응 및 사회성 발달을 위해 일반 학급에도 참여합니다. 아직 어리다 보니 자신과 다른 상대를 배려하지 않고 놀리는 아이들이 있어 간혹 상처를 받거나 놀림을 받습니다. 그런데 유독 친구들을 잘 챙기고 웃으며 도와주는 아이들이 있습니다. 그러다 보니 자연스럽게 몇 년째 같은 반으로 편성되는 경우가 있는데 같은 학급으로 편성될 수도 있다 정도로 이해하면 됩니다.

안쌤의 꿀팁

단짝 친구(절친)와 내년에도 같은 반에 편성해 달라고 요청하는 학부모가 있습니다. 그리고 대부분 쉽게 이루어지지 않습니다. 아이들은 단순 바람 차원에서 지나가는 말로 할 수 있다지만 학부모가 직접 나서는 것은 진지하게 요청하는 것으로 느껴집니다. 저는 '이런 요청은 안 하는 게 더 낫다.'고 봅니다. 또 같은 반으로 편성되면 새로운 친구를 다양하게 만날 기회를 놓치게 됩니다. 2년, 3년 연속으로 같은 반 단짝이 되면 서로 더욱 얽매이게 되고 모든 활동마저 같이해야 합니다. 다른 반이 되어 적절한 거리와 독립된 공간이 있어야 서로 관계를 더 돈독하게 유지할 수 있습니다.

질문 TOP 43

코로나19 때문에 학교에서 친구들과 친해지기 힘든데 다른 방법이 있을까요?

2020년, 2021년은 코로나19로 아이들이 등교하지 못하는 초유의 상황이 발생했습니다. 학교별로 온라인으로 수업할 수 있는 환경이 갖춰졌고, 단방향에서 점점 실시간 온라인 수업이 진행되었습니다. 2021년부터 1·2학년은 매일 등교했고, 3~6학년은 지역별로 매일 등교나 부분 등교를 했습니다. 하지만 학교에 가더라도 방역에 중점을 두고 사회적 거리두기를 실시해서 예전처럼 친구들과 친해지기 어려울 수밖에 없었습니다.

코로나19 이전에는 쉬는 시간에 아이들이 삼삼오오 모여 이야기하고, 보드 게임을 하거나 운동장에 나가서 뛰어노는 활동(축구, 술래잡기 등)을 했습니다. 기본적으로 모여서 함께 활동할 수 있었으므로 서로 친해지기도 쉬웠습니다. 점심시간에는 밥을 먹으며 수다를 떨 수 있었지만 지금은 식사 중 대화가 금지되었습니다. 최근 책상에 방역용 칸막이가 쳐졌고, 쉬는 시간에도 거리두기를 해야 하는 상황입니다.

수업 시간에도 마찬가지입니다. 기본적으로 말이 필요한 활동과 신체 접촉을 최소화해야 하므로 짝 활동, 모둠 활동 등 소규모 친구들끼리 의견을 주고받으며 대화할 수 있는 시간도 줄어들었고, 노래 부르기나 연극 등 흥미로운 활동도 하지 못했습니다. 코로나19가 끝나지 않는 이상(칸막이가 존재하고 거리두기를 해야 하는 이상) 신체 접촉이나 대면으로 말하면서 하는 활동이 제한되는 것은 어쩔 수 없습니다. 그럼 다른 방법이 있을까요?

크게 2가지 상황, 학교 바깥의 경우와 교실의 경우로 나누어 보았습니다. 학교 바깥에서 친해지는 방법입니다.

1. 온라인으로 만나는 방법

우리 반 아이들도 할 뿐 아니라 예능 등 프로그램에서 연예인도 많이 사용하는 방법입니다. 이미 온라인 수업으로 실시간 소통하는 방법을 다 알고 있습니다. 다만 그 방을 선생님이 만드는 것이 아니라 학생 또는 학부모가 만들어 친구들을 초대하면 됩니다. 이 온라인 공간에서는 신체 접촉 말고는 모든 것이 가능합니다. 단순하게 이야기하는 것도 좋지만, 학생들과 해 본 것 중 재미있었던 활동 몇 가지를 추천하겠습니다.

화면 켜놓고 밥 먹기 보통 수업하다가도 점심시간이 되면 각자 점심시간을 보내다가 오후 수업 시간에 들어왔습니다. 그런데 아이들이 밥 먹으면서 친구들과 대화한 지가 꽤 오래되었습니다. 서로 반찬을 보여 주고 먹방, ASMR 콘셉트를 잡아서 점심시간을 가졌더니 재미있어하는 아이들이 꽤 있었습니다. 친구들끼리 먹을 음식을 준비해서 모이면 유쾌한 시간을 보낼 수 있습니다.

자기 방 또는 아끼는 물건 소개하기 친한 친구나 같은 아파트에 살 경우에는 기자가 되어 집 소개하기 등을 할 수 있지만, 환경이 다른 집도 많기 때문에 아이의 방 또는 아끼는 물건, 아이 책상 위 소개하기 등을 하다 보면 서로 겹치는 것이 많아서 친해지기 좋았습니다.

이 외에 도서관처럼 서로 독서하기, 한 명이 책 읽어 주고 다른 친구들은 귀 기울여 듣기, 자습하기, 오늘 배운 내용 서로 질문하고 답하기 등 학업적으로 의미 있는 시간을 보내는 아이들도 있었습니다.

2. 직접 집으로 초대하는 방법

밖의 시설에는 인원 제한이 있고 감염 우려가 있기 때문에 소규모(인원 제한에 걸리지 않는) 친구들을 초대해서 노는 가장 단순한 방법입니다. 평소 학교 쉬는 시간에 하지 못했던 것들을 모여서 하는 것입니다. 이렇게 모이기만 하더라도 아이들 기분은 날아갈 듯 기쁠 수밖에 없습니다. 별다른 활동을 추천하지 않아도 아이들이 마음껏 생각해 낼 수 있습니다.

이어서 교실의 경우인데 사실 쉬운 방법이 없습니다. 아이들은 당연히 말을 하고 싶어하고, 신체 접촉 등 활동을 하고 싶어합니다. 반대로 가능한 것은 말을 최소화하고 신체 활동이 제한되기에 아이들의 흥미를 끌기는 어렵습니다. 그래도 이런 활동을 준비해 간다면 관심을 가지는 아이들과는 재미있게 놀 수 있고, 친해지는 데 조금이라도 도움이 될 겁니다.

- 자신만의 특기나 능력을 활용하는 방법입니다. 함께 놀기보다는 보면서 즐긴다 또는 함께 배우면서 즐긴다 정도로 파악하면 됩니다. 앞의 예시는 큐브, 마술이나 묘기 등이 있고, 뒤의 예시는 종이접기, 그림 그리기 등이 있습니다. 어떤 느낌인지 감이 왔나요? 아이들이 평소 가정에서 가족과 함께하거나 혼자 연습하는 것들을 학교에서도 보여 주면 되는 것입니다. 은근

히 관심 가지는 아이들이 많을 겁니다. 함께하고자 하는 아이들이 있으면 차분하게 천천히 동작 하나씩 방법을 알려 주고, 친구들은 따라 하면서 친해질 수 있습니다.

• 개인 연습장, 화이트보드 또는 태블릿(허용되는 교실이라면) 등을 이용하는 방법입니다. 평상시 이야기하며 즐기던 것을 대체할 물품을 준비하는 것입니다. 다른 아이들은 각자 펜만 있으면 되니까 어려운 것도 없습니다. 각자 글로 적으면서 대화해도 좋고, 캐치마인드처럼 그림 그리고 무슨 그림인지 맞히는 게임, 스무고개나 수수께끼 같은 퀴즈를 해도 좋습니다. 사실 마음 맞는 친구들이 모였다면 무슨 활동을 하든 재미있게 느껴지고 친근감을 가질 수 있습니다.

여러 가지를 생각해 보았는데 결국 친구들과 가장 빠르게 친해지는 것은 자유롭게 대화하고, 함께 뛰어노는 것입니다. 얼른 코로나19 상황이 끝나서 삼삼오오 모여 여러 게임을 하고, 수업 시간에도 선생님과 함께 다양한 친교 활동을 하는 날이 왔으면 합니다.

안쌤의 꿀팁

기본적으로 아이들은 학교에서든 밖에서든 친구들과 친해지고 싶어합니다. 그런데 학교에서는 제한 사항이 많기 때문에 아이들은 심심해합니다. 그 상황에서 우리 아이가 함께 놀 만한 활동이나 아이디어를 준비한다면 학급 친구들의 관심이 집중됩니다. 특별한 것이 아니어도 좋고, 어렵지 않은 것도 상관없습니다. 학교 방역 수칙에 어긋나지 않는 선이기만 하면 됩니다. 그럼 웬만한 활동 모두 학급 친구들이 재미있게 참여할 수 있으니, 한두 가지 생각해 가는 것은 정말 좋은 선택입니다.

학습은 학생에게 떼려야 뗄 수 없을 만큼 중요합니다. 그러나 초등 저학년 때만큼은 공부에 초점을 맞추기보다 가장 기본적인 학습 습관을 잡고, 공부에 대한 흥미를 잃지 않도록 하는 것이 핵심입니다. 1·2학년에서 어떤 수업을 하게 되는지 살펴보면서 저학년 때 집중해야 할 기본 습관은 무엇이고, 중·고학년 학습을 대비하여 갖춰야 할 학습 습관에는 무엇이 있는지 파악해서 미리 준비하면 아이의 학습에 대한 부담도 사라질 것입니다.

4

학부모가 가장 알고 싶어 하는 학습 지도 17가지

질문 TOP 44

1학년은 학교에서 무엇을 배우나요?

초등학교에 입학하면 도대체 무엇을 배울까요? 1학년 교과목뿐 아니라 1년간 배우는 사항들을 정리해 보겠습니다. 전문 용어가 나올 텐데, 1학년 학부모 때부터 이런 단어들을 익힌다면 앞으로 가정 통신문이나 담임 선생님 안내를 쉽게 받아들일 수 있을 것입니다. 크게 2가지 영역을 배우는데, 교과 영역과 창의적 체험 활동 영역입니다.

영역	내용
교과(군)	국어, 수학, 통합(바른생활, 슬기로운 생활, 즐거운 생활)
창의적 체험 활동	자율 활동, 동아리 활동, 봉사 활동, 진로 활동, 안전한 생활

1학년 학생들이 배우는 교과서입니다. 국어와 수학 교과서는 앞에서 소개했기에 생략했습니다.

봄 여름 가을 겨울 안전한 생활

"위에는 바른생활, 슬기로운 생활, 즐거운 생활이라고 적혀 있는데 왜 교과서는 봄, 여름, 가을, 겨울인가요?" 예전에 바·생, 슬·생, 즐·생 이름으로 된 교과서를 배운 것 기억나나요? 그러다가 교육과정이 바뀌면서 이 3가지 생활 교과를 통합하여 지도하도록 주제별 교과서를 개발했습니다.

대주제인 계절 주제에 맞춰 1학기에는 봄, 여름을 배우고 2학기에는 가을, 겨울을 배우면서 학생들이 조금이라도 친숙하게 느낄 수 있도록 말입니다. 주당 교육과정 배당 평균 시수는 다음과 같습니다.

	국어	수학	바른생활	슬기로운 생활	즐거운 생활	창체	계
1학년	6	4	2	2	5	4	23

각 숫자는 1학년 학생이 일주일 동안 무슨 과목을 몇 시간 공부하는지 정해 놓은 것입니다. 모든 수업의 시간을 합치면 23시간이 되는데, 일주일에 총 23교시 수업을 한다는 뜻입니다. 그래서 시간표를 편성할 때 1학년은 보통 5교시까지 있는 날이 3일, 4교시까지 있는 날이 2일이 되는 것입니다($5\times3+4\times2=23$).

1학년 3월 초에는 입학 초기 적응 기간이라 단축 수업을 하여 23시간보다 적게 수업하고, 적응 기간이 끝난 뒤부터 23시간씩 운영합니다. 그래서 학교마다 학교 행사(공개 수업, 운동회 등)나 현장 체험 학습이 있는 날에는 시수가 늘어날 수도 있고, 방학이 있는 주에는 시수를 적게 편성할 수도 있습니다. 개학식이나 방학식, 종업식에는 4교시(오전 수업)만 수업해서 좋아한

<table>
<tr><th>구분</th><th>교과 목표</th></tr>
<tr><td>국어</td><td>국어로 하는 이해·표현 활동 및 문법과 문학의 본질을 이해하고, 의사소통하는 맥락의 다양한 요소를 고려하여 품위 있고 개성 있는 국어를 사용하며, 국어문화를 향유하면서 국어 발전과 국어문화 창조에 이바지하는 능력과 태도를 기른다.</td></tr>
<tr><td>수학</td><td>수학의 개념, 원리, 법칙을 이해하고 기능을 습득하며 수학적으로 추론하고 의사소통하는 능력을 길러 생활 주변과 사회 및 자연 현상을 수학적으로 이해하고, 문제를 합리적이고 창의적으로 해결하며, 수학 학습자로서 바람직한 태도와 실천 능력을 기른다.</td></tr>
<tr><td>바른생활</td><td>초등학교 1, 2학년 학생이 기본 생활 습관과 기본 학습 습관을 형성하여 바르게 생활하는 데 있다.</td></tr>
<tr><td>슬기로운 생활</td><td>초등학교 1, 2학년 학생이 자신의 일상생활 주변에 대해 지속적으로 관심을 갖고 이해를 넓히는 데 있다.</td></tr>
<tr><td>즐거운 생활</td><td>초등학교 1, 2학년 학생이 창의적인 표현 능력을 지닌 건강한 사람으로 자라도록 돕는 데 둔다.</td></tr>
<tr><td>창의적 체험 활동</td><td>앎을 적극적으로 실천하고 나눔과 배려를 할 줄 아는 창의성과 인성을 겸비한 미래 지향적 인재를 양성한다.
<table>
<tr><th>자율 활동</th><th>자치·적응, 창의 주제 활동</th></tr>
<tr><td>동아리 활동</td><td>예술 체육, 학술 문화, 실습 노작, 청소년 단체 활동</td></tr>
<tr><td>봉사 활동</td><td>이웃 돕기, 환경 보호 캠페인 활동</td></tr>
<tr><td>진로 활동</td><td>자기 이해, 진로 탐색, 진로 설계 활동</td></tr>
</table>
※ 1~2학년군은 자율 활동, 3~4학년군은 동아리 활동과 봉사 활동, 5~6학년군은 진로 활동에 중점을 두어 연차적으로 확대 실시한다.</td></tr>
<tr><td>안전한 생활</td><td>일상생활에서 직면하게 되는 위험한 상황에는 어떤 것이 있는지를 알고 대처하는 방법을 익혀 안전하게 생활한다.</td></tr>
</table>

기억 있나요? 그래도 결국 1년간 수업 시수는 동일하게 진행됩니다.

각 영역의 목표도 한 번씩 읽어 보면 우리 아이가 이 과목을 왜 배우는지, 그리고 이런 활동을 하는 이유가 무엇인지 이해할 수 있습니다. 학부모들이 따로 찾아보지 않는 이상 볼 기회가 없을 것 같아 이번에 함께 살펴보려고 합니다.

안쌤의 꿀팁

정확히 같은 개념은 아니지만 바른생활은 도덕, 슬기로운 생활은 사회·과학, 즐거운 생활은 체육과 관계가 많은 교과입니다. 3학년이 되면 과목 수가 많아진다고 생각하여 부담스러워하는 가정이 많은데 엄밀히 살펴보면 1·2학년 때부터 배우고 있습니다. 단, 개념이나 이해 위주가 아닌 주위를 살펴보고 관찰하며 친숙하게 다가갑니다. 그래서 대부분 아이들은 즐겁게 참여합니다. 이 흥미를 학년이 올라가서도 유지하는 것이 핵심입니다. 뒤에 나오는 '3학년부터 과목이 많아진다는데 어떻게 대비해야 할까요?'에서 조금 더 자세히 다루겠습니다.

질문 TOP 45

1학년, 2학년 때부터 선행 학습을 해야 할까요?

저자 직강 동영상 강의로 이해 쑥쑥

QR코드를 스캔해서 동영상 강의를 보고
이 칼럼을 읽으면 훨씬 이해가 잘됩니다!

"선행 학습을 해야 할까요?"에 대한 단호한 대답은 바로 "아니요."입니다.

'선행 학습'*은 학습자가 국가 교육과정이나 시·도 교육과정, 학교 교육과정에 앞서서 하는 학습을 말합니다(공교육 정상화법). 쉽게 말하면 학생이 교육과정에 계획된 학습 순서(학교 수업 진도)보다 먼저 배우는 것입니다. 학원이나 과외 등으로 말입니다.

선행 학습

공교육 정상화 촉진 및 선행 교육 규제에 관한 특별법 제2조 제3호

여기서 한 가지 질문하겠습니다. 선행 학습을 시키려는 이유가 무엇인지 떠올려 주세요. '남들이 다 하는데 우리 아이만 안 하면 뒤처질까 봐?' '우리 아이가 공부를 잘했으면?' '미리 배우고 가면 학교 수업 시간이 쉬워지니까?' '내년 학교 수업 못 따라갈까 봐?' 등의 이유와 비슷하다면 저는 과감하게 선행 학습을 해선 안 된다고 말씀드립니다.

현실적으로 살펴봅시다. 주위를 둘러보세요. 학원 다니는 친구들(또는 선배들) 정말 많습니다. 그 아이들이 정말 공부를 전부 잘하나요? 안타깝게도 그렇지 않습니다. 학원 등에서 똑같이 선행 학습을 해도 누군가는 공부를

잘하고, 누군가는 학교 수업조차 따라가지 못합니다. 이 말은 결국 선행 학습의 문제가 아니라는 것입니다.

조금 과장하면 학원 가서 잘하는 학생은 학교 수업만 들어도 충분히 잘하고, 학원을 다니거나 선행 학습을 해도 못 하는 학생은 학교 수업조차 제대로 집중하지 않을 확률이 높습니다. 제 교직 생활만 놓고 보더라도 대부분 이에 해당했습니다. 저는 이를 '학습 태도의 차이'라고 봅니다. 결코 선행 학습을 하고 안 하고의 문제가 아니라는 것입니다.

더군다나 저학년은 앞에서 본 것처럼 학교에서 많은 교과 내용을 배우는 것도 아닙니다. 1·2학년은 학교생활에 적응하고 앞으로 학교생활을 위한 생활 습관과 학습 습관을 잡아 주는 중요한 시기입니다. 수업 시간에 선생님 말씀에 귀 기울여 집중하고, 가정에서는 교과서에서 배운 내용을 정리하는 습관만 자리 잡으면 됩니다.

앞으로 수년간 학교 수업 시간이 있을 텐데 저학년은 바로 그 첫 시작점입니다. 괜히 학원이나 과외 등 선행 학습을 시켜서 '수업 시간은 다 아는 내용이라 재미없어.' '학교 수업은 안 들어도 되겠다. 이따 학원 가서 공부해야지.'라고 생각하는 아이를 원하는 것은 아니잖아요.

그럼 질문을 조금 바꿔서, 아이가 위처럼 생각하지 않는다면 선행 학습을 해도 될까요? 선행 학습을 해도 되는 학생이 있을까요? 선행 학습 자체를 저학년 학생들에게 권장하지 않으나 많은 분이 궁금해하는 부분이라 안내하겠습니다.

교실에서 학생들과 오래 생활하다 보면 교사 눈에는 여러 부분이 눈에 들어옵니다. 특히 수업 시간에 '저 학생은 왜 굳이 선행 학습을 하는 걸까?' '더 중요한 부분을 놓치고 있는데….' '음! 저 학생은 다음 내용을 미리 배워도 재미있어 하겠다.' 등의 생각이 드는 경우가 간혹 있습니다. 물론 직접 말하지는 않습니다. 다음 내용을 토대로 학생들의 성향이나 학습 수준에 따라 판단하면 됩니다.

먼저, '선행 학습을 해도 되겠다'는 학생의 3가지 유형입니다.

첫째, 복습이 완벽하게 된 학생입니다. 선행 학습은 앞으로 배우게 될 학습 과제를 미리 공부하는 것입니다. 제가 학습에서 강조하는 내용이 있습니다. 과거에 배운 내용과 지금 배우는 내용을 모르는데, 무슨 다음 학년 공부를 하냐고요.

예를 들어 3·4학년 내용을 모르는 5학년 학생이 6학년 내용을 공부한다는 것 자체가 모순이며, 도움이 하나도 되지 않습니다. 학생은 학생대로 스트레스를, 부모님은 또 부모님대로 답답함을 느끼는 가장 최악의 상황입니다. '올해 현재까지 배운 내용은 완전 학습이 되었다.' 이 첫 번째는 모든 조건의 기본 전제입니다. 이것이 되지 않는다면 이후 둘째, 셋째 유형은 볼 필요도 없습니다.

둘째, 선행 학습을 해도 학교 수업을 제대로 들을 자신이 있는 학생입니다. 이 부분이 정말 공부 잘하는 학생들과 어중간하게 잘하는 학생들의 차이 중 하나입니다. 선행 학습을 받은 학생들은 학교 수업 내용을 '이미 배웠기 때문에 알고 있다.'라고 생각합니다. 그리고 이것이 스스로를 망치는 완벽한 착각일 수도 있습니다.

예를 들어 전자의 학생들은 '아, 선생님은 저런 방식으로도 설명해 주시는구나.' '이번 기회에 더 확실하게 복습해야지.'라고 생각하거나 별다른 내색을 하지 않습니다. 그러나 후자의 학생들은 2가지 문제 상황으로 나타납니다. 스스로 아는 내용이라고 생각하여 수업에 집중하지 않고 장난을 치는 등 쓸데없는 행동을 합니다. 또는 본인이 아는 것을 알리고 싶어 잘난 척합니다. 후자보다는 선행 학습을 하지 않더라도 수업 시간에 집중하는 학생이 훨씬 더 발전 가능성이 높습니다.

셋째, 현재 배우는 내용이 본인 수준에 맞지 않아 다음 과정을 궁금해하는 학생입니다. 현장에서는 교육과정에 명시된 대로 학급·학교별로 수준별 학습을 진행합니다. 중고등학교에서는 성적에 따라 이동 수업을 하는 학교도 있겠지만, 초등학교에서는 학급을 나누지는 않아요. 그러다 보니 실질적으로 수준별 학습이 크게 와닿지 않을 수 있습니다.

따라서 현재 배우는 내용만으로는 재미가 없고 지루하거나 조금 더 수준 높은 지식을 배워 보고 싶어하거나 필요성을 느끼는 학생이 있다면 당연히 해 줘도 된다고 생각합니다. 별도 영재 교육 기관의 테스트를 받아도 좋고요.

안쌤의 꿀팁

학원이나 과외 등 효과가 가장 크게 나타나는 경우가 한 가지 있습니다. 바로 아이가 원하는 상황입니다. 물론 저학년 학생들에게는 잘 나타나지 않습니다. 다르게 말하면 저학년 학생들은 선행 학습이 없어도 학교 수업을 충분히 잘 따라간다는 뜻입니다. 중학년, 고학년으로 올라갈수록 학업에 관심을 가지는 학생들이 생겨 납니다. 그러다 문득 부모님에게 "나 학원 다녀볼까?"라거나 "나 수학 학원(과외) 필요할 것 같아."라고 말하는 순간이 찾아옵니다. 그때 시작해도 충분합니다. 학생 스스로 필요성을 느꼈기 때문에 그다음부터는 부족한 부분을 찾아서 빠르게 발전할 것입니다.

질문 TOP 46 1학년, 2학년, 하루에 공부는 얼마나 해야 할까요? 학년별 적정 공부 시간이 있나요?

저자 직강 동영상 강의로 이해 쑥쑥

QR코드를 스캔해서 동영상 강의를 보고
이 칼럼을 읽으면 훨씬 이해가 잘됩니다!

학부모 상담을 하면 학습 관련 질문을 가장 많이 받습니다. 위의 질문과 비슷하게 "저희 아이 하루에 몇 시간 공부해야 할까요?" "지금은 ○시간 하는데 부족하지 않을까요?" "학년별로 적절한 공부 시간이 있나요?" 등이 있습니다. 다른 아이들은 얼마나 공부하는지도 궁금하고, 우리 아이만 뒤처지면 안 된다는 생각으로 학년별 적정 공부 시간(평균)만큼은 시키려는 마음이라고 판단했습니다.

그럼 아이가 하루에 얼마나 공부하면 만족할 수 있을까요? 하루에 30분이라고 하면 시간이 너무 부족해 보이고, 3시간이라고 하면 너무 길다고 생각하지 않을까요? 또는 같은 학년 2명에게 1시간이라고 했을 때, 누군가는 적절하다고 생각하고, 또 누군가는 적거나 많다고 생각할 수 있습니다.

왜 그럴까요? 가장 중요한 아이 성향도, 학습 정도도, 집중도도 다 다르기 때문입니다. 공부하는 방법은 크게 2가지가 있습니다. 하루에 '공부 시간'을 먼저 정해 놓는 방법과, 오늘 해야 할 '학습량'을 정해 놓는 방법입니다. 각 방법의 특성들을 비교해 볼게요.

	공부 시간 정해 놓기	학습량 정해 놓기
계획 순서	하루에 해야 하는 공부 시간 생각 → 그 시간에 할 수 있는 공부 계획 → 시간 종료되면 끝	오늘 해야 할 학습량 떠올리기 → 하나씩 공부하기 시작 → 모두 완료하면 공부 끝
장점	• 이 시간에는 앉아 있을 수 있음 → 점점 늘어날 수도 있음 • 부모는 아이가 공부 시간만큼은 공부했다고 생각해서 만족함	• 해야 할 학습량을 점점 스스로 생각할 수 있음 • 아이의 집중도가 오를 수 있음 (빨리 끝내면 놀 수 있음)
단점	• 해야 할 일을 끝내지 않았는데 시간이 종료되면 하기 싫어하거나 멈춤 • 시간을 채우기 위해 집중하지 않고 오래 끌며 가만히 앉아 있음	• 부모는 아이 공부 시간이 짧다고 느낄 수 있음 • 빨리 끝내려고 대충 휘휘 넘기고 다 했다고 할 수 있음

출처: 초등교사안쌤TV

2가지 방법 중 어떤 것이 더 효율적이라고 단정 지을 수는 없습니다. 가정마다 자녀의 성향을 파악해서 적합한 방법 또는 부족한 부분을 채워 주거나 보완해 줄 방법이 무엇인지 생각해서 적용해야 합니다. 그뿐만 아니라 다양한 공부 과목을 모두 한 가지 방법으로 적용하는 것도 맞지 않습니다.

한 가지씩 예를 들어보겠습니다. 공부 시간을 정해 놓은 가정입니다. 공부 시간을 1시간 정해 놓은 가정에서 아이가 수학 문제집을 2장 풀어야 합니다. 아이가 수학 문제를 어떻게 풀까요? 아이에게 문제가 쉬울지라도, 간단하게 연산만 하면 되는 문제일지라도 아이는 느긋하게 천천히 풀게 됩니다. 아이는 문제를 빨리 풀 이유가 없을 테니까요.

만약 아이가 10분 만에 다 푼다면 이후 부모님에게 무슨 말을 들을까요? "시간 많이 남았네. 그럼 수학 문제 더 풀어 볼까?" "남은 50분 동안 다른 것도 해 보자." 그럼 아이는 '내가 괜히 빨리 풀었네.'라는 마음과 함께 다음부터는 1시간을 채워서 풀게 됩니다.

이번에는 학습량을 정해 놓은 가정입니다. 책 한 권 독서가 오늘 해야 할 목표량입니다. 그럼 아이는 책을 대충 휙휙 넘겨서 읽을 수 있습니다. 빠르게 목표를 채우기 위해서죠. 아이는 책을 어떻게 읽나요? 책 내용을 파악하면서 읽는 것이 중요한 게 아니라 단순히 책 1권을 끝내는 것이 목표가 됩니다. 왜냐하면 저녁에 부모님이 아이가 공부했는지 확인하려고 이런 질문을 할 테니까요.

"오늘 책 1권 읽었어?" 또는 "오늘 책 1권 뭐 읽었어?" 아이는 당연히 "네." "한 권 읽었어요."라고 당당하게 대답할 수 있습니다. 이런 행동이 반복되면 앞으로 독서 습관도 무너질 수 있으니 부모님의 꼼꼼한 확인이 필요합니다.

그러니 어떤 공부를 하느냐에 따라 공부 시간을 정하는 방법이 적합하기도 하고, 학습량을 정하는 방법이 적합하기도 합니다. 예를 들면 이렇게 분류할 수 있는데, 가정에 맞게 바꾸면 됩니다.

구분	내용	적절한 공부(예시)
공부 시간	생각을 해야 하는 이해·사고 위주	독서, 글쓰기(그림일기) 등
학습량	반복을 해야 하는 지식·개념 위주	수학, 글씨 쓰기 등

※ 1·2학년에서 더 필요한 공부가 있다면 추가

그럼 처음으로 돌아가서 1·2학년은 하루에 얼마나 공부해야 할까요? 우선 오늘 해야 할 공부가 무엇인지 정리합니다. '독서, 일기, 수학을 해야 한다면 독서 40분, 일기 40분, 수학은 정해진 분량의 문제 다 풀면 끝.' 이런 식으로 정해 주는 것입니다.

시간을 40분으로 둔 이유는 초등학교 수업이 기본적으로 40분을 1교시로 편성해서 아이들이 집중할 수 있는 시간이기 때문입니다. 그리고 학년이 올라갈수록 또는 아이의 학습 집중도에 따라 시간을 늘리면 됩니다. 또한 과목이 늘어나면서 해야 할 학습량이 많아지면 자연스럽게 공부 시간이 늘어나게 됩니다.

안쌤의 꿀팁

1·2학년 때는 무리하게 공부 시간을 정해서 시킬 필요까지는 없어요. 아이가 오늘 해야 하는 활동이 무엇인지 정리하는 습관부터 연습해 주세요. 알림장을 보고 학교 숙제를 확인하고 가정에서 해야 하는 활동이 무엇인지 떠올립니다. 그리고 아이에게 목록을 적게 하고, 옆에서 부모님도 따로 적으세요. 처음 할 때는 서로 차이가 많이 날 수밖에 없습니다. 반복해 연습하다 보면 어느 순간, 서로 적은 내용이 비교가 가능해집니다. 점점 아이 스스로 무엇을 해야 하는지 알게 되면서 자기 주도 학습에 가까워지는 것입니다.

질문 TOP 47 1학년, 2학년은 평가를 어떻게 하나요?

1·2학년 학생들도 다른 학년과 마찬가지로 기본적인 평가는 모두 합니다. 초등학교의 전반적인 평가 목적이나 방향을 안내한 다음 무슨 기준으로 평가하는지, 그리고 1·2학년 평가는 다른 점이 있는지 살펴보겠습니다. 교육과정이 개정되면서 기존의 결과 중심 평가에서 과정 중심 평가로 바뀌었는데, 2가지 방식의 특성은 다음과 같습니다.

구분	결과 중심 평가	과정 중심 평가
평가 체계	상대 평가, 양적 평가	절대 평가, 질적 평가
평가 내용	내용적 지식 학습 결과 중시	절차적(과정, 방법) 지식 학습 결과와 과정 중심
평가 방법	선택형 위주(객관식)의 지필 평가 일회적 평가	다양한 방법으로 평가(수행 평가) 지속적·종합적 평가
평가 시기	학습 활동이 종료되는 시점 학습 결과, 수업과 평가 분리	학습 활동 과정 중(수업 중) 수업과 평가 활동 연계
평가 주체	교사	교사, 학생(동료, 자기 자신)
평가 결과	점수 체제에 맞춤 일반적 피드백	즉각적, 구체적, 개별적 피드백

흔히 평가라고 생각하면 단원 평가, 시험 등 지필 평가를 떠올리는데, 이것이 예전 교육과정에서 중심이 되었기 때문입니다. 요즘은 지필 평가, 시험은 여러 평가 방법의 한 종류라고 생각하면 됩니다. 물론 시험을 아예 보지 않는 것은 아닙니다. 학생들이 성취 기준에 도달했는지 평가하는데 지필 평가(시험)가 가장 적합하다면 시험을 봅니다. 그러다 보니 시험 보는 횟수가 줄어들었다는 느낌이 들 수 있는데, 실제로는 다른 다양한 방법으로 평가하는 것입니다.

평가 유형은 크게 3가지가 있으나 1학년은 진단 평가를 하지 않습니다. 진단 평가는 새 학년이 되었을 때 이전 학년에서 배운 내용을 진단하는 평가 활동이기 때문입니다.

		1	2	3	4	5	6
교과 평가	교과 학습 진단 평가		○	○	○	○	○
	과정 중심 평가 (수행 평가)	학년 평가 계획에 따라 연중, 수시로 평가 ※ 과제형 수행 평가 지양					
창의적 체험 활동 평가		학생의 자기 평가, 상호 평가, 활동 및 관찰 기록, 질문지 등을 활용하여 참여도, 협력도, 열정도를 수시 평가함					

다음으로 과정 중심 평가입니다. 평가 지침을 바탕으로 학년별로 1년간의 과정 중심 평가 계획을 작성하고, 학교 학업성적관리위원회에서 심의를 받습니다.

학년별로 다음과 같은 교과별 평가 계획을 마련하는데, 먼저 평가 교과목을 소개하고, 평가 계획을 설명하겠습니다.

- 1학년 1학기: 교과 평가를 진행하지 않음
- 1학년 2학기, 2학년: 국어, 수학, 통합 교과(바른생활/슬기로운 생활/즐거운 생활)
- 3, 4학년: 국어, 도덕, 사회, 수학, 과학, 체육, 음악, 미술, 영어
- 5, 6학년: 국어, 도덕, 사회, 수학, 과학, 실과, 체육, 음악, 미술, 영어

영역	성취 기준	평가 기준		평가 요소	관련 단원	방법	시기
수와 연산	[2수01-08] 두 자릿수의 범위에서 세 수의 덧셈과 뺄셈을 할 수 있다.	잘함	계산 결과가 한 자릿수인 세 수의 덧셈과 한 자릿수인 세 수의 뺄셈을 정확하게 할 수 있다.	• 한 자릿수인 세 수의 덧셈 계산하기 • 한 자릿수인 세 수의 뺄셈 계산하기	4. 덧셈과 뺄셈(2)	지필 평가	11월 1주
		보통	계산 결과가 한 자릿수인 세 수의 덧셈과 한 자릿수인 세 수의 뺄셈을 할 수 있다.				
		노력 요함	계산 결과가 한 자릿수인 세 수의 덧셈과 한 자릿수인 세 수의 뺄셈을 어려워한다.				
도형	*성취 기준: 국가에서 학년별로 교육에서 성취할 것으로 기대되는 것	잘함	평가 기준에 따른 결과 처리	성취 기준에서 평가가 필요한 요소 선정	평가 보는 단원	어떤 방법으로 평가를 실시하는지	어느 시기에 평가하는지
		보통					
		노력 요함					
측정							
규칙성							

※ 성취 기준에 따른 평가 기준 단계는 학교마다 다를 수 있으니 꼭 확인해야 함
- 3단계(잘함-보통-노력 요함), 4단계(매우 잘함-잘함-보통-노력 요함), 5단계(수-우-미-양-가)

과목마다 구체적인 평가 계획을 작성하는데, 완성된 학년별 평가 계획은 학교 홈페이지에 게시하거나 가정 통신문(e알리미)으로 가정에 보냅니다. 직접 가져와서 하나씩 같이 살펴보면 자녀가 1년간 보게 될 평가를 자세히 알 수 있습니다.

위의 평가 기준에 따라 학기 말 통지표의 교과 성적으로 나옵니다. 성적표라고도 하지요. 만약 평가 결과에 이의가 있을 경우 통보 후 일주일 내 학생 또는 학부모가 담임 선생님에게 이의 신청서를 내면 학업성적관리위원회에서 사안을 심의합니다.

학생의 평가 결과물 및 수행 평가 보조 자료는 성적 처리가 끝난 후 해당 학년도 2월 28일까지 보관한 후 폐기하니 위에 해당한다면 절차를 진행하거나 직접 확인하는 방법도 있습니다.

안쌤의 꿀팁

생각보다 많은 학생과 학부모가 학년별 평가 계획을 자세히 보지 않는 점에 깜짝 놀랐습니다. 앞에 제시한 표를 보면 알겠지만, 1학기 동안 평가에 관한 모든 것을 안내합니다. 무슨 단원을, 어떤 평가 방법으로, 언제 하는지, 그리고 '잘함'을 받으려면 어떻게 해야 하는지조차도요. 이렇게 자세히 안내하는데도 평가 일주일 전쯤 교사가 평가에 대해 추가로 안내할 때 처음 이 소식을 들은 학생·학부모는 그날부터 준비합니다. 반면 미리 알고 있었던 학생은 여유롭게 준비할 수 있습니다.

질문 TOP 48 완전 학습이란 무엇인가요? 학습 결손을 없애기 위해 어떻게 하면 좋을까요?

저자 직강 동영상 강의로 이해 쑥쑥

QR코드를 스캔해서 동영상 강의를 보고
이 칼럼을 읽으면 훨씬 이해가 잘됩니다!

교육 심리학자 벤저민 블룸이 학생 지도 전략인 '완전 학습 모형'이라는 단어를 처음 사용했습니다. 학생들이 다음 차시(수업 진도) 학습으로 넘어가기 전 이전에 배운 내용의 수준에 통달하는 단계(평가, 테스트로 90% 이상 도달)에 이르러야 하고, 이 목표까지 성취하지 못한다면 다음 수업으로 넘어가는 것이 아니라 이전 학습을 다시 하고 평가받도록 하는 수업 모형입니다. 위의 이론이 교사나 가르치는 사람에게 필요한 모형이었다면, 아이들에게 완전 학습은 무엇일까요?

'완전 학습'은 학습 결손이 없는 상태, 즉 아이가 학습 목표에 도달한 상태를 말합니다. 낯선 용어들이 나오는데 앞으로 학습 지도에서 자주 듣게 될 중요한 단어들이니 함께 설명하겠습니다. '학습 결손'은 학습 기회가 공식적으로 제공되었으나 다양한 이유로 실제 학습이 일어나지 않은 경우나 학생이 교육에 참여하지 않음으로써 발생하는 지식의 갭을 뜻합니다.

학교 상황으로 풀어 보면, 수업 시간에 선생님이 학생들과 수업을 진행하나, 다양한 이유(친구들과 장난, 다른 생각, 어려움, 결석 등)로 수업에 참여하지 않아서 그날 배운 학습 내용을 이해하지 못했다는 것입니다. 이렇게 발생한 간격(갭)을 '학습 결손'이라고 합니다. 이 학습 결손이 계속 쌓이다 보면 학습 목표에 도달한 학생과 그렇지 못한 학생 사이의 학습 격차로 이어지는 문제가 발생합니다.

그렇다면 완전 학습을 이루기 위해 어떻게 해야 할까요? 학습 결손을 없애려면요? 저는 학생들이 2가지만 제대로 실천한다면 학습 결손은 거의 발생하지 않는다고 봅니다.

첫째, 학교 수업 시간에 집중해야 합니다. 부연 설명이 필요 없을 정도로 당연한 말이죠? 수업 시간에 배운 내용만 정확히 파악하고 이해한다면 학습 결손이 발생하는 일이 적습니다. 수업 시간에 집중도를 높이기 위해서는 필요한 사항들이 있는데, 저학년 때부터 습관이 들도록 아래 내용을 지도해야 합니다.

- 수업 종이 치기 전에 먼저 자리에 앉아서 교과서를 준비해요. 수업 종이 치고 나서 부랴부랴 사물함(서랍)에서 교과서를 꺼내고, 서둘러 자리에 앉는 것 자체가 이미 늦습니다. 부모님들 학창 시절을 떠올리면 금방 알 수 있습니다. 공부 잘하는 학생은 이미 수업 종 치기 몇 분 전에 앉아서 오늘 배울 교과서 부분을 펼쳐 놓고 있습니다.
- 이전 시간에 무엇을 배웠는지 되돌아봐요. 이전 학습 내용을 모르면 오늘 배울 내용을 제대로 이해하지 못할 수 있습니다. 이전 시간에 배운 내용을 정확히 이해했는지 돌아보는 시간이 중요합니다. 또한 대부분 선생님은 이전 시간에 배운 내용 질문부터 시작합니다. 이럴 때 자신 있게 발표함으로써 수업 시간의 집중도를 확 높일 수 있습니다.

- 오늘 배운 내용은 무엇인지 간단하게 살펴봐요. 자세히 읽어 볼 필요도 없이 학습 목표나 중요한 단어만 봐도 됩니다. 이전 시간 배운 내용과 연결해서 '오늘은 이런 내용을 배우는구나.' 정도만 생각해도 충분합니다. 아는 만큼 보인다고 자기가 생각하는 내용을 배울 때는 더 자연스럽게 귀 기울이고 수업에 집중할 수 있기 때문입니다.

위 3가지는 기본적인 사항이지만 실제 교실에서 하는 아이들은 많지 않습니다. 쉬는 시간에 친구들과 놀고 나서 종 치기 1~2분 전에만 앉아도 충분히 할 수 있는 것들입니다.

둘째, 복습을 해야 합니다. 예습, 선행 학습보다 복습이 가장 중요합니다. 그 이유는 아무리 수업 시간에 집중해도 학습 내용을 모두 기억할 수는 없기 때문입니다. 다음은 독일의 심리학자 헤르만 에빙하우스가 기억에 대한 실험 연구를 토대로 작성한 망각 곡선 그래프입니다.

내용을 학습하고 나서 10분 이후 망각이 시작되며, 하루가 지나면 무려

에빙하우스 망각 곡선

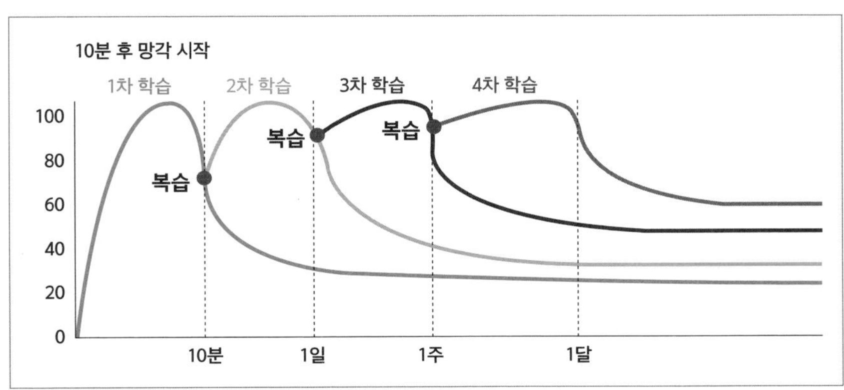

50% 이상 잊어버리게 됩니다. 일주일이 지나면 중요한 부분만 기억에 남습니다. 심지어 학교 수업이라면 1교시 학습 이후 또 다른 내용을 배우기 때문에 이전 학습의 망각률이 더 높아질 수밖에 없습니다. 그 상태로 시간이 흘러 2주에서 한 달이 지나면 많은 부분을 잊게 되고, 학습 결손이 생긴 채 다음 학년으로 가면 학습 격차가 발생하는 것입니다.

그러니 당일 학교에서 배운 내용을 바탕으로 복습하면 됩니다. 무엇으로 하면 좋을까요? 당연히 '교과서'만으로도 충분합니다. 고학년은 복습 노트를 작성해야 하지만, 저학년은 교과서를 살펴보는 것만으로도 괜찮습니다.

어떻게 보면 좋을까요? 선생님이 얘기한 사항을 떠올려도 좋고, 배운 진도만큼 교과서를 같이 읽어 보아도 됩니다. 같은 내용을 3~4번 반복하여 복습해야 합니다. 간격은 하루 뒤, 일주일 뒤, 한 달 뒤 이렇게 복습한다면 망각이 일어나지 않고 오래 기억할 수 있습니다. 복습 노트 작성 방법이나 교과서 공부 방법을 자세히 알고 싶으면 영상을 참고하세요.

안쌤의 꿀팁

저학년은 보통 교과서를 학교에 놓고 다닙니다. 매일 여러 권씩 챙겨서 들고 다니기 무겁기 때문입니다. 그러다 보니 부모님은 아이 교과서를 제대로 살펴볼 수 없습니다. 학부모 상담 때나 1학기 끝나고 집에 교과서를 가져올 때 확인하면 이미 늦습니다.

저는 복습이 필요하다고 생각되는 과목은 교과서(수학 익힘, 국어 등)를 추가로 구입해 아이 책상에 두기를 추천합니다. 그럼 아이가 복습할 때 어떻게 해야 할지 고민하지 않습니다. 오늘 수업한 교과서를 꺼내서 배운 내용을 읽어 보거나 문제가 나오면 혼자 풀어 보면 자연스럽게 복습이 됩니다.

질문 TOP 49 자기 주도 학습을 하려면 어떤 것을 준비해야 할까요?

저자 직강 동영상 강의로 이해 쑥쑥

QR코드를 스캔해서 동영상 강의를 보고
이 칼럼을 읽으면 훨씬 이해가 잘됩니다!

자기 주도 학습이라는 말을 많이 들어보았을 겁니다. 자기 주도 학습이란 학생 스스로 학습 참여 여부 결정에서 '무슨 공부를' '어떻게' '어느 정도' 할지까지 자발적 의사에 따라 선택하고 실행하는 형태를 말합니다. 우리 아이의 이런 모습, 상상만 해도 흐뭇할 겁니다.

그러나 아직 저학년 아이들에게 자기 주도 학습을 바라는 것은 무리한 요구이자 지나친 욕심입니다. 이제 어느 정도 걷기 시작한 아기를 보며 '얼른 혼자서 달리기를 바라는 마음'과 비슷합니다. 저학년 부모님도 이 부분은 확실하게 인지해야 합니다.

그렇다면 지금은 무엇을 준비해야 할까요? 걷는 것에 익숙해지도록 경험을 쌓고 달리기에 흥미를 느끼도록 해야 합니다. 흥미를 느끼고 궁금해하는 아이에게는 달리는 방법까지도 알려 줘야 합니다. 즉, 학습으로 치면 앞으로 아이가 혼자 공부하도록 습관을 잡아 주는 과정을 연습해야 합니다. 아직은 무슨 공부를 해야 할지, 어떻게 해야 할지 고민하는 단계는 아니기 때문입니다.

준비 과정에 앞서 부모님에게 부탁부터 하겠습니다.

첫째, 독서나 학업에 흥미를 잃지 않도록 해 주세요. 물론 아이가 흥미를 느낄 수 있도록 해 주면 가장 좋겠지만, 우선 흥미를 잃지 않는 것이 더욱 중요합니다. 종종 저학년 시기부터 의욕에 불타올라 아이들 마음을 신경 쓰지 않고 무리하게 공부시키는 가정을 본 적이 있습니다.

학교가 끝나면 여러 학원에 갔다가 집에 오면 매일 연산 문제집, 학습지, 거기에 독서까지…. 아이가 지칠 수밖에 없습니다. 공부? 생각조차 하기도 싫을 겁니다. 이렇게 저학년 때부터 지치고 스트레스를 받는다면 그 이후는 자기 주도 학습은커녕 공부 자체가 싫어질 겁니다.

둘째, 아이를 믿고 맡기세요. 부모로서는 아이 행동이 답답할 때도 있습니다. 하나하나 알려 주고 잘못하는 부분을 제대로 잡아 주고 싶은 마음도 있을 겁니다. 그럴 때 한 번 더 기다리세요.

매번 간섭하고 방법을 지도해 주기보다 '우리 아이가 과연 어떻게 할까?' 한 걸음 물러나 지켜봐 주면 됩니다. 아이에게 생각하고 고민할 시간을 주는 것입니다. 아이에겐 이 시간이 성장하는 데 필요한 시간입니다. 기다려줬는데도 어려워하고, 부모에게 도움을 요청할 때 도와주면 아이도 기쁜 마음으로 받아들일 수 있습니다.

이제 본격적으로 아이의 자기 주도 학습을 위해 준비해야 하는 것들을 살펴보겠습니다.

1. 오늘 해야 할 일을 정리하는 연습을 합니다.

학교 숙제일 수도 있고, 준비물 챙기는 것일 수도 있고, 독서일 수도 있습니다. 학기 초에는 학교 선생님과 부모님의 도움이 일정 부분 필요한 것이 사실입니다. 그러나 점차 이 과정은 아이에게 넘어가야 합니다. 매일 일정한 시간에 알림장을 확인하고, 본인이 해야 하는 것과 챙겨야 하는 것을 찾는 것이 가장 기본 단계입니다. 너무 늦은 시간에 알림장을 확인한다면, 숙제를 하지 못하고 다음 날 등교하는 상황이 발생할 수 있기 때문입니다.

가능한 한 저녁 식사 전에는 아이가 확인할 수 있도록 합니다. 저녁 식사 시간에는 자연스럽게 가족이 모여앉게 되고, 부모님이 아이에게 오늘 해야 하는 활동에 관해 질문하게 됩니다. 아이가 미리 확인했다면 정확하게 대답을, 미리 확인하지 못했다면 밥 먹고 할 수 있도록 상기시켜 줍니다.

여기서 중요한 것은 질문 방식입니다. "너 숙제 했어?"라고 직설적으로 표현하는 것이 아니라 "오늘 해야 할 일 있어?" "내일 학교 갈 때 챙겨야 하는 물건 있어?"처럼 아이가 어떤 행동을 해야 하는지, 챙겨야 할 물품이 무엇인지 등을 생각할 수 있도록 질문하면 더욱 좋습니다.

2. 눈에 띄는 곳에 오늘 해야 할 일(챙겨야 하는 물품)을 적어 놓는 방법도 좋습니다.

화이트보드나 칠판, 달력 등 아이 눈에 자주 보이는 공간에 마련해 주세요. 아이들은 일부러 하지 않기보다는 다른 일을 하다가 까먹는 경우도 많습니다. 분명 '무언가 해야 하는데' '밥 먹고 나서 하려고 했는데 뭐였지?' 처럼 기억나지 않을 수 있습니다.

부모님이 해야 할 일을 알려 주는 것도 좋지만, 아이가 자신이 적어 놓은 글을 보면서 잊지 않고 하도록 하는 방법입니다. 그리고 이미 실천한 것은 ○표시를 하면서 성취감도 맛볼 수 있습니다. 이런 정리 습관은 나중에 스케줄 관리나 노트 필기 습관으로 이어질 수도 있습니다.

3. 아이가 매일 1번과 2번을 하는지 부모님이 꼼꼼히 봐야 합니다.

무슨 일을 하든 습관을 들이려면 일정 시간 이상이 필요합니다. 실천하다가 중간에 멈추거나 그만둬 버리면 다시 시작하기 더욱 어렵습니다. 습관이 되면 더 말하지 않더라도 몸이 알아서 하게 되어 있습니다.

'습관적으로'라는 단어가 괜히 나온 말이 아닙니다. 우리 아이의 자기 주도 학습을 위해 우선 이 3가지가 착실하게 이뤄지도록 준비하기 바랍니다.

안쌤의 꿀팁

부모님이 함께 참여하는 방법이 가장 효과가 좋아요. 부모님은 아이들에게 모방과 모범의 대상이기 때문입니다. 어린아이의 시선에서는 부모님이 하는 것은 다 좋아 보이고, 또 따라 하고 싶습니다. 거실에 가족 칠판 하나 장만한 다음, 〈엄마가 오늘 해야 하는 일〉, 〈아빠가 내일까지 해야 하는 일〉 목록을 적어 주세요. 그리고 하나씩 할 때마다 기분 좋게 표시하는 모습을 보여 준다면, 아이가 옆에서 볼 때 무척 재미있어 보이고 본인도 하고 싶어합니다. 아이도 해 보겠다며 처음 한 가지를 적고, 스스로 했다고 표시할 때 부모님은 옆에서 칭찬까지 곁들여 주면 아이는 자기 주도 학습에 한 걸음 더 다가가게 됩니다.

질문 TOP 50

숙제를 학부모가 어디까지 도와줘야 할까요?

저자 직강 동영상 강의로 이해 쑥쑥

QR코드를 스캔해서 동영상 강의를 보고
이 칼럼을 읽으면 훨씬 이해가 잘됩니다!

학기 초반보다는 학기 중반 등 뒤로 갈수록 해야 할 숙제가 많아지고, 아이들이 학교에서 완성하지 못한 과제(미술 작품 등)를 집으로 가져오는 경우도 생길 수 있어요. 평소 아이 숙제나 과제를 어떻게 신경 써 주었나요? 학부모 성향에 따라 다르겠지만, 특히 저학년 학부모의 고민이 상대적으로 많으리라 예상됩니다.

대표적으로 저학년 때는 '내가 도와주는 것이 맞나?' '어디까지, 그리고 언제까지 해 줘야 하지?' 등 걱정을, 고학년 학부모는 '애가 잘하고 있으려나?' '너무 방치하는 것이 아닌가' 등으로 각각의 걱정이 있을 겁니다.

이와 관련하여 '우리 아이 숙제, 학부모가 어디까지 도와줘야 하나'에 대한 제 생각을 말씀드리겠습니다. 또한 교사가 숙제를 검사할 때, 아이 스스로 했는지, 다른 누군가의 도움을 받았는지 파악할 수 있는지는 물론 과연 학부모가 개입하여 도와주는 것이 아이에게 도움이 될지, 아니면 손해가 될지도 알려 드리겠습니다.

먼저 학부모가 자녀 숙제에 개입하는 이유를 알아봐야겠죠? 학생들은 물론 여러 학부모에게 물어보며 일반적인 원인을 찾아본 결과 공통된 몇 가지 이유로 정리할 수 있었습니다. 우리 애가 숙제를 혼자 하기 어려워하니까, 어떻게 하는지 방법을 모르니까, 시간이 오래 걸리니까, 이왕이면 제대로 하여 좋은 결과물을 제출하면 좋으니까, 남들 부모는 다 도와주는데 우리 애만 안 도와주면 비교될 것 같아서 등이 대표적이었습니다.

여기에 고학년은 내버려 두면 스스로 안 하고 놀기만 하니까, 학교 가서 혼날까 봐 등의 이유가 추가되었습니다. 다양하고 일리가 있는 사항이었습니다. 저는 이 모든 이유의 근본적 사유를 학부모들이 '우리 아이를 위해서 또는 도와주기 위해서'라고 결론 내렸습니다.

따라서 "학부모가 어디까지 도와줘야 할까요?"라는 질문에 "진정 아이를 위한 길이라고 생각하는 선까지"라고 답하고 싶습니다. 이 기준만 제대로 잡혀 있어도 우선 성적에 반영되는 수행 평가나 기타 교내외 대회 작품 등은 개입해야 할 대상에서 제외될 거라고 봅니다.

이처럼 확실한 기준이 있는 반면, 조금 모호한 상황이 있죠? 수행 평가, 대회는 아니지만 학교에서 내주는 숙제나 제출해야 할 과제(작품)가 있는 경우입니다.

우선 결론부터 정리하면 다음과 같습니다.

1. 자녀 스스로 충분히 할 수 있는 일은 도와주어도 괜찮습니다.
2. 혼자 하기 조금은 힘들어 보이지만, 결국 할 수 있는 것은 도와주면 안 됩니다.
   → 학교 숙제 대부분은 보통 1번이나 2번 수준입니다.
3. 혼자서 하기 불가능한 것은 간접적으로 도와주어야 합니다.

3가지 상황이 조금 헷갈릴 것 같아 하나씩 예를 들어볼게요.

1번 예시입니다. 완성해서 제출해야 하는 미술 작품이 있다고 가정해 보겠습니다. 그림은 다 그렸고, 색칠만 하면 되는데 혼자 색칠하기에 빈 공간이 많아요. 이럴 경우는 색칠을 도와줄 수 있습니다. 왜냐하면 자녀가 스스로 해결할 수 있는 능력 범위 내에 있는 일이기 때문에 아이 생각이나 사고를 방해하지 않습니다. 조금의 시간 단축만 도와줄 뿐입니다. 물론 아이가 끝까지 혼자 해결하겠다고 하면 옆에서 응원만 해 주어도 충분합니다.

2번 예시입니다. 글짓기나 독후감 숙제가 있다면 어떨까요? 이런 경우에는 개입을 피하는 것이 좋다고 생각합니다. 지금 당장 눈앞에서 힘들어하는 아이를 도와줄 수 있을지언정, 다음번 글짓기 또는 학부모가 없는 학교에서 자녀가 혼자 할 수 있을까요?

매번 혼자 사고할 수 있는 것을 제한했기에 다음번에도 학교에서는 교사 도움을 요청하고, 가정에서는 학부모에게 의지하려고 할 가능성이 높아집니다. 시간은 걸리지만 혼자서 해결할 수 있는 수준에서는 도와주지 말고 지켜보라는 의미입니다.

단, 2번과 3번의 차이를 확실하게 알아야 합니다. 2번은 결국 혼자 할 수 있지만 3번은 도저히 혼자 할 수 없는 것입니다.

3번 예시입니다. 수학 문제를 풀어야 하는데 도저히 풀 수 없는 상황입니다. 이 경우 도움이 필요한데, 직접 문제 풀이를 해 주는 것이 아니라 간접적으로 개념을 성립할 수 있도록 개입하는 겁니다. 그러면 잠정적인 2번 상태가 됩니다. 개념에 대해 알게 되었으니, 힘들고 어렵지만 스스로 문제를 풀어 나가게 됩니다. 위의 2번과 같은 독후감을 쓰는 상황인데, 이를 처음 써서 방법을 도저히 모른다면 당연히 간접적으로 도와줘야 합니다.

간단히 정리하면, 3번처럼 '도움'이 없으면 아무것도 할 수 없는 상태, 대표적으로는 학습 결손, 방법을 모르는 상황 등은 개입하는 것이 당연히 자녀에게도 '득'이 됩니다. 그러나 그 '도움'의 기준은 자녀가 필요로 하여 요청해야 하는 것입니다. 자녀가 구체적으로 "나, 무엇을 해야 하는데 도저히 할 수 없어."라고 말도 하지 않았는데 옆에서 "그건 이렇게 하는 거야!"라고 말하면 자녀 교육에서 오히려 손해입니다.

결국 숙제에 아무런 도움을 안 주어도 됩니다. 학생의 상태를 정확히 알아야 하는 사람은 가정에서는 학부모, 학교에서는 교사입니다. 학생이 숙제를 안 해 오거나 제대로 못 했다면 교사가 확인하고 신경 쓸 수 있습니다. 그런데 부모님 도움으로 모든 과제를 완벽하게 해 온다면, 교사는 '아, 얘는 혼자서도 잘하는구나!'라고 생각하여 신경 써야 하는 대상에서 벗어나게 될 수 있습니다. 장기적으로 보면 손해가 되는 것이죠.

안쌤의 꿀팁

수행 평가나 각종 과제에 학부모 도움이 있을 때 담임 선생님은 이를 파악할 수 있을까요? 짐작은 가능하지만 확신할 수는 없습니다. 교사는 의심하기보다는 학생이 성장했다고 믿어야지요. 담임 선생님은 학생들의 학교생활에서 가장 가까이 있는 사람입니다. 짧게는 몇 년, 길게는 수십 년간 학생들을 지도했습니다.

자연스럽게 학생마다 특성과 수준을 파악했을 텐데, 갑자기 평소 실력과 다른 작품이나 과제가 제출된다면, 서로 실망하는 일이 발생할 수 있습니다. 학원이나 어른이 개입된 수준 높은 결과물보다는 정말 학생이 할 수 있는, 자신만의 방식으로 해 나가는 것이 훨씬 만족스럽고, 스스로에게도 도움이 됩니다.

질문 TOP 51

글씨를 예쁘게 못 쓰는데 어떻게 하면 좋을까요?

저자 직강 동영상 강의로 이해 쑥쑥

QR코드를 스캔해서 동영상 강의를 보고
이 칼럼을 읽으면 훨씬 이해가 잘됩니다!

글씨는 아이가 일기를 쓰든, 문제를 풀든 겉으로 드러나는 표현 방법 중 하나입니다. 사람들은 어떤 상황에서 누군가 친필로 쓴 글을 보면 말로 표현하지는 않지만 '글씨가 예쁘다.' '글씨를 못 쓴다.'고 판단하게 됩니다. 직접 영향은 없지만 글씨체를 보고 그 사람이 어떤 사람일지 예상하기도 합니다. 아이들의 글씨체가 그래서 중요합니다.

글씨를 한 번 잘못 쓰기 시작하면 고학년뿐 아니라 어른이 되어서까지 쉽게 고쳐지지 않습니다. 악필을 교정하려면 정말 큰 노력이 필요합니다. 자음과 모음을 쓰기 시작하고 받침과 여러 단어를 배우는 저학년 때야말로 글씨를 예쁘게 바로잡는 데 중요한 시기라고 볼 수 있습니다.

글씨를 예쁘게 못 쓰는 이유는 크게 4가지로 분류할 수 있습니다. 과연 우리 아이는 어떤 유형에 속하는지 파악하고, 각 방법에 맞는 지도를 하면 됩니다. 그리고 유형별로 유의할 사항이나 고민할 필요가 있는지도 함께 안내합니다.

첫째, 연필을 바르게 잡는 방법을 모르는 학생입니다. 크게 걱정할 유형은 아닙니다.

연필을 바르게 잡지 않으면 글씨도 바르게 쓰기 어렵습니다. 또한 잘못 잡은 손가락이 아파지기 때문에 글씨를 쓰기 싫어질 수도 있습니다. 수업 시간에 배웠겠지만, 아이들에게는 익숙하지 않은 방법일 수도 있으니 차분하게 반복적으로 알려 주면 됩니다. 결국 연필을 많이 잡아 보고 여러 번 써 보는 것이 가장 좋습니다.

1. 첫째(엄지)와 둘째 손가락(검지)으로 연필심에서 3~4cm 떨어진 곳을 가볍게 잡아요.
2. 가운뎃손가락(중지)으로 연필 아랫부분을 받쳐요.
3. 연필을 너무 세우거나 눕히지 않고 비스듬하게(45도) 유지해요.
4. 손가락에 너무 큰 힘을 주지 않고 적당한 힘으로 눌러서 써요.

둘째, 글씨를 규격에 맞게 쓰는 방법을 모르는 학생입니다. 예쁘게 쓰인 글씨를 많이 보면서 자신과 다른 점들이 무엇인지 아는 것이 중요합니다. 그래야 아이는 자신의 잘못된 부분을 하나씩 고칠 수 있고 점점 예쁜 글씨체에 가까워질 수 있습니다. 잘못 적는 대표적인 사항이 몇 가지 있으니 참고하세요.

1. (받침 없는 글자) 자음과 모음의 크기나 길이가 같거나 자음이 더 큰 경우
2. (받침 있는 글자) 각 자음과 모음의 위치를 어디에 써야 하는지 모르거나 받침자를 더 크게 쓰는 경우
3. 문장을 쓰는데 글씨가 나란하지 않고 위아래로 왔다 갔다 하는 경우

마음 편안하게 '우리 아이가 아직 글씨를 예쁘게 쓰는 방법을 모르는구나.'라고 생각하세요. 만약 방법을 차분하게 다 알려 줬는데도 이상하게 쓴다면 넷째 경우를 참고하면 됩니다. 가장 좋은 방법은 글씨 쓰기 연습장이나 글씨 쓰기 책으로 여러 상황에서 글 쓰는 방법을 알고 반복하여 익숙해지는 것입니다.

셋째, 손과 손가락 근육이 덜 발달한 학생입니다. 연필을 바르게 잡아보면 알겠지만, 손가락 힘이 받쳐 줘야 연필을 흔들림 없이 지탱할 수 있습니다. 연필 잡기에 관련된 근육이 덜 발달한 학생은 손가락으로 연필을 고정할 수 없습니다. 이런 아이들 중 일부는 주먹을 쥐고 그 사이로 연필을 고정하여 글씨를 쓰기도 하는데, 일부러 그러는 것이 아니라 연필을 고정하기 위해 생각해 낸 방법입니다.

그래도 바르게 잡는 방법으로 연습해야 합니다. 비록 주먹을 쥐는 방법보다 글씨를 쓰기 힘들 수 있지만 꾸준하게 쓰는 행동을 반복해야 손 근육도 발달합니다. 점차 성장하면서 자연스럽게 해결되니 걱정할 필요가 없습니다. 평소 글씨 쓰기뿐 아니라 조립이나 만들기 등의 활동으로 손을 많이 사용할 수 있게 해 주면 좋겠습니다. 미술 시간에 가위로 종이 자르는 활동과 종이에 풀칠하기 등을 어려워하는 저학년 학생이 많은데 대부분 손 근육이 부족했습니다.

넷째, 글씨 쓰기 귀찮아하는 학생입니다. 대충 쓰는 아이들이죠. 아이들 중 가장 많은 유형이고, 부모님이 집중적으로 신경 써야 하는 유형입니다. 연필을 바르게 잡을 수도 있고, 글씨를 예쁘게 쓰는 방법도 알고, 손 근육도 충분히 발달했습니다.

그런데 이런 학생들은 '굳이 예쁘게 쓸 필요가 있을까?' '아… 귀찮은데 대충 쓰고 말지.' 등의 생각을 하므로 가만히 두면 안 됩니다. 시간이 지나도 나아질 기미는 보이지 않고 점점 알아보기 힘든 글씨체로 바뀌어 버립니다.

이런 학생들은 부모님이 단호하게 해야 합니다. 별다른 지도 방법도 필요 없이 다시 쓰게 하면 됩니다. 위의 셋째에서 중요한 방법이 있었잖아요? 그럼 처음에는 기준 1개를 꼼꼼하게 본다고 하세요. 예를 들어 '자음보단 모음을 길게 적기' 하나를 기준으로 두고, 어긋나는 단어는 모두 다시 쓰게 하는 것입니다.

위의 기준에 익숙해진 상태면 이제 기준을 2개, 3개로 늘려 나가는 방법입니다. 글씨를 이상하게 썼는데도 마음이 약해져 그냥 넘어간다면 아이 글씨체를 잡을 수 없습니다.

안쌤의 꿀팁

글씨 쓰기는 결국 아이들 마음가짐에 달려 있습니다. 글씨를 보면 그 사람의 됨됨이를 알 수 있다는 말이 있듯이, 글씨체를 보면 아이들 생활을 일부 짐작할 수 있습니다. 학교 숙제로 일기나 독서 감상문이 있다고 해 보겠습니다. 숙제를 검사할 때 교사 눈에 가장 먼저 띄는 것은 내용이 아니라 '글씨'입니다. 글씨를 바르게 쓰려고 노력한 학생에게서는 기본적으로 정성이 느껴집니다. 내용을 살펴보겠지만 숙제도 꼼꼼하게 했을 거라는 기대가 있습니다. 반대로 글씨체가 엉망진창이면 '대충 썼구나.' '급하게 숙제 처리했구나.' 등의 생각이 들 수 있으니 글씨를 바르게 쓰는 연습을 꼭 해야 합니다.

질문 TOP 52 글쓰기는 왜 중요하고 어떻게 시작해야 할까요?

저자 직강 동영상 강의로 이해 쑥쑥

QR코드를 스캔해서 동영상 강의를 보고
이 칼럼을 읽으면 훨씬 이해가 잘됩니다!

표현 방법을 구분하면 크게 2가지, 말하기와 쓰기입니다. 평상시에는 말을 이용해서 자기 의견을 전달하는 일이 많지만, 말하지 못하는 상황도 있고 말로 표현할 수 없는 상황이 주어질 때도 있습니다. 이때 말하기를 대신하여 표현할 수 있는 활동이 바로 글쓰기입니다. 결국 글쓰기 또한 초등학교에 입학하면서부터 거의 평생 함께하는 활동입니다.

학교에서는 일기, 독서록뿐 아니라 모든 과목 교과서에 글 쓰는 활동이 나옵니다. 그리고 고학년으로 올라가도, 중고등학생이 되어도 각종 수행 평가와 논술 등이 기다립니다. 학업 측면이 아니라 생활 측면에서도 글쓰기는 항상 필요합니다. 부모님과 친구들에게 편지 쓰기, 쪽지 주고받기 모두 글쓰기 활동이라고도 볼 수 있습니다.

이런 다양한 이유로 아이들에게는 '저학년 때부터 글쓰기라는 활동이 재미있게 느껴지는 것'이 중요합니다. 무엇이든 흥미를 느껴야 관심을 가지고 더욱 집중할 수 있기 때문입니다. 그런데 현실은 어떤가요? 정작 아이들은 글쓰기를 좋아하지 않습니다. 오히려 싫어하는 학생들이 더 많습니다.

학생들이 글쓰기를 싫어하는 이유는 정말 많겠지만, 근본적인 이유는 '재미가 없어서' 또는 '하기 싫어서'로 정리할 수 있습니다. 그렇다면 반대로 글쓰기가 재미있도록, 글을 쓰고 싶도록 만들어 주면 되지 않을까요? 글쓰기에 재미를 붙여 줄 방법에는 어떤 것들이 있을지 살펴보겠습니다.

첫째, 말하기부터 시작하세요. 국어의 단계는 듣기·말하기·읽기·쓰기로 글쓰기는 가장 마지막 영역입니다. 자음·모음의 한글을 배우는 저학년, 맞춤법을 고쳐 나가는 중학년 그리고 글쓰기를 배웠지만 제대로 기억나지 않는 고학년 모두 혼자서 문장이나 글을 쉽게 쓸 수 있는 것이 아닙니다. 이럴 때는 학생들이 익숙한 단계인 '말하기'로 진행하면 됩니다.

예를 들어 일기를 써야 하는데 본인이 무엇을 했는지, 특별한 기억이나 감정 등이 떠오르지 않을 수도 있습니다. 이럴 때 자연스럽게 질문과 대화로 기억을 상기해 주면 아이들도 글을 쓸 수 있는 이야기 주제들이 마구 떠오를 겁니다. 아니면 하루 일과를 스스로 말하도록 하고, 그중에서 한두 가지 일만 구체적으로 글로 남기는 방법을 지도합니다. 이 과정에서 아이들이 '응? 글쓰기, 생각보다 별로 어렵지 않네.'라고 생각하면 좋겠습니다.

둘째, 자유롭게 쓰도록 해 주세요. 아직 초등학생이잖아요! 글쓰기는 정말 무궁무진하게 재미를 느낄 수 있는 영역입니다. 그러나 차후 논술에 대비하여 처음부터 좋은 주제, 올바른 형식 등을 강조하는 분들이 있습니다. 아이가 적응한다면 도움이 될 수는 있지만, 사실 바로 익숙해져서 어른들이 원하는 글을 쓰는 아이는 극히 일부입니다.

수업 시간을 예로 들어보겠습니다. 국어 시간에 지문을 읽고 뒷이야기를 떠올리는 글쓰기입니다. 보통은 일부는 막힘없이 써 내려가지만 일부는 머뭇거립니다. 하지만 우리 교실에서는 마구 써 내려가며 서로 발표하려고 합니다. 무슨 차이일까요? 저는 엉뚱한 얘기도 다 받아주고 재미있게 들어줍니다. 자연스럽게 많은 학생이 창의적이고 기발한 생각을 쓰거나 엉뚱하게 뒷이야기를 상상해서 적습니다.

머뭇거리는 경우는 과거에 마음 편히 적었다가 학교나 가정에서 "그렇게 쓰면 안 된다."고 혼난 적이 있는 아이였습니다. 아이들은 나이에 맞는 관심사가 있습니다. 어른들이 보기엔 정말 유치할 수 있는 주제들도 학년이 올라갈수록, 나이를 먹을수록 자연스럽게 바뀐다고 생각합니다.

셋째, 재미있게 읽어 주기와 칭찬은 필수입니다. 일기든 독서록이든 글쓰기 자체는 창작입니다. 새로운 것을 만들어 내는 과정입니다. 아이들이 자기 생각을 글로 적는 과정을 거쳤고 그만큼 노력했습니다. 그렇다면 그 과정과 노력이 헛되지 않았다는 것을 학부모들이 보여 주어야 합니다.

일기장을 보면 "와, 엄마가 생각지도 못했던 부분을 이렇게 재미있게 적어 주었네." 독서록을 보면 "진짜… 네 글을 보니까 이 책이 너무 읽고 싶어졌어! 그다음은 어떻게 됐어?" 이런 칭찬과 반응을 자주 보여 주나요? 또는 글에 담긴 아이 생각을 파악하기 위해 진지하게 읽은 적은 있나요? 우선 이 2가지를 먼저 하고, 일정 시간이 지난 후 잘못된 맞춤법이나 띄어쓰기를 바로잡아 주면 됩니다.

넷째, 글을 쓸 때 호칭을 작가님이라고 해 주세요. 그냥 호칭만으로도 뭔가 있어 보이잖아요. 아이들의 기분을 들뜨게 해 주는 것입니다. 그럼 말만 작가님이라고 해야 할까요? 실제 작가님을 모신 것처럼 행동하면 효과는 더 좋습니다. 작가와 인터뷰하듯이 그냥 장난치듯 노는 겁니다.

"작가님, 작가님이 쓰신 글이 전 세계적으로 유행입니다. 이렇게 글을 쓰신 의도는 무엇입니까?" 아이가 얼마나 신나겠어요. 자기 생각을 마음껏 말할 겁니다.

여기서 결정적인 한 방이 있습니다. "작가님, 다음 작품이 너무나 궁금하고 기다려져요! 언제쯤 볼 수 있나요?" 그럼 이른 시일 안에 또 아이 스스로 많은 고민을 하며 다음 글쓰기에 도전할 수 있습니다.

다섯째, 충분히 기다리세요. 위에서 설명한 대로 글쓰기는 가장 마지막 단계라고 했습니다. 그러니 아직 아이가 글쓰기에 미흡하더라도, 주제가 너무 유치하더라도 충분히 그럴 수 있다고 생각하고 그만큼 함께해 주면 됩니다. 그래야 아이들도 마음속으로 '아, 내가 잘못하는 것이 아니구나.' '글을 쓸 때마다 재미있게 읽어 주는 사람이 있네.'라는 인식이 생길 겁니다. 독서도, 글쓰기도 결국 아이들이 그 활동을 좋아하게 만드느냐, 싫어지게 만드느냐가 핵심입니다.

안쌤의 꿀팁

저학년일수록 의무감에 써야 하는 글쓰기는 하지 말아야 합니다. 예를 들어 1일 1작문을 하거나 글쓰기 책을 사서 시키려는 가정이 있습니다. 아이들은 학교에서 쓰는 글쓰기도 싫어할 수 있는데 추가되는 활동은 글쓰기를 멀어지게 만듭니다. 저학년에는 놀이 활동이나 가족 행사, 대회 느낌으로 다가가면 좋습니다. 독서를 하고 나서 책 제목으로 삼행시 짓기를 하며 자연스럽게 문장 만들기, 가족과 다 같이 영화를 보고 나서 영화 소감을 아이만 쓰는 것이 아니라 가족 전체가 쓰고 개인별로 마음에 드는 소감문을 투표해서 상 주기 등의 방식으로 접근하면 글쓰기 활동에 친근하게 다가갈 수 있습니다.

초등학생
글쓰기 지도방법

질문 TOP 53 맞춤법과 띄어쓰기는 어떻게 연습해야 할까요?

저자 직강 동영상 강의로 이해 쑥쑥

QR코드를 스캔해서 동영상 강의를 보고
이 칼럼을 읽으면 훨씬 이해가 잘됩니다!

맞춤법은 저학년 때부터 제대로 잡아 주지 않으면 평생 잘못된 표현을 사용하게 될 수도 있습니다. 맞춤법이 왜 중요한지, 학습과 생활에는 어떠한 영향을 미치는지, 어떻게 지도해야 하는지 정리해 보겠습니다. 혹시 자녀들이 쓴 글을 제대로 본 적이 있나요?

교과서도 좋고, 일기장이나 독서록도 좋으니 지금 한 번 살펴보세요. 맞춤법과 띄어쓰기가 잘 지켜졌나요? 물론 아직 어리니까 괜찮다고 할 수 있습니다. 그러나 교직 생활 경험상 '어린 시절부터 틀린 맞춤법을 계속 사용하는 아이들'은 학년이 올라가도 쉽게 고쳐지지 않았습니다.

이미 수년간 사용해 왔고, 중간중간 누구 하나 제대로 잡아 주지 않았던 탓에 스스로 익숙한 표현이 옳다고 착각해 버린 것입니다. 그것이 '잘못된' 맞춤법인데도 말입니다. 이런 아이들은 어른이 되어서조차 그대로 사용하게 될 확률이 높습니다. 솔직히 학부모들도 지인들과 카톡이나 문자를 주고받으면서 상대의 당황스러운 맞춤법에 깜짝 놀란 경험이 있을 겁니다.

나중을 위해서든, 지금을 위해서든 초등 저학년부터 제대로 된 맞춤법 교육이 필요합니다. 고학년도 아직 늦지 않았습니다. 우선 모든 맞춤법 규정을 하나하나 알기보다는 실생활에서 많이 쓰는 단어 위주로 바꾸는 것이 효과적입니다.

그럼 대체 맞춤법은 왜 중요하다고 할까요? 맞춤법은 좁게는 어휘력과 문장력 등 국어 학습을 포함하며, 넓게는 전반적인 교과 학습으로 이어지기 때문입니다. 요즘 초등학교뿐 아니라 중학교, 고등학교에서도 시험 등 지필 평가보다 서술형·논술형 등 수행 평가 비중이 높아지고 있습니다. 물론 글씨체와 글쓰기 능력도 중요한 요소지만 맞춤법 또한 가장 기본적인 요소입니다.

글씨체를 생활적·태도적 영역이라고 본다면, 맞춤법은 지식 영역이라고 볼 수 있습니다. 유치원과 초등학교 저학년 시절에는 맞춤법이 틀리더라도 주위에서 웃어넘길 수 있지만, 학년이 올라갈수록 단순히 웃고 넘어갈 일이 아니라는 것을 우리 모두 알고 있습니다.

특히 학생 스스로 맞춤법에 자신이 없고 위축되면, 다양한 교과 학습에 안 좋은 영향을 줄 수밖에 없습니다. 반대로 글을 평가하거나 심사하는 사람도 맞춤법은 눈에 띌 수밖에 없습니다. 물론 어떤 목적의 글쓰기냐에 따라 다르겠지만, 맞춤법과 띄어쓰기 등이 일정 부분 영향을 준다는 점은 부인할 수 없습니다.

그럼 맞춤법을 올바르게 쓰려면 어떻게 해야 할까요? 저는 다음의 4가지를 강조합니다.

첫째, 학생이 잘못 사용하는 맞춤법이 무엇인지 정확히 알아야 합니다. 학생이든 어른이든 잘못된 맞춤법을 사용하는 사람들은 본인이 사용하는 단어나 맞춤법이 틀렸다는 사실을 모릅니다. 옆에서 알려 주지 않고 넘어가

다 보니 자기 맞춤법과 띄어쓰기 등이 맞는다고 생각합니다. 그러니까 잘못된 표현으로 민망해하지도 않고 자연스럽게 사용하겠죠?

둘째, 올바른 맞춤법을 자주 보거나 접해야 합니다. 책에서든 어디서든 본인이 아는 단어와 다른 맞춤법이 보인다면 학생들은 의문을 가지게 됩니다. '저 단어는 저렇게 쓰면 안 되는데.' '내가 알고 있는 맞춤법이랑 다른데.' '책에 이렇게 적혀 있으면 내가 잘못 알고 있는 건가?' 등으로 말입니다. 이렇게 직접 고민하고 정확한 맞춤법을 알게 된 단어는 앞으로 평생 기억하게 될 가능성이 높습니다.

셋째, 직접 써 보기도 해야 합니다. 눈으로만 보고 머리로만 '아, 저게 맞는 단어구나! 앞으로 제대로 써야지'라고 생각하고 넘어가는 순간, 시간이 지나면 예전에 잘못 사용하던 맞춤법을 그대로 사용하게 됩니다. 인간은 망각의 동물이니까요. 올바른 맞춤법을 귀로 듣고 눈으로 볼 뿐 아니라 직접 적으며 다양한 감각으로 복습하면 머릿속에 더욱 선명하게 기억될 것입니다.

넷째, 평소 자연스럽게 떠올리며 사용해야 합니다. 잘못된 문구를 직접 찾아보는 활동도 좋습니다. 가족과 식당에 갔는데 '김치찌게'라고 적힌 메뉴를 본다면 아이 스스로 맞는 표현을 떠올려 보면 됩니다. 그럼 그 단어를 절대 잊지 않게 됩니다.

대부분 책은 교정 작업을 하기에 제대로 된 맞춤법이 갖춰져 있으니 책보다는 예능 프로그램이나 유튜브 등 자막에서 찾아보는 활동을 해 보세요. 아이들은 놀면서도 맞춤법 공부를 이어갈 수 있습니다. 이 4가지는 꼭 기억해서 실천해야 합니다.

앞서 설명한 것처럼 맞춤법을 자주 틀리는 큰 이유 중 하나는 아이들 스스로 사용하는 맞춤법이 맞는 표현인지, 틀린 표현인지 모르기 때문입니다.

그렇기에 이를 알게 해 주는 것이 가장 중요합니다. 주위 사람들이 잘못 사용하는 맞춤법, 그중에서도 초등학생이 많이 틀리는 맞춤법, 헷갈리는 단어들은 무엇이 있는지 다양한 예시를 보여 주고, 올바른 맞춤법을 알려 주어야 합니다.

이런 과정에도 당연히 직접 써 보는 활동이 큰 도움이 됩니다. 짧은 기간에 모든 맞춤법을 고치는 것은 정말 어렵습니다. 그럼 아이도 당연히 지칠 수밖에 없습니다. 아이가 부담을 느끼지 않도록 천천히 한 단계씩 나가야 합니다.

안쌤의 꿀팁

맞춤법이 틀린 글자를 보면 고쳐 줘야 할까요? 당연합니다. '아직 어린데요.' '실수겠죠.' '제대로 된 맞춤법을 알려 주니까 짜증 내던데요.' 등으로 살짝 고민될 수 있습니다. 그러다가 그 잘못된 표현에 익숙해지면 나중에 잡아 주기 더욱 어렵고 힘들어집니다. 이런 경우는 정확한 표현을 알려 주는 것이 좋습니다. 다만, 같은 의미라도 어떻게 전달하느냐가 중요합니다. 아이에게 또 틀렸냐고 혼내거나 반복하여 잔소리하기보다 딱 한 번에 이런 표현(맞춤법)을 써야 하는 정확한 이유와 함께 설명 예시를 곁들이면 스스로 받아들이려고 할 것입니다.

질문 TOP 54 받아쓰기 시험을 따로 준비해야 할까요?

1·2학년 학부모의 최대 관심사는 바로 '받아쓰기'입니다. 우리 아이의 받아쓰기 실력이 어떤지, 다른 아이들의 수준은 어떤지도 궁금합니다. 저학년은 국어와 수학 외 다른 과목들에 대해서는 크게 평가하지 않기 때문에 받아쓰기를 시험이라고 생각하는 학부모도 많습니다. 그래서 아이들에게 받아쓰기에 대한 부담을 많이 주고, 100점 맞아 오기를 바라기도 합니다.

이 내용을 읽는 학부모의 절반 이상은 이미 받아쓰기 연습을 시키고 있을 수도 있습니다. 받아쓰기 결과가 학생들의 자신감과도 연결된다고 생각할 테니까요. 1학년 담임을 할 때 아이들에게 이런 말을 많이 들었어요.

"선생님, 저희 받아쓰기 언제 봐요?" "저 받아쓰기 시험 보고 싶어요!" 이미 한글에 대해 많이 배웠고, 받아쓰기 연습까지 했는데 1학기 내내 받아쓰기를 하지 않으니 답답했을 것입니다.

앞서 '입학 전에 한글을 떼야 할까요?' 질문에서 한글 책임 교육을 설명했습니다. 학교에서 1·2학년 동안 한글을 책임지고 교육하겠다는 방향이었습니다. 그에 따라 1학년 1학기에는 받아쓰기 시험을 보지 않습니다. 이제

막 한글의 기초인 자음과 모음을 배우는 학생들에게 글자를 받아쓰라는 것 자체가 모순이니까요.

그러나 학부모들은 다를 수 있습니다. 받아쓰기를 학교에서 시험이나 평가처럼 보기를 바라는 분도 많습니다. 그래야 아이 수준을 정확히 파악할 수 있기 때문입니다. 그래서 학교나 학년별로 1학년 2학기나 2학년부터 받아쓰기를 하는 학교도 있습니다. 저 또한 1·2학년 내내 받아쓰기를 하지 않는 학교에 재학 중인 가정이라면 부모님이 집에서라도 간단하게 아이에게 받아쓰기를 하도록 권장하는 편입니다. 맞춤법은 어린 시기에 잡아 주는 것이 효과적이기 때문입니다.

그럼 받아쓰기를 어떻게 연습하면 좋을까요? 또는 유의해야 하는 사항이 있을까요?

첫째, 받아쓰기는 상대가 불러 주는 단어나 문장을 받아쓰는 것이지, 외워 쓰기가 되어서는 안 됩니다. 학교에서는 받아쓰기 시험을 본다고 안내하면 가정에서 얼마나 많은 부담을 가지는지, 또 시험을 대비하여 얼마나 신경 쓰는지 알고 있습니다. 그런 부담을 조금이라도 줄여 주려고 받아쓰기 급수표 등의 예시 파일을 나눠 주고 미리 가정에서 연습할 수 있도록 하는 학교가 많습니다.

그런데 받아쓰기를 하는 날 깜짝 놀랐습니다. 1번 문장을 불러 주고 나서 2번 문장을 부르려고 하는데, 문장을 듣기도 전에 이미 답을 쓰는 아이들이 있었습니다. 한두 명이 그런 것이 아니었습니다. 어떻게 알고 2번, 3번 문장을 미리 적었냐고 물어봤더니 전날 10번 넘게 적어서 다 외웠다고 하더라고요. 집에서 이미 여러 번 받아쓰기(?)가 아닌 옮겨 적기와 함께 암기된 것입니다.

이런 아이들이 있다는 것을 알고 다른 문장을 불러서 많은 아이가 당황했던 기억이 있습니다. 물론 일부 맞춤법은 암기가 필요합니다. 그러나 이렇게 모든 것을 외우면 받아쓰기의 의미가 퇴색됩니다. 집에서 연습할 때도 핵심 단어는 그대로 두되 문장을 응용하여 적도록 하면 좋겠습니다.

둘째, 자주 틀리는 단어나 맞춤법을 따로 모아 두세요. 아이들이 어려워하거나 헷갈리는 유형은 그리 많지 않습니다. 부모님이 정리하면 우리 아이가 어떤 부분을 어려워하는지 금방 발견할 수 있습니다. 대표적으로 틀리는 것은 다음과 같습니다.

- 받침이 뒤로 넘어가서 소리 나는 말: 목이[모기], 어린이[어리니] 등
- 받침이 대표 소리로 나는 말: 부엌[부억], 무릎[무릅] 등
- 된소리가 나는 말: 학교[학꾜], 질서[질써] 등
- 헷갈리기 쉬운 낱말(단어): 'ㅔ'와 'ㅐ', 'ㅖ'와 'ㅔ' 등
- 잘못 쓰기 쉬운 말: 며칠/몇일, 역할/역활 등
- 뜻에 맞게 구별해서 써야 하는 말: 다르다/틀리다, 가리키다/가르치다 등

위와 같이 분류해 두고 나서 그 단어들을 활용하여 문장을 만들어 아이들에게 받아쓰기를 할 수 있도록 하면 됩니다. 자주 반복하고 계속 써야만 아이들은 그 단어에 익숙해지고 앞으로도 올바른 받아쓰기를 할 수 있습니다.

셋째, 채점을 아이에게 하도록 하는 방법입니다. 가정에서 받아쓰기 연습을 할 경우에 해당합니다. 가정에서든 학교에서든 아이들이 받아쓰기를 하다 보면 분명 헷갈리는 단어가 몇 개 생깁니다. 그런데 학교에서는 바로 채점하기보다 다음 날이나 며칠 지나서 결과를 알려 주는 일이 많습니다. 아이들이 하교한 이후 모든 학생의 받아쓰기 시험지를 하나씩 확인하고 채점

하는 시간이 필요하기 때문입니다.

시간이 지나면 아이들은 자기가 어떤 단어를 헷갈렸는지 기억나지 않는 경우가 많습니다. 그러니 헷갈렸던 단어를 바로 확인할 수 있도록 하는 방법입니다. 스스로 채점하면서 '아, 내가 알고 있는 단어를 틀렸구나.' '이 단어가 맞는 말이네!'라는 생각으로 이어진다면 같은 단어를 다음에는 맞힐 가능성이 높아질 테니까요.

안쌤의 꿀팁

채점할 때 꿀팁이 있습니다. 실제 1학년 담임할 때 이렇게 채점했더니 학생들도 자신감이 올라갔고, 학부모 만족도도 높았습니다. 참고해서 한번 활용해 보길 추천합니다.

1. 상현이가 과자를 머거요.

이렇게 적으면 보통 틀렸다고 채점합니다. 저는 이 경우 1번 8글자에는 정답 표시인 동그라미로 채점합니다. '상현이가 과자를'과 '요'는 받아쓰기를 정확하게 했으니까요. '먹어'를 '머거'라고 잘못 썼으니 그 부분만 틀렸다고 표시하는 방법입니다. 문제가 10번까지 있고, 우리 반에 25명이 있어서 채점 시간이 오래 걸렸지만, 의미 있었던 채점 방법이라 생각합니다.

1. 상현이가 과자를 머거요.

질문 TOP 55 영어 공부, 학교에선 무엇을 배우고 어떻게 공부해야 할까요?

저자 직강 동영상 강의로 이해 쑥쑥

QR코드를 스캔해서 동영상 강의를 보고
이 칼럼을 읽으면 훨씬 이해가 잘됩니다!

초등학교 3학년으로 올라가면 사회, 과학뿐 아니라 영어 과목도 처음 마주합니다. 사회나 과학은 1·2학년 때 통합 교과(봄~겨울)에서 간단하게 접하기라도 했지만 영어는 전혀 그렇지 않습니다. 완전히 새로운 언어를 배우는 과목입니다.

학교 현장을 살펴보면, 3학년 교실에서 학생들 간의 학습 수준 차이가 가장 많이 나는 수업이 바로 '영어 시간'입니다. 이전까지 가정에서 영어를 신경 쓰며 노출을 많이 시키고 꾸준히 이어 왔던 아이도 있고, 간단한 일상 회화가 가능한 아이도 있고, 반대로 ABC조차 모르는 아이도 있을 정도니까요.

그러다 보니 '어? 저 친구는 벌써 영어로 말을 할 수 있네?' '아, 우리 아이는 아직 ABC도 모르는데 큰일이네.' 등 자연스럽게 학생들끼리도, 학부모들끼리도 다른 아이들과 비교하게 되고, 걱정과 불안이 쌓이게 될 수 있습니다. '그렇다면 우리 아이를 어떻게 도와줘야 할까?'라는 마음이 들며 자연스럽게 영어 학원 등을 알아보게 됩니다.

물론 이 방법이 잘못된 선택은 아닙니다. 다만, 영어라는 과목의 큰 흐름을 파악하고 나서 어떻게 접근하면 좋을지 판단하는 편이 아이들에게 부담감이 없고, 학부모도 걱정을 덜 수 있습니다.

영어 공교육이 초등학교 3학년에 시작되는 걸로 많이 알지만, 정작 '무엇'을 배우는지 그 내용은 자세히 모르고, 학교에서 어떤 교육을 하는지 궁금해하는 학부모들이 많을 거라고 생각합니다. 초3 영어 교과서가 어떻게 구성되어 있는지 살펴보기 전에 영어 교과서는 국어와 다른 점이 있다는 점을 알아야 합니다.

가정에 교과서가 있다면 직접 보세요. 국어는 '교육부'가 담당하는 국정 교과서인 반면, 영어는 '천재교육, 대교, 동아, YBM' 등 각 민간 출판사가 담당하는 검정 교과서입니다. 다시 말해 국정 교과서인 국어는 모든 초등학교가 같은 교과서를 사용하지만 영어는 학교마다 다른 교과서를 사용하는 것입니다.

"선생님, 그럼 같은 3학년이라도 학교마다 다른 내용을 배우는 건가요?"

출판사 재량이기에 단원명과 내용은 일부 다를 수 있습니다. 그렇지만 국가에서 정해 준 영어 교육과정의 큰 틀에서 벗어날 수는 없습니다. 즉, 국가에서 초등학교 3~4학년 때 꼭 포함시켜야 하는 내용과 성취 기준, 학습 요소들이 무엇인지 아는 것이 더 중요합니다. 위의 내용을 아이들이 쉽게 달성하도록 출판사별로 다양하게 교과서를 만들었기 때문입니다.

영어도 국어와 마찬가지로 듣기·말하기인 음성 언어가 먼저입니다. 4가지 언어 기능(듣·말·읽·쓰)을 교육할 때는 이해 기능부터 표현 기능으로, 음성 언어부터 문자 언어로 점진적으로 함양하는 것이 원칙입니다. 즉, 들어야 말할 수 있고, 읽을 수 있어야 쓸 수 있습니다. 3~4학년은 듣기·말하기 부분에 집중되어 있고, 학년이 올라갈수록 듣기·말하기보다 읽기·쓰기 영역에서 다양한 내용 요소를 배웁니다. 3학년 학생일수록 영어를 친근하게 접할 수 있도록 다양한 노출로 듣기와 말하기에 집중하면 좋겠습니다.

모든 교과서가 동일하게 1단원 시작과 함께 영어를 반복하여 들으면서 알파벳을 배우게 됩니다. 국어 교과서 1학년 1학기 2·3단원이 한글의 기초인 자음과 모음을 읽고 쓰는 방법을 가르쳐 주는 것처럼 영어도 가장 기본적인 '알파벳, 낱말의 소리'를 필수적으로 가르쳐야 합니다. 즉, 3학년 영어 수업은 영어를 전혀 접하지 않은 학생들을 전제로 알파벳부터, 간단한 단어나 회화 문장부터 시작하는 것입니다.

읽기와 쓰기 영역은 간단하게 철자와 어휘(어구) 정도입니다. 그러나 가끔 1~3학년 학생임에도 문장을 쓰고 작문하는 아이들이 있습니다. 아이가 쓰기 활동이 즐겁다면 충분히 교육적인 활동이 될 수 있으나, 대부분 안타깝게도 부모님의 일방적 지도 방식이 많았습니다.

가끔 영어 단어와 문장, 독해를 중요하게 생각하는 학부모들의 질문을 받습니다. "어릴 때부터 많은 단어를 외워야 나중에 도움이 되지 않나?"는 것입니다. 그럼 저는 같은 대답을 합니다. "학생이 부담스럽지 않은 선이라면 당연히 도움이 됩니다."

영어를 배우는 가장 큰 목표는 학습자들의 영어 의사소통 능력을 기르는 것입니다. 이를 위해 초등학교 영어의 목표는 '초등학교 영어는 학습자들이 영어 학습에 흥미와 자신감을 가지고 일상생활에서 사용되는 기초적인 영어를 이해하고 표현하는 능력을 길러 영어로 의사소통할 수 있는 기초를 마련한다'입니다.

가장 중요한 목표는 아이들이 영어에 흥미와 자신감을 가지게 하는 것인데, 시작 단계부터 어려운 것을 강요하고 강조하면 흥미는커녕 자신감만 떨어지고, 심할 경우 영어를 기피하는 상황이 오게 됩니다.

오히려 국가 영어 교육과정에서 제시하는 각 학년에서 사용할 수 있는 새로운 낱말 수는 3~4학년군에서는 240 낱말 내외, 5~6학년군에서는 260 낱말 내외에 불과합니다. 합쳐서 500 낱말이라는 뜻입니다. 단일 문장의 길이도 3~4학년군에서는 7 낱말 이내, 5~6학년군에서는 9 낱말 이내로 아이들의 자연스러운 언어 활동을 위해 부담을 최소화하고 있습니다.

그러나 이런 부분은 전혀 신경 쓰지 않은 채 저학년 때부터 무리한 영어 선행 학습과 흥미와 동떨어진 영어 공부는 피해야 합니다. 학교생활이 행복해야 학교에 가고 싶어하는 것처럼, 처음 시작하는 과목인 만큼 아이들이 영어에 흥미를 느낄 수 있도록, 자신감을 쌓을 수 있도록 신경 써야 우리가 바라는 궁극적인 목표에 도달할 수 있습니다.

안쌤의 꿀팁

지금까지 학교 영어 수업을 설명하고 부담을 덜려는 차원에서 안내했습니다. 학교 영어 시간을 떠나서 우리 아이에게 '영어에 관심을 갖게 해 주고 싶다.' '의사소통을 잘하게 하고 싶다.'는 의견이라면 영어에 대한 노출이 최고라고 추천합니다. 어른들을 포함하여 아이들이 한글을 편히 사용하고 말하는 이유는 무엇일까요? 태어날 때부터 자연스럽게 한글에 노출되었고 매일 들었기 때문입니다. 부모님이 아이들에게 한글을 쉽게 알려 준 원리대로 영어를 적용하면 됩니다. 마찬가지로 아이들에게도 영어 또한 한글과 같은 언어라고 생각할 수 있도록 해 주세요. '영어는 어렵다'고 받아들이는 순간 공부가 되고 거리가 멀어지게 될 테니까요.

질문 TOP 56

한자 공부, 미리 시작해야 할까요? 어떻게 공부해야 할까요?

저자 직강 동영상 강의로 이해 쑥쑥

QR코드를 스캔해서 동영상 강의를 보고
이 칼럼을 읽으면 훨씬 이해가 잘됩니다!

앞서 살펴본 영어는 3학년에 시작하여 6학년까지 매년 정규 교육과정 교과에 속합니다. 그에 비해 한자는 초등학교 교육과정에서 다루지도 않고, 별도 과목으로 배우지도 않습니다. 대학 수학 능력 시험에서도 영어 영역은 필수인데, 한문은 제2외국어로 선택입니다. 그렇다고 한자가 영어보다 중요하지 않을까요? 그렇게 생각하지 않습니다.

영어 공부는 영어 성적도 중요하겠지만, 앞으로 세계화하는 시대에 걸맞도록 자유로운 의사소통을 위해서도 필요합니다. 반면, 한자는 간접적인 성적이나 의사소통을 포함하여 우리 일상생활 자체에 실질적으로 도움이 된다고 봅니다.

그렇게 생각하는 이유가 무엇일까요? 한자가 그만큼 많이 쓰이기 때문입니다. 과연 한국어 어휘에서 한자어가 어느 정도 차지할까요? 다음은 한글학회에서 만든 '큰사전'의 단어들을 통계 낸 표입니다. 사전에 수록된 반수가 넘는 비중(52%)이 한자어임을 알 수 있습니다. 표준어만 따지면 60%에 근접하는 수치입니다.

구분	항목 수	백분율(%)
순수국어	74,612(56,115)	45.4(40.0)
한 자 어	85,527(81,362)	52.1(57.9)
기타 외래어	3,986(2,978)	2.4(2.1)
계	164,125(140,464)	100.0(100.0)
주: ( ) 안은 표준어의 경우		

실생활 용어는 범위가 넓으니 교과서로 범위를 좁혀서 살펴보겠습니다. 1학년에서 배우는 안전한 생활 교과의 1단원 첫 차시입니다.

1. 안전하고 즐거운 학교-실내에서 안전하게 생활해요

이 한 문장에도 한자어가 '안전, 학교, 실내, 안전, 생활', 이렇게 무려 5(4)개나 나옵니다.

과목 이름도 마찬가지입니다. 국어, 영어, 수학, 사회, 과학 모두 한자어로 되어 있습니다. 과목 이름이 한자인지 모르는 경우도 많을 정도로 아이들은 한자에 관심이 없습니다. 교과서를 한번 펼쳐 볼까요? 문장의 핵심 개념은 한자어로 되어 있습니다. 교과서를 대상으로 조사했을 때는 한자어가 무려 70.5%를 차지한다는 통계도 있습니다.

정확한 한자를 모르더라도 '실내' '안전' '생활' 등 생활 속에서 자주 듣고 사용하는 단어이기 때문에 대략 뜻을 알 수도 있습니다. 또 상황이나 문맥에서 자연스럽게 의미를 아는 아이들도 있을 테지만, 그 어휘의 정확한 뜻을 아는 것과 모르는 것의 차이는 큽니다.

"모든 과목을 잘하려면 기본적으로 언어 영역을 잘해야 한다"라는 문장을 본 적 있나요? 문해력(문자를 읽고 쓸 수 있는 능력)도 중요하지만 그만큼 많은 영향을 주는 것이 어휘력입니다. 영어를 시작할 때도 많은 단어를 외우며 공부하는 것처럼 국어에도 어휘력이 풍부해지기 위해서는 한자어가 필요한 경우가 많습니다.

물론 한자를 많이 알고 미리 공부한 모든 아이가 교과목 성적이 좋은 것은 아닙니다. 그러나 확실한 것은 기본적으로 알고 있는 어휘가 많으면 처음 접하는 단어를 보았을 때, 대략 그 뜻을 유추하는 능력이 높았습니다. 본인이 알고 있는 한자 몇 가지의 뜻을 잘 조합하여 낯선 단어의 뜻을 충분히 예상할 수 있기에 책을 읽거나 교과서를 공부할 때도 어휘 때문에 막히는 일은 거의 없었습니다.

그럼 한자 공부를 어떻게 해야 할까요? 유의 사항과 함께 간단한 지도 방안을 소개하겠습니다. 우리 아이들이 공부할 것들이 점점 많아지잖아요? 학교 공부뿐 아니라 독서에 영어도 해야 할 것 같은데 한자까지…. 한자에 흥미를 느끼는 아이는 별도로 공부해도 되지만, 그렇지 않으면 아이가 크게 부담 없는 다음 방법을 참고하면 됩니다.

1. 독서하거나 교과서를 읽다가 처음 보는 단어나 헷갈리는 단어가 보이면 꼭 표시해요.

아이들에게 의식적으로 표시하도록 알려 줘야 합니다. 모르는 단어가 나와도 그냥 넘어가는 경우가 많습니다. 학기 초 국어 시간에 함께 지문을 읽고 "모르는 단어 있어요?"라고 물었을 때 한 명도 질문하지 않았습니다. 그래서 반대로 단어들을 물어봤더니 잘 모르더라고요. 친구들이 많아서 질문하지 않은 것일 수도 있지만, 아이들은 어려운 단어가 나와도 대충 넘깁니다.

2. 흐름을 통해 뜻을 유추하고, '사전 찾아보기' 활동을 해요. 2가지 모두 중요합니다. 먼저 뜻을 유추해 보는 과정에서 사고하고, 사전을 찾아봐야 더욱 효과적입니다. 한자어는 사전을 찾아보면 '학교(學校)'처럼 단어 옆에 한자도 함께 표기되어 있습니다. 자신이 예상한 뜻과 사전적 의미가 비슷한지 비교해 봅니다.

3. 반복되는 한자만 습관적으로 눈에 익히고 뜻을 기억해요. 물론 살짝 어려울 수도 있지만, 이 활동을 반복하다 보면 다음번에 비슷한 단어가 나왔을 경우 자연스럽게 단어 뜻을 유추할 확률이 매우 높습니다.

예를 들어 위에서 학교를 사전에서 찾아보았고, 비록 한자는 적을 수 없지만 학(學)이 '배우다'라는 뜻이라는 것을 알고 있습니다. 그럼 다음번에 학습, 학업, 학원 등의 단어가 등장했을 때 기본적으로 '배움'과 관련 있는 단어구나 하고 자연스럽게 생각할 수 있습니다.

안쌤의 꿀팁

한자 급수 시험을 치는 학생들이 많은데요. 저는 한자 공부를 하다가 재미있기도 하고 흥미도 생겨서 자연스럽게 급수에 도전하는 과정이 옳다고 생각합니다. 한자 학습 만화 또는 한자 애니메이션 등을 보며 한자에 흥미를 느끼는 아이들이 있습니다. 스스로 한자를 많이 알고 싶어하고 계속 공부하는 학생들에게는 급수 시험에 도전하라고 합니다.
그러나 처음부터 급수 시험를 보려고 한자 공부를 하는 학생들은 스트레스를 받을 수밖에 없습니다. 쉬는 시간에 놀지도 못하고 숙제라면서 똑같은 한자를 수십 번씩 반복해 적으며 지치는 학생들이 있었습니다.

질문 TOP 57

1학년, 2학년, 학습 지도 포인트는 어디에 둘까요?

저자 직강 동영상 강의로 이해 쑥쑥

QR코드를 스캔해서 동영상 강의를 보고
이 칼럼을 읽으면 훨씬 이해가 잘됩니다!

초등 저학년은 학업에 큰 비중을 두지는 않습니다. 학교생활 적응과 기본적인 생활 측면이 우선시되기 때문입니다. 그렇다고 학업에서 손을 놓았다가는 학년이 올라갈수록 학생·학부모 모두 힘들어지는 상황을 초래할 수 있습니다.

초등학교에서조차 학업 격차가 발생한다는 말, 들어보았나요? 각 학년에서 배우고 성취해야 할 학습 내용을 모른 채 다음 학년으로 넘어가면 이전 학년의 학습 결손이 발생합니다. 학년이 올라갈수록 학습 결손이 있는 학생과 완전 학습이 된 학생 사이에 차이가 나기 시작하는데, 이를 학업 격차가 발생한다고 합니다. 학업 격차가 발생하는 시기를 살펴보고, 그 시기에 발생하는 이유가 무엇인지, 어떤 부분을 신경 써야 할지 등 학년군별(1~2학년/3~4학년/5~6학년)로 학습 지도 포인트를 정리해 보았습니다.

저학년 학습 지도 포인트는 '기본 (학습) 습관' 입니다.

기본 (학습) 습관을 제일 앞에 둔 이유는 바로 저학년 시기가 모든 영역에서 첫 단추이기 때문입니다. 첫 단추를 제대로 꿰어야 학년이 올라가도 올바른 방향으로 나아갈 수 있습니다. 아이 스스로가 익숙해지다 보면 언젠간 주위의 도움 없이 혼자서 해 나가는 모습을 기대할 수 있고요.

그럼 기본 습관의 종류에는 어떤 것들이 있을까요? '학교에서의 학습 습관'과 '가정에서의 학습 습관'입니다.

먼저 학교에서의 기본 습관입니다. 학습 지도 포인트이므로 학습에 중점을 두겠습니다.

1. 등교하면서(수업 시간 전)

- 아침에 교실에 들어오면 가장 먼저 오늘 시간표를 확인해야 합니다(인사 등 생활 태도는 제외). 담임 선생님에게서 배부받은 시간표도 좋고, 칠판에 매일 시간표를 붙이는 학급은 칠판에 있는 시간표를 확인합니다. 그것이 가장 최신화되어 있는(선생님이 수정한) 정확한 시간표일 테니까요.

- 시간표대로 1-2-3-4교시 순서에 맞게 교과서와 필요한 물품을 사물함이나 가방에서 꺼내 서랍 안에 정리합니다. 오늘 수업 시간에는 무슨 과목을 배우는지 예상하고 기대할 수 있는 활동입니다. 이런 습관이 되지 않은 아이는 항상 수업 종이 치고 선생님이 "책 꺼내세요"라는 말을 하면 그제야 사물함으로 가서 책을 꺼내려고 합니다.

- 가방 정리를 하면서 학교에 제출해야 하는 숙제(일기장, 독서록, 학습지 등)를 바로 선생님에게 냅니다. 저학년 교실은 보통 교실 앞쪽에 숙제 바구니를 별도로 준비해 두고 아이들이 바로 넣을 수 있도록 하기도 합니다. 이는 아침부터 당당한 기분으로 하루를 자신감 있게 보내게 하는 역할을 합니다. 전날 숙제를 하지 않은 아이는 하루 종일 선생님이 언제 숙제 얘기를 꺼낼지 긴장하고 있습니다.

2. 수업 시간 관련

- 해당 수업 교과서를 미리 꺼내 놓는 것도 대단하지만, 오늘 배울 쪽수를 펼쳐 놓는 행동은 그 이상입니다. 지난 시간에 어떤 것을 배웠는지 기억한다는 것이고, 자연스럽게 지난 시간에 배운 내용을 돌아보면서 이번 시간에 배울 내용을 살펴볼 수 있는 커다란 효과가 있습니다. 중학년, 고학년은 이전 시간 복습을 제대로 하길 권장하지만, 저학년은 펼쳐 놓는 것만으로도 어마어마한 학습 습관이 형성됩니다.

- 수업 시간에 선생님 말씀에 귀를 기울이는 습관입니다. 귀를 기울이며 집중하고 있다의 기준은 보통 발표를 시키거나 이름을 부를 때 판단할 수 있습니다. 아이에게 발표를 시켰는데 "선생님, 잘 못 들었어요"라고 대답하거나 "네? 저요?"라고 자주 말하는 아이들은 수업 시간 태도가 제대로 갖춰져 있지 않을 가능성이 높습니다. 언제든 대답할 수 있고 나아가 적극적으로 손을 들어 발표할 준비를 하는 자세를 길러 주세요.

- 수업 시간 안에 끝내는 습관도 중요합니다. 저학년 중에서는 제한 시간보다는 자신의 속도에 맞춰서 하는 아이들이 있습니다. 특히 미술 작품을 만들 때 이런 모습이 많이 보입니다. 중학년, 고학년으로 올라갈수록 미술 시간뿐 아니라 각 수업 시간에서 주어진 시간 안에 활동을 끝내야 하는 과제(시험)가 있을 텐데 시간 안에 완성할 수 있도록 신경 써 주세요.

3. 가정에서의 기본 습관

- 시간에 맞춰 일어나서 아침을 먹고 등교를 준비하는 습관입니다. 아침부터 정신없이 일어나서 아침 한두 숟가락 먹고 학교로 가게 되면 아슬아슬하게 도착합니다. 그리고 위에서 설명한 등교 시간에 해야 할 활동을 하

지 못합니다. 이런 모든 기본 습관은 아침에 일어나면서 시작된다는 것을 알려 주세요.

- 매일 알림장을 확인하면서 학교 숙제가 있었는지, 내일까지 해야 할 과제가 있는지 확인해야 합니다. 저학년 때는 부모님이 챙기겠지만 부모가 언제까지 그럴 수는 없습니다. 저학년 때 습관을 들여서 점차 혼자서도 할 수 있도록 해야 합니다.

- 부모님과 하기로 한 활동만큼은 꾸준히 이어 나가도록 합니다. 대표적으로 독서 활동, 한글 익숙해지기, 숫자 공부 등이라고 생각합니다. 아이들에게도 이 활동들의 중요성과 필요성을 인식할 수 있도록 알려 주기 바랍니다.

안쌤의 꿀팁

위에서 설명한 기본 습관이 꾸준히 이어지려면 학습에 대한 아이들의 흥미가 유지되어야 합니다. 아이들에게 흥미란 그 활동을 이어 나갈지, 그만둘지를 판단하는 데 가장 큰 기준이 되기도 합니다. 그러나 (학습에 대한) 흥미는 언제라도 사라질 수 있습니다. 원하지 않는 공부를 강요받거나 감당할 수 없는 양이 요구될 때 아이는 조금씩 지칩니다. 그러니 부모님들도 아이 미래를 생각한다면, 지금 당장은 욕심이 나겠지만 살짝 내려놓는 것도 좋은 방향이 될 수 있습니다.

질문 TOP 58 사교육을 받아야 하나요, 말아야 하나요?

저자 직강 동영상 강의로 이해 쑥쑥

QR코드를 스캔해서 동영상 강의를 보고
이 칼럼을 읽으면 훨씬 이해가 잘됩니다!

위 질문에 대한 답변에 앞서 공교육과 사교육에 대한 정의와 각 특성을 살펴보겠습니다. 사람들이 생각하는 공교육과 사교육의 장단점을 최대한 객관적으로 적어 보았습니다. 제가 공교육에 종사하는 교사라는 점을 감안해서 참고하기 바랍니다.

구분	공교육	사교육
정의	국가 또는 지방 자치 단체가 설립·운영하는 학교 교육 또는 이에 준하여 시행하는 학교 교육	공교육의 적용을 받는 교육 기관 밖에서 하는 교육
예시	국립·공립·사립 초·중·고등학교, EBS, EBSi 등	학원, 온라인 교육, 개인 과외 등
장점	• 의무 교육으로 모두에게 제공 • 학비가 무료 또는 저렴	• 수요자의 수준을 고려한 학습 가능 • 내가 원하는 수업 선택 가능
단점	• 수요자의 개인차를 고려하지 • 못한다는 의견이 많음 • 교사마다 개인차가 심함	• 공교육에 비해 비쌈 • 사교육비에 과도한 지출 발생

※ 받아들이는 사람마다 장단점을 다르게 생각할 수 있음

저는 자신에게 수업과 교육에 자부심을 가지고 있기 때문에 학생들과 학부모에게 "학교 수업 시간이 최고다. 그 시간만 집중하면 된다." "교과서가 제일 좋은 책이다." 등등의 이야기를 당당하게 하는 편입니다.

그렇지만 현실적으로 공교육에 대한 비판도 많은 편이고, 학생·학부모들의 사교육에 대한 관심과 참여도는 날이 갈수록 확대되는 추세입니다. 사교육으로 과도한 지출이 발생하지만, 가만히 손놓고 있을 수는 없는 것이 부모 마음이니까요. 가장 이상적인 방안은 공교육 정상화인데 언젠가 그런 날이 오기를 바라는 마음과 함께 답변을 이어 가겠습니다.

그럼 사교육에 대한 고민과 결정은 언제/어떻게 하면 될까요?

첫째, 공교육에 대한 불신과 불만을 학생 또는 학부모님께서 '직접' 느끼신다면, 그때! 사교육을 고민하세요. 해당 학년 교사들의 수업, 자녀의 담임 선생님 수업을 보고 판단하라는 말씀입니다. 제가 중학교, 고등학교 현장을 학창시절 이후에는 경험하지 못했기 때문에 현재 어떤 방식으로 수업이 진행되는지, 교육의 질이 어떤지 등의 분위기를 정확히 파악할 수는 없습니다. 그러나 초등학교에서 10년 이상 재직하며, 많은 교사들을 보면서 자신있게 말씀드릴 수 있는 것은, 최소한 초등학교만큼은 교육의 질과 교사의 질이 높다는 것입니다.

단순히 주변 사람들이 불만을 드러내는 등의 분위기에 휩쓸려 "맞아! 공교육 못 믿어." "학원 갈 수밖에 없어."라고 판단하지 말고 담임 선생님의 수업 능력, 자녀들의 수업 태도, 자녀가 받아들이는 정도 등 실질적인 현상을 보고 판단하면 어떨까 합니다. "우리 아이는 정말 수업 시간에 집중을 잘하는데 선생님이 너무 못 가르쳐서 성적이 안 올라요."라고 당당하게 말씀하실 수 있는 분이 있다면, 저라도 대신 사과 드리겠습니다. 그렇다면… 사교육을 해서라도 학습 결손을 막아야죠.

둘째, 복습이 필요한 상황인데 혼자서는 내용을 이해하기 어렵고, 공부하기 어려울 때 사교육을 고민하고 결정하세요. 앞에서도 꾸준히 얘기했듯이 선행 학습은 추천하지 않습니다. 복습과 현행 학습이 우선이고, 이 2가지가 갖춰졌다면 고려해 봐도 좋습니다. 그러나 일반적인 대부분의 학원은 교과 위주의 선행 학습을 진행하니 학원의 특성을 잘 파악하고 선택하셔야 합니다.

학생들에게 물어보니 빠른 학생은 1~2년, 늦은 학생도 1학기 정도 앞서서 진도를 나갔습니다. 3·4학년에서 학습 결손이 발생한 5학년 학생이 학원에 가서 6학년 내용을 제대로 배울까요? 아무 쓸모가 없습니다. 그런데 4학년 내용 중 어려운 부분이 있어서 지금 5학년 수학에서 자꾸 틀리거나 막히는 학생이 있습니다. 4학년 내용을 복습하려는데 도저히 혼자 진행할 수가 없는 상황입니다. 그러면 어떻게 해야 할까요?

1차적으로는 담임 선생님에게 상황을 말씀드립니다. 담임 선생님이 지도할 수도 있고, 방과 후에 복습을 도와주는 학습도움반(점프반, 배움이 느린 아이들을 위한 반)을 연결해 줄 수도 있습니다. 해당 학급 아이가 학습 관련 요청을 하는데 그냥 넘어가지는 않겠죠.

그런데 위 2가지 방법을 했는데도 별 소용이 없다면 더 구체적인 도움과 많은 시간이 필요한 상황입니다. 얼른 학습 결손을 채워 줘야 지금 수업에 다시 집중할 수 있을 테니까요.

셋째, 부모 요청(강요)이 아니라 자녀가 먼저 요구할 때입니다. 두 번째 경우와 다른 점은 아이 스스로가 학습에 대한 필요성을 느끼게 되는 시기가 찾아온 상황이라는 점입니다. 그리고 이는 현재 학년의 학습일 수도 있고,

현재 배우는 다음 단계일 수도 있습니다.

저학년에는 사실 이런 상황이 흔치는 않습니다. 고학년으로 갈수록 학습에 대한 욕구가 생기고, '조금 더 잘하고 싶다.'는 마음이 생깁니다. 실제로 교실에서 학생들과 대화를 하다 보면, 의외로 생각보다 많은 학생들이 본인이 먼저 원해서 학원에 다니고 있었습니다. 부모님의 강요가 아닌 자발적인 선택이었기 때문에 학습 효과가 높기도 하고요.

다만, 이 세 번째 방법은 저학년 때부터 학원에 거의 다니지 않은 학생이 더 많이 해당합니다. 아직 학원에 대한 스트레스가 생기지 않았고, 그렇기에 학교 외에 추가로 배우러 가는 곳이라는 생각이 있기 때문입니다.

안쌤의 꿀팁

이제 초등학교 1·2학년입니다. 이 시기부터 사교육을 고민하는 것은 정말 잘못된 방법입니다. 학교에 적응을 잘하는지, 수업 시간에 집중하며 선생님 말씀은 잘 듣는지 등 이런 기본적인 생활 및 학습 습관이 자리 잡혔는지 먼저 파악해야 합니다. 학교 수업 시간에 선생님 말 안 듣고 친구와 장난치는 아이가 학원 가서는 그림같이 앉아서 학원 강사 말을 잘 들을까요? 이 부분에 대한 고민을 먼저 하고 나서 사교육에 대한 고민과 결정을 하기 바랍니다.

질문 TOP 59 그림일기(일기)를 써야 할까요? 쓴다면 어떻게 시작할까요?

대부분 학교에서 1학년 1학기에는 그림일기 숙제를 내지 않습니다. 그럼에도 저는 '저학년 때는 최소 그림일기, 중학년 때는 일기를 써야 한다.'고 생각합니다. 학교 제출용이 아니라 가정 활동이라도 그렇습니다. 고학년 이후부터 아이의 글쓰기 실력이 어떤 수준인지에 따라 다른 글쓰기 방향으로 넘어가도 좋고, 하루 정리용으로 꾸준히 쓰는 방법도 권장합니다.

그럼 (그림)일기를 써야 한다고 말한 이유를 설명하고, 그림일기를 어떻게 시작할지 순서대로 알려 드리겠습니다.

일기는 어떤 목적으로 쓸까요? '학교 숙제라서'라는 이유는 외부적 요인이니 제외하고, 일기를 쓰는 당사자(학생)의 내부적 요인을 떠올려 주세요. 아이들도 일기를 쓰는 활동이 자신을 위해 어떤 점이 좋을지 등 내부적으로 찾아야 더 발전할 수 있고, 앞으로도 일기를 쓸 때마다 목적을 이해하고 집중할 수 있습니다. 심지어 1학기에는 학교 숙제도 아니니까요.

첫째, 하루 있었던 일을 돌아보는 계기를 마련해 주고, 그중에서도 특별한 경험이나 활동을 추억으로 남길 수 있습니다. 저녁에 차분하게 오늘 하루를 돌아보는 활동은 의미 있는 시간입니다. 가족들과 행복하게 놀러 가서 맛있는 음식을 먹었을 수도 있고, 학교에서 선생님에게 칭찬을 듣거나 혼이 났을 수도 있고, 친구와 싸웠을 수도 있습니다. 그 당시를 떠올리면서 자기 행동을 돌아볼 수 있습니다.

물론 아직 저학년 아이들이 하루에 있었던 많은 일을 떠올릴 수는 없겠지만, 최소한 몇 가지 활동은 기억에 남아 있습니다. 더 꼼꼼한 학생의 경우, 그날 학교에서 수업 시간에 배운 내용도 정리할 수 있습니다. 학년이 올라가고 담임 선생님이 바뀌어 혹시 일기를 쓰지 않더라도 하루를 정리하는 활동을 꾸준히 이어 나가면 아이에게도 많은 도움이 될 수밖에 없습니다.

둘째, 일기는 글쓰기의 기본이자 한글을 익히며 숙달하는 데 유용합니다. 심지어 맞춤법(띄어쓰기)까지 제대로 잡아 줄 수 있습니다. 아직 1학년 학생들은 어릴 때부터 한글을 떼고 입학했다고 하지만, 자연스럽게 말하는 활동이 비해 쓰는 활동은 아직 익숙하지 않습니다. 당연히 글을 써 볼 기회도 없었기에 경험도 적습니다.

실제로 1·2학년 학생들이 초등학교 때 글을 주기적으로 쓰는 일은 거의 없습니다. 간혹 부모님에게 편지를 쓰긴 하지만, 1년에 한두 번 정도 쓸까 말까 합니다. 그렇기에 (그림)일기가 위의 역할을 해 줄 수 있다고 하는 이유입니다. 첫 번째 활동에서 하루를 돌아보며 가장 인상 깊었던 한 장면을 선정해서 그림과 함께 글로 표현하면서 쓰기 연습을 할 수 있습니다.

셋째, 부모와 소통 창구이자 교사와 소통 창구가 됩니다. 전자는 가정용으로 작성했을 경우이고, 후자는 학교에 일기장을 제출하는 경우입니다. 저학년 학생들의 일기장을 보면 아직 표현이 서툴고 한글로 된 문장도 어색하지만 정성껏 그림으로, 그리고 몇몇 단어로 아이가 무슨 말을 하고 싶은

지, 기분이 어땠는지 등은 충분히 전달됩니다.

집에서 있었던 일 또는 속상했던 부분, 부모님에게 죄송한 일 등을 적는다면 자연스럽게 부모와 소통되고, 학교에서 일어난 일이라면 교사가 더 신경 써 주고 도와줄 수 있습니다.

일기의 소중함과 함께 써야 하는 이유를 설명했으니, 이제 저학년 아이들에게 그림일기를 어떻게 지도하면 좋을지 순서대로 살펴보겠습니다.

1. 자녀와 마주 보고 앉아서 오늘 하루에 대한 대화를 시작합니다.

오전부터 있었던 이야기를 서로 주고받습니다. 부모와 자녀가 서로 번갈아 가면서 질문을 1개씩 하고 답변하거나, 각자 자신에게 있었던 이야기를 해도 됩니다. 일기에 쓸 주제를 찾기 위한 준비 활동입니다.

아이들은 아무런 설명도 없이 "오늘 있었던 일 그림 그리고 일기 써."라고 말하면 당황합니다. 오늘 있었던 일이 엄청 다양하기에 어떤 것을 적어야 할지도 고민합니다. 그래서 아이들이 제일 자신있어 하는 '말하기'로 기억을 떠올리도록 하는 것입니다.

2. 이것저것 엄청 많은 활동을 말하겠죠? 그중에서 활동 한두 개만 선택하여 '그림'을 그리도록 합니다.

처음에는 1개로 시작하여 점차 2개, 3개로 늘려 나가는 방식이 좋습니다. 여기서 중요한 안내를 해야 합니다. 특별했던 경험, 인상 깊었던 장면, 평소 하지 않는 활동 등을 그릴 수 있도록 꾸준히 알려 주어야 합니다. 이 부분이 빠지면 매일 '친구랑 놀았다. 기분이 좋았다.'거나 '밥을 먹었다. 참 맛있었다.' 등 비슷한 내용이 반복될 수 있습니다.

3. 함께 그림을 보면서 그림에 대한 설명이 필요한 것을 알려 줍니다.

예를 들어 '아이 생일이라서 친구들과 다 같이 생일 파티를 하며 음식을 먹는 장면'을 그림으로 표현했을 때 '음식 먹는 장면'만 있을 수도 있습니다. 그러니 아이에게 "이날 생일 파티에 오지 않은 사람이 이 그림을 보더라도 단번에 생일 파티인 것을 어떻게 알 수 있을까?" 등의 질문으로 그림을 설명할 만한 몇 문장을 간단히 적는 방향으로 이끌면 됩니다.

안쌤의 꿀팁

1학년 1학기에는 (그림)일기 숙제가 없습니다. 1학년 2학기에도 없을 수 있습니다. 저는 개별적으로 가정에서라도 그림일기를 쓸 수 있도록 지도해 주길 권장합니다. 그 대신 매일 쓸 필요는 없습니다. 아이에게도 재미가 아니라 부담으로 다가갈 테니까요. 일주일에 한두 번 정도 가족이 함께 모여 그림도 그리고, 그림을 설명하는 글도 적을 수 있도록 해 주세요. 아이들이 학교에서 한글을 배우지만, 직접 쓰면서 활용하는 기회가 많지 않습니다. 부모님이 그림을 그리고 아이에게 어떤 그림인지 적어 보게 하는 활동, 반대로 아이가 그림을 그리고 부모가 예상해 보는 활동을 하며 재미있게 다가갈 수 있습니다.

질문 TOP 60 맞벌이 가정에서 학습 지도 포인트는 무엇인가요?

저자 직강 동영상 강의로 이해 쑥쑥

QR코드를 스캔해서 동영상 강의를 보고
이 칼럼을 읽으면 훨씬 이해가 잘됩니다!

맞벌이 가정은 아이가 학교를 끝내고 집으로 오면 혼자 머무르게 되니 걱정입니다. 생활 지도(맞벌이라 집에 혼자 있는 아이, 어떻게 도와줘야 할까요?) 편에서는 혼자 있는 아이의 성향에 따라 해야 하는 활동이나 생활 측면에서 도움을 받는 방법 안내에 중점을 두었다면, 이번에는 맞벌이 가정의 경우 혼자 남아 있는 아이의 학습 지도 포인트에 중점을 두었습니다.

조금 더 현실적인 대답을 듣기 위해 주위 동료 교사 중 맞벌이 가정에 해당하는 이들에게 학습 관련 질문을 했고, 공통된 의견을 몇 가지 발견했습니다. 겹치는 사항 말고 이 지도 방법은 괜찮겠다 싶은 내용도 함께 포함시켰습니다.

첫째, 혼자 있어야 하는 상황, 부모님이 일하는 이유 등을 아이가 이해할 수 있도록 충분히 설명합니다. 대부분 가정에서 아이 눈높이에 맞춰 친절하게 안내합니다. 부모가 일하는 것은 가족을 위해서이고(더 직접적으로 설명한 가정에서는 월급, 경제적 이유도 설명), "이는 당연히 필요한 활동이다." "너도 너에게 맞는 역할이 있고 부모가 걱정하지 않도록 스스로 할 수 있는 일을 하면 좋겠다." 등의 이야기를 합니다.

다른 가정에서도 비슷하겠지만, 대부분 맞벌이 가정은 아이들이 초등 입학 이전부터 일을 하는 가정이 많았습니다. 자녀가 1·2학년에 입학하면 오히려 한쪽에서 일을 멈추는 이들은 꽤 보았지만, 1학년 때부터 새롭게 맞벌이를 시작하는 가정은 본 적이 없습니다. 즉, 아이들도 이미 어느 정도 부모님 상황을 알고 있는 경우가 많았고 기본적인 것은 혼자서도 할 수 있는 상태였습니다.

둘째, 아이가 정해진 시간 안에 과제나 학습 등을 끝내 놓도록 습관을 들이세요. 여기서 정해진 시간의 의미는 학습 시간을 정해 놓는다는 말은 아닙니다. 아이가 혼자 있는 상황에서 학습 시간을 정해 놓는 것은 사실 무의미합니다. 아이에 따라서 더 많이 할 수도 있고, 더 적게 할 수도 있습니다. 정해진 시간이란 오후 4시, 5시 등 특정 시간 또는 부모님 퇴근 전까지 등의 마감 시간 개념입니다.

결국 핵심은 아이가 집에 오는 순간부터 부모가 퇴근하기 전까지 아이가 혼자서 해야 하는 학습 활동을 끝내 놓을 수 있는가 하는 문제입니다. 이는 자기 주도 학습 습관을 잡아 주느냐와 연결됩니다. 이때 유의 사항이 있는데 다음 내용과 연결되니 이어서 설명하겠습니다.

셋째, 공부 및 학습 계획, 그리고 놀이 계획도 함께 세웁니다. 다만, 저학년의 경우 아이 혼자서 해야 하는 학습 과제 수가 그리 많지 않았습니다. 한두 개가 가장 많았고, 혼자서 공부하는 것에 익숙해진 아이일수록 2~3개로 한 가지씩 추가하며 늘렸습니다.

앞에서 이야기한 자기 주도 학습을 위해 어떤 것을 준비해야 하는지 기억나나요? '아이 스스로 해야 할 일 정리하기, 그리고 눈에 잘 띄는 곳에 적어 두기', 이 2가지를 아이와 함께 전날 해놓는 것입니다.

놀이 계획이란 부모와 함께하는 시간을 말하는데, 이는 퇴근 후나 주말 중 선택할 수 있지만 중요한 포인트가 있습니다. 계획된 공부 및 학습을 아이 혼자서 한 상황에서만 놀이 계획이 적용되는 것이었습니다. 만약 퇴근 전까지 미리 약속된 학습 계획을 실천하지 않았다면 놀이 대신 학습을 하게 됩니다.

넷째, 퇴근 이후 자녀와 함께하는 시간을 마련해 주세요. 과제·공부하는 전 과정을 지켜보지 못했더라도 아이가 그날 과제나 학습을 하면서 들었던 생각이나 느낌을 공유하는 시간을 가집니다. 학습하면서 어려웠던 부분이 있었는지 확인하고 보완하는 역할을 해 줄 필요가 있습니다. 아무래도 아이 혼자 공부하다 보니 그 방향이 맞는지와 정확하게 하는지를 봐 줘야 할 테니까요.

또한 학교에서 있었던 일이나 이후 집에서나 재미있었던, 힘들었던 부분도 이야기하며 하루를 정리하는 것입니다. 학습 상태를 점검한다는 차원도 있지만, 그보다는 온종일 혼자 있었던 아이 마음을 토닥이며 '부모님은 언제나 나에게 관심이 많으셔. 부모님은 나를 사랑하셔.'라는 마음이 들 수 있도록 말입니다.

가정별로 의견이 조금씩 나뉘는 부분도 있었습니다. 정답지, 스마트폰, 텔레비전 등의 사용 여부였습니다. 이 3가지를 포함하여 아이 학습을 방해할 수 있는 물품을 사전에 차단하는 가정도 있었고, 반대로 아이를 믿고 해야 할 활동을 끝내고는 이용할 수 있도록 해 주는 가정도 있었습니다.

예를 들어 정답지의 경우 아이가 문제를 풀고 나서 스스로 채점할 수 있도록 할 것이면 정답지를 제공해야 하고, 그렇지 않으면 퇴근 후 부모가 직접 채점해 주는 것입니다. 이는 부모가 퇴근하고 나서 아이들 학습을 확인하고 함께할 시간이 충분한지 등에 따라 선택하면 됩니다. 스마트폰과 텔레비전 등은 사용 시간 제한 등의 프로그램을 설치해 적절한 시간 이용이라는 중간도 있으니 참고하기 바랍니다.

안쌤의 꿀팁

맞벌이 가정은 부모 모두 각자 역할을 수행하는 가정의 모습을 보여 줍니다. 그러니 부모 본인에게 아이들과 오후 시간에 함께 있지 못한다는 죄책감을 갖지 말라고 당부했습니다. 물론 오후 시간에 혼자 있어야 하는 아이에게 미안한 마음이 들고, 또 걱정스러운 것은 어쩔 수가 없습니다. 그러나 미안함과 죄책감은 정말 다른 감정입니다. 괜한 죄책감을 가지면 아이의 여러 행동의 결과를 '나'에게서 찾게 되고, 앞으로 아이 행동들에 지나치게 감정적으로 반응할 수밖에 없습니다. 퇴근 이후 자녀와 함께하는 시간을 충분히 갖는다면 아이도 혼자 해야 할 일을 끝내 놓고, 행복한 마음으로 이후 시간을 기다릴 것입니다.

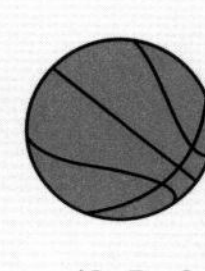

입학 이후 학교에서 주관하는 다양한 행사와 각종 지원 제도가 있습니다. 학생·학부모들이 챙겨야 할 행사가 많고 정말 중요하기도 합니다. 그러나 학부모에게 제대로 전달되지 않는 경우도 많습니다. 대표적인 행사에는 무엇이 있고, 이런 행사들을 대체 왜 하는지, 부모님이 참석하는 것이 좋은지, 참석한다면 무엇을 꼭 확인해야 하는지 등을 구체적으로 안내할 테니 꼭 참고하기 바랍니다.

5

학부모가 꼭 알아야 할 학교 행사 및 지원 제도 16가지

질문 TOP 61

결석(조퇴, 지각)하려면 어떻게 해야 하나요?

아이가 결석하는 경우, 지각하는 경우, 조퇴하는 경우 모두 학교로 먼저 알려 주세요. 교실로 전화하면 됩니다. 담임 선생님은 항상 비슷한 시간에 오던 아이가 올 시간이 지났는데도 교실에 들어오지 않으면 '오늘 무슨 일이 있나?'라는 걱정이 듭니다.

1교시가 시작할 무렵 학생이 등교하지 않고 학부모에게서 별도 연락이 없다면, 담임 선생님이 먼저 각 가정으로 전화해서 확인하긴 하지만, 미리 전화해서 알려 주면 서로 마음이 편안해지리라 생각합니다. '아침에 애들 등교하고 바쁠 텐데 전화는 하지 말자.'라고 생각하는 것보다 아이 상황을 알려 주는 것이 더 좋은 배려입니다.

그럼 상황별로 제출해야 할 서류에는 어떤 것들이 있을까요? 결석에도 크게 두 종류가 있습니다. '출석이 인정되는 결석'과 '출석이 인정되지 않는 결석'입니다. "선생님, 결석인데 출석 인정이 된다고요?" 결석하게 되면 학교에 제출해야 하는 '결석계' 양식과 함께 설명하겠습니다.

결석계(예시)

<table>
<tr><td>성명</td><td colspan="2"></td><td>학년 반</td><td>학년 반 번</td></tr>
<tr><td>결석 기간</td><td colspan="4">20 년 월 일 ~ 20 년 월 일( )일</td></tr>
<tr><td>결석 사유</td><td colspan="4"></td></tr>
<tr><td rowspan="11">첨부 서류</td><td rowspan="2">질병 결석</td><td>1, 2일</td><td colspan="2">학부모 의견서, 처방전</td></tr>
<tr><td>3일 이상</td><td colspan="2">의사진단서, 의사소견서, 진료확인서</td></tr>
<tr><td rowspan="9">출석 인정 결석</td><td>결혼</td><td colspan="2">청첩장</td></tr>
<tr><td>사망</td><td colspan="2">사망진단서 사본, 사체검안서 사본</td></tr>
<tr><td>입양</td><td colspan="2">입양확인서 사본</td></tr>
<tr><td>법정감염병</td><td colspan="2">의사진단서, 의사소견서</td></tr>
<tr><td rowspan="4">코로나</td><td>확진</td><td>입원치료통지서, 진단서, 의사소견서</td></tr>
<tr><td>격리</td><td>격리통지서, 선별검사결과서,
동거인 격리통지서</td></tr>
<tr><td>실거주
동거인검사</td><td>문자통지 사본</td></tr>
<tr><td>임상증상
발현학생</td><td>가정 내 건강관리 기록지</td></tr>
<tr><td>극심한 생리통</td><td colspan="2">학부모 의견서</td></tr>
</table>

위와 같이 결석계를 제출합니다.

20 . . .

보호자 (인)

(학생과의 관계 :)

OO 초등학교장 귀하

출석 인정 결석에는 위 상황 말고 현장 체험 학습 신청이 있는데 그다음 질문란에서 자세히 안내하겠습니다. 출석이 인정되지 않는 결석은 질병 결석 외에 출석 인정 결석, 현장 체험 학습을 제외한 대부분 상황이니 잘 판단하면 됩니다.

질병 결석은 병원에 다녀와서 처방전이나 의사 진단서, 진료 확인서가 있으면 담임 선생님에게 첨부 서류로 제출하면 되지만, 병원에 가지 않고 집에서 하루 쉰 경우나 학교 가기 싫어해서 보내지 않은 경우 등은 '학부모 의견서'로 대신할 수 있습니다.

학부모 의견서(예시)

학년반	학년 반 번
학생명	
연락처	
결석 일시	20 년 월 일 ~ 20 년 월 일 〔 〕일간
결석 사유	

위와 같은 사유로 출석하지 못하여 학부모 의견서를 제출합니다.

20 년 월 일

보호자 : (인)

OO 초등학교장 귀하

지각이나 조퇴는 별도 제출 서류 없이 전화로 알려 주기만 하면 됩니다. 조퇴도 가능한 한 학부모가 교실로 연락하면 좋습니다. 물론 학생이 등교하고 나서 선생님에게 따로 찾아와 조퇴 사유를 설명하도록 해도 되겠지만, 안전 차원에서 교사가 학부모에게 확인 전화를 하게 됩니다.

그럼 결석이나 지각, 조퇴를 하면 어떤 불이익이 있나요? 불이익이라고 표현하기는 살짝 모호하지만 딱 한 가지만 달라집니다. 바로 '개근'입니다.

학년 말 생활기록부나 통지표에 결석, 지각, 조퇴가 없는 학생은 '개근'으로 표시되고, 반대의 학생들은 개근 표시가 기록되지 않습니다.

일부 학교에서는 학년 말에 해당 학생들에게 개근상을 주기도 하지만, 가정마다 개근의 의미를 중요하게 생각하는지, 그렇지 않은지에 따라 많이 나뉘기도 합니다.

안쌤의 꿀팁

아침에 학교에 언제 전화해야 하나 모호합니다. 보통 학교의 출근 시간이 08:30(또는 08:40)이니 이 시간부터 1교시 시작(09:00)하기 전까지 전화하면 바로 연결될 가능성이 가장 높습니다. 물론 담임 선생님이 일찍 출근하는 경우가 많지만, 이왕이면 한 번에 연락되면 학부모도 신경 쓸 곳이 줄어들고 온전히 아이에게 집중할 수 있으니까요. 그리고 지각, 결석, 조퇴는 학생과 학부모가 상황에 따라 하는 것인데, '결석해도 될까?' '조퇴해도 될까?' 등 부담을 가질 필요는 전혀 없습니다. 단, 아이가 아침에 아프거나 오전에 병원을 다녀오는 경우를 제외하고는 늦잠 등의 이유로 하는 지각은 최대한 피해야 합니다.

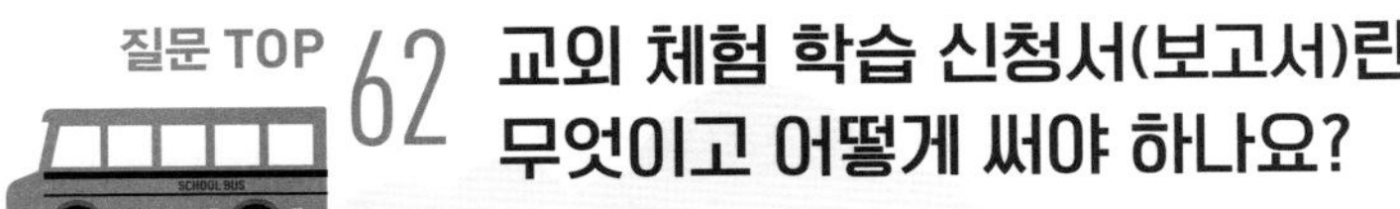

질문 TOP 62 교외 체험 학습 신청서(보고서)란 무엇이고 어떻게 써야 하나요?

우선 체험 학습에 대해서 설명하겠습니다. 체험 학습이란 어떠한 현장에 가서 직접 체험하고 학습하는 것을 말합니다. 학교에서 학기별로 학급·학년 단위로 1~2회 체험 학습을 가기도 하지만 따로 가족 단위로 가기도 합니다.

교외 체험 학습 신청서는 우리 아이가 특정 기간 등교하지 않고 학교 외 다른 장소로 체험 학습을 가겠다고 신청하는 서류입니다.

앞부분의 결석 내용에서 안내한 대로 교외 체험 학습 신청서를 제출하면 출석이 인정되는 결석이 되고, 신청서를 제출하지 않고 체험 학습을 가면 출석이 인정되지 않은 무단 결석이 되니 학부모가 꼭 알고 있어야 하는 사항입니다.

교외 체험 학습 보고서는 체험 학습을 다녀온 이후 체험 학습 내용이나 소감을 작성 및 제출해야 하는 서류입니다. 다음 양식(예)으로 작성하는 방법을 자세히 살펴보기 바랍니다.

교외 체험 학습 신청서(예시)

결재	담임	교감	교장

인적 사항	성명	(남/여)	학년/반	제 학년 반 번
	주소		연락처	
기간	년 월 일 교시 ~ 년 월 일 교시 (일간)			
목적	(예시) 자연 환경 및 문화 유산 탐방			
장소	제주도			
학습 계획	1일차. 제주도 문화 탐방-해수욕장(오후) 및 숙소 2일차. 자연 환경 및 문화 유산 탐방-한라산(오전)/성산 일출봉(오후) 3일차. …			

위와 같이 체험 학습을 신청합니다.

20 . . .

학생 :

학부모 : 인

OO 초등학교장 귀하

학교마다 교외 체험 학습 신청서(보고서) 양식이 다를 겁니다. 학교에서 제공하는 양식(학교 홈페이지, 또는 담임 선생님 등)을 받아서 작성하면 됩니다. 아이의 인적 사항과 체험 학습을 가게 될 기간, 목적, 장소 기입은 어렵지 않습니다.

학습 계획은 일자별이나 시간대별로 체험할 계획, 참여할 행사 등을 간단하게 적으면 됩니다. 평소 가족과 어디 놀러 갈 때, 일자별 여행 계획이라고 생각하면 됩니다. 학생 안전을 확보하기 위하여 보호자(친권자, 후견인, 사실상의 보호자) 및 친족 성인과 동행해야 하고, 혹시라도 체험 학습 도중에 무슨

교외 체험 학습 보고서(예시)

결재	담임

성명	(남/여)	학년/반	제 학년 반 번
기간	년 월 일 교시 ~ 년 월 일 교시 (일간)		
장소	제주도		
체험 학습 내용 및 소감	[학생이 체험하고 있는 사진, 선택 사항] 가족과 함께 제주도를 다녀왔습니다. 첫째 날에는 해수욕장에 갔는데 바다색이 정말 예뻤습니다. 다 같이 수영복으로 갈아입고 물놀이를 했습니다. 저녁에는 맛있는 해산물을 먹고 호텔로 갔습니다. 둘째 날에는 제주도에 있는 한라산에 갔습니다. … (등등 정해진 양식이 없으니 자유롭게 작성하면 됩니다.)		

※ 학생이 직접 체험 학습을 돌아보며 적을 수 있도록 해 주세요.

일이 발생하면 학교에도 꼭 연락해야 합니다.

교외 체험 학습과 관련하여 몇 가지 참고할 부분이 있습니다.

첫째, 교외 체험 학습을 사용할 수 있는 일수에 제한이 있으니 확인해야 합니다. 일수 제한이 없으면 무기한 학교를 결석할 우려가 있어서 이를 예방하기 위함입니다. 지역별 교육청에 따라 체험 신청 가능한 일수가 다릅니다. 따라서 담임 선생님(또는 교무실)을 통해 아이가 다니는 학교의 체험 학습 일수가 정확히 며칠인지 확인하는 방법이 가장 안전합니다.

코로나19 이전에는 보통 14일 내외로, 코로나19 이후에는 초등학교 수업 일수(190일)의 20% 이내, 즉 38일 전후로 실시했습니다. 상황에 따라 규정이 바뀔 수도 있으니 매년 3월 초 확인한 후 계획을 세우면 됩니다. 기준 일수를 초과하는 날부터는 결석으로 처리합니다.

둘째, 교외 체험 학습 절차를 기억해야 합니다. 교외 체험 학습 신청서를 담임 선생님에게 제출했다고 하여 바로 체험 학습을 실시하는 것이 아닙니다. 정식 절차는 1. 사전 신청서 또는 학습 계획서 제출 → 2. 학교장 심사 후 승인 통보 → 3. 교외 체험 학습 실시 → 4. 결과 보고서 제출 → 5. 면담으로 사실 확인 → 6. 출석 인정입니다. 교외 체험 학습 신청서를 내면, 담임 선생님은 학교에 이를 승인받고 학부모에게 알려야 하는데, 여기에 일정 시간이 필요합니다. 그러니 신청서는 최소 3일 전에는 제출해야 합니다. 마찬가지로 보고서 또한 체험 학습 실시 이후 일주일 이내로 제출하면 됩니다.

안쌤의 꿀팁

가족 여행, 가족 행사 등도 교외 체험 학습 신청서·보고서를 제출하면 출석 인정 결석으로 처리됩니다. 간혹 '가족끼리 여행 가는 건데 그냥 결석하지 뭐.' '할머니 댁 방문 등 개인적 가족 행사인데 이게 체험 학습이 되려나?'라거나 귀찮아서 결석 처리하는 학부모들이 꽤 있습니다. 가족과 함께 학교 대신 다른 장소를 방문하는 만큼 아이들이 배우는 것도 많으니, 이 부분도 놓치지 말고 교외 체험 학습으로 인정받기 바랍니다.

질문 TOP 63 학부모 총회는 무엇인가요? 참석해야 할까요?

저자 직강 동영상 강의로 이해 쑥쑥

QR코드를 스캔해서 동영상 강의를 보고
이 칼럼을 읽으면 훨씬 이해가 잘됩니다!

학부모 총회는 1년간 학교 운영 계획을 듣고, 재학 중인 자녀의 교실로 가서 담임 선생님과 만나는 행사입니다. 학부모들이 담임 선생님과 처음 만나는 날이자, 학교에서 학부모들을 공식적으로 초청하는 날입니다. 보통 같은 날 학부모 공개 수업을 진행하고 이어서 학부모 총회를 하는 학교가 있고, 학부모 총회와 공개 수업을 다른 날 진행하는 학교가 있습니다.

2가지 유형의 학교 모두 학부모 총회 시기는 3월 안 또는 개학 후 한 달 이내입니다. 교사들도 새로운 학생들을 알아 가며 이것저것 파악하기 바쁜 시기에 이렇게 학부모까지 오는 총회를 대체 왜 하고, 어떤 활동이 이루어질까요? 학부모가 총회 당일 무엇을 확인하고 어떤 질문을 하면 좋을지 등 다양한 부분에 대해 참고하면 됩니다.

당일 행사 순서에 따라 안내하겠습니다. 학부모 총회 행사는 크게 3가지 순서로 이루어집니다. 학교 소개 → 학급 소개 → 학부모회 조직입니다. 순서는 학교마다 조금씩 다를 수 있지만, 전체 활동은 비슷합니다. 첫 번째 '학교 소개'에서는 관리자(교감·교장) 인사와 1년간 학교 운영 계획에 대한 안내를 합니다. 학교 운영 계획에서 올해 예정된 학교 행사, 학년별 주요 내용 안내 등이 진행됩니다. 1학년 학부모들은 처음 듣는 내용이라 집중하여 들을 테고, 2~6학년 학부모들은 아는 내용이 많아서 관심 있게 듣지 않을 수도 있습니다.

두 번째 '학급 소개'에선 전할 내용과 학부모가 참고해야 하는 부분이 많아서 마지막 순서인 '학부모회 조직'부터 안내하겠습니다. 학부모회 조직은 '학부모 반 대표' 등을 포함하여 각 학부모 단체(봉사 조직, 녹색·급식 모니터링, 등하교 워킹버스)를 도울 학부모를 뽑는 시간입니다.

이것 때문에 참석하기 꺼리는 분이 많은 걸로 알고 있습니다. '괜히 참석했다가 1년 동안 책임져야 하는 일이 생길 수도 있을 거야.' 하는 마음 충분히 공감합니다. 의무도 아니고 강제성도 없어서 끝까지 안 해도 됩니다. 그러나 학급을 위해 봉사하고 희생하는 마음으로 지원하는 분들이 나온다면, 담임은 진심으로 감사하게 됩니다. 이 부분은 학부모 개인 성향에 따라 참여하면 됩니다.

학부모 총회에서 남은 순서 한 가지로 가장 중요한 '학급 소개' 순서입니다. 학교 소개 방송이 종료되면 오로지 담임 선생님과 그날 모인 학급 학부모들과의 시간입니다. 학부모 총회의 하이라이트이면서, 이 시간을 위해 참석해야 한다고 권합니다.

학급 소개도 크게 두 타임으로 나뉩니다. 학급 소개 시간이 20~30분 주어진다고 가정하고 설명하겠습니다. 앞의 10~15분은 담임 선생님들이 1년간 학급 운영 계획을 설명합니다. 학교 소개에서 간단히 나왔던 학교 행사 중 우리 학년만의 특별한 활동, 행사 등을 소개하며 다른 반과는 다른 우리 반만의 '학급 운영 계획'에 대해서입니다.

운영 계획은 교사 본인 소개, 1년간 학습 지도에 대하여 담임의 교육관, 교육 방법, 평가 방법, 그리고 생활 측면에서 중요시하는 가치관 등 전반적인 학급 운영에 관하여 일종의 브리핑 또는 보고 형식이라고 생각하면 됩니다. 학부모 총회를 준비하면서 담임 선생님들이 가장 신경을 많이 쓰는 부분이 이 학급 소개 시간입니다. 다수의 학부모와 처음 대면하는 자리인 만큼 '어떤 것들에 대해 궁금해하는지' '우리 반만의 장점들은 무엇이 있는지' 등을 적극적으로 소개합니다.

그럼 학부모 총회에 단순하게 참석해서 학교·학급 안내만 받고 오면 되는 건가요? 대부분 학부모들이 그렇게 합니다. 추가로 확인해야 하는 사항을 소개할 테니 꼭 활용하면 좋겠습니다.

첫째, 한 학교에 형제자매가 같이 다니는 학부모들은 대부분 첫째 교실에 잠시 갔다 얼굴만 비추고, 둘째나 막내 교실로 갑니다. 이때 우리 학부모들은 정확히 원하는 목적을 가지고 가면 좋겠습니다. 특히, 자녀 성향에 맞춰 가면 좋습니다.

예를 들어 1·2학년은 학습 지도 부분보다는 교우 관계나 생활 부분에 관심을 많이 가집니다. 저학년일수록 학부모들 관계도 영향을 많이 미치기 때문에 친해지기 위해 참여한다, 또는 중·고학년일 경우 학급의 학습 지도 계획을 듣기 위해 참여한다 등 목적이 있습니다. 단순히 첫째라서, 막내라서 가는 것이 아니라 정확한 목적에 맞춰 해당 교실로 가면 좋겠습니다.

둘째, 학급 소개 시간에 궁금한 것이나 원하는 것을 질문하세요. 담임 선생님 설명이 끝나고 질문 시간이 있는데, 혹시 학부모로서 궁금한 부분이나 자녀가 성장했으면 하는 것들에 대해 질문하면 됩니다. 예를 들어 "독서 지도는 어떻게 하나요?" "시험은 어떻게 할 생각인가요?"라는 질문에 교사들은 답변하게 됩니다.

이런 공식적인 자리에서 독서 지도나 평가 부분을 꺼냈기 때문에 1년간 학급 운영을 할 때 반영하게 됩니다. 정말 꿀팁이니 꼭 참여해서 담임 선생님의 학급 운영에 우리 아이 성장에 도움이 되는 부분을 반영해 주세요.

셋째, 지극히 개인적인 제 팁인데 자녀의 서랍이나 사물함에 작은 쪽지나 메모를 한 통 남겨 두세요. 다음 날 자녀가 등교해서 서랍을 여는 순간, 사랑하는 가족의 편지를 발견하는 기쁨은 말로 표현하지 못할 정도이며, 그날은 그 누구보다 행복한 학교생활을 할 수 있습니다. 교실에서 사소하지만 이런 깜짝 이벤트를 종종 하는데, 기대 이상으로 많은 학생이 행복해하고 좋아합니다.

일부 학생은 부모님이 학교에 오는 것을 꺼리기도 합니다. 엄마가 학교 다녀오면 내가 혼나지 않을까 하는 걱정이 들 수도 있는데, 이렇게 서로 사랑을 확인해 주는 경험을 하면, 다음에 또 오면 좋겠다고 생각하는 마음도 커질 수 있습니다.

안쌤의 꿀팁

학부모 총회는 꼭 참석했으면 합니다. 상황(코로나19 등)에 따라 교실로 직접 가는 학부모 총회가 아니라 온라인으로 하는 학교도 있을 수 있습니다. 물론 담임 선생님과 인사하며 설명을 듣는 것이 가장 좋지만, 여건과 상황이 그렇지 않은 지역의 학교라면 온라인 총회라도 참석하세요.

내용은 대면이나 온라인이나 동일합니다. 더군다나 평상시 학부모 총회 날에는 대부분 부모 중 한 분만 참여했는데, 온라인이면 직장에 있는 분들뿐 아니라 부모 모두 참여할 수 있는 정말 좋은 기회입니다. 자녀의 1년 생활인 만큼 두 분 모두 참여할 수 있는 좋은 기회라고 생각합니다.

질문 TOP 64 학부모 공개 수업이 뭐죠? 참석해야 할까요?

저자 직강 동영상 강의로 이해 쑥쑥

QR코드를 스캔해서 동영상 강의를 보고
이 칼럼을 읽으면 훨씬 이해가 잘됩니다!

학부모 공개 수업을 어떻게 생각하나요? 제가 느낀 바로는 학부모가 '상담이나 학부모 총회보다는 뭔가 덜 중요하게 느껴지지만, 막상 우리 아이 수업 잘 듣나 궁금하니 초등학교 시절 한 번쯤은 참여해 봐야지.' 하는 정도가 아닐까 합니다.

직장인의 경우, 상담 시에는 회사를 조퇴하고 오는 분들은 종종 보았으나 공개 수업에 참여하려고 그런 경우는 많이 본 적이 없었으니까요. 고학년 학부모들도 자녀가 저학년 때는 한두 번 참여했다가 점차 관심에서 멀어지는 분도 많을 거라고 생각합니다. 그럼 본격적으로 학부모 공개 수업이 무엇인지, 왜 실시하는지 목적과 함께 어떤 부분에 관심을 가져야 하고, 주의 사항은 무엇인지 안내하겠습니다.

학부모 공개 수업은 교사와 학생들이 수업하는 교실로 학부모를 초대하여 1시간 동안 수업 장면을 보여 드리는 행사입니다. 보통 1년에 1번 또는 1학기에 1번 정도 실시합니다. 그러니 한 번 놓치면 1학기나 1년을 기다려야 합니다. 기본적으로 대면 수업 공개이지만, 특수한 상황에서는 온라인으로 하는 학교도 있습니다. 앞에서 언급했듯이 참여율은 학년이 올라갈수록 현저하게 떨어집니다.

그러다 보니 학부모가 많이 참여하도록 학부모 총회와 공개 수업을 같은 날 실시하는 학교가 많습니다. 5교시에 공개 수업을 하고, 학생들은 하교시키고 나서 총회를 진행한다면 더 많은 학부모의 관심을 불러일으킬 수 있으니까요. 반대로 2가지 행사를 동시에 진행하려면 그만큼 담임 선생님이 부담이 크기 때문에 총회 따로, 공개 수업 따로 실시하는 학교도 있습니다.

그렇다면 학부모에게 공개 수업을 왜 하는 걸까요?

첫째, 우리 아이 수업 태도가 어떤지 직접 확인하라는 차원입니다. 이 첫 번째 이유가 90% 이상 차지합니다. 학부모 상담 때 많이 궁금해하는 사항 중 하나가 자녀의 학습 태도와 수업 참여에 대한 질문입니다. 아이가 학교에 가면 과연 수업에 집중하는지, 발표는 적극적으로 하는지, 친구들과 장난을 치지는 않는지 등 이런 것들이 궁금하잖아요? 담임 선생님에게 여러 번 듣는 것보다 한 번이라도 직접 보는 것이 확실하기 때문입니다.

둘째, 담임 선생님의 수업 방식을 볼 수 있습니다. 많은 학부모는 자녀의 수업 태도에 집중하지만, 교사 수업에서도 여러 부분을 느낄 수 있습니다. 수업을 재미있게 진행하는지, 학생들을 대하는 태도는 어떤지, 수업 흐름이 혼자 하는 단방향인지, 학생들과 소통하는 쌍방향인지 등을 어렴풋이나마 파악할 수 있습니다.

물론 교사로서는 학부모가 수업을 평가하는 데 많은 부담을 느낍니다. 수업이 끝나고 학부모가 공개 수업 참관록을 쓰는 학교도 있는데, 수업을 본 소감을 적습니다. 이때에는 가급적 교사에 관한 느낌보다는 자녀의 수업 태도나 참여에 대한 피드백 위주로 적으면 양쪽 모두 성장할 수 있을 거라고 생각합니다.

2가지 이유에서 수업 때 보아야 하는 것들이 나왔습니다. 자녀의 수업 태도와 교사의 수업 방식입니다. 반대로 이렇게 묻는 분들도 있습니다. "선생님, 엄마나 아빠가 교실에 있으면 아이들은 당연히 떠들지도 않고 수업에도 잘 참여하지 않나요?" 정확한 지적입니다. 그렇기에 별다른 기준을 세우지 않고 공개 수업에 참여한다면 '우리 애는 수업 시간에 떠들지 않는군.' '잘 집중하네.'라고 만족해하며 돌아가게 됩니다.

여러분은 이렇게 무의미하게 참여하지 않았으면 합니다. 물론 단순하게 학교 행사에 참여하는 것만으로도 우리 아이에게 자신감과 든든함을 줄 수 있습니다. 그러나 우리는 아이에게 조금 더 신경을 써 주는 학부모이니까 교사로서 몇 가지 기준을 안내하겠습니다.

첫째, 아이가 손을 드는지 확인하세요. 대부분 아이들은 학부모가 같은 공간에 있으면, 떠들지 않고 수업에 집중하려고 합니다. 단, 여기까지입니다. 특히 중학년, 고학년 학생들의 경우에는 부모님이 있더라도 발표하려고 굳이 손을 들거나 더 적극적으로 참여하지는 않습니다. 평소에 발표를 자주 하던 친구들이 자연스럽게 할 수 있기 때문입니다.

저학년은 80% 이상이 손을 듭니다. 손을 든 아이의 학부모는 아이가 정답을 알고 드는지, 그냥 드는지를 파악합니다. 손을 들지 않는 학생은 발표하기 싫어서인지, 부끄러워서인지, 몰라서인지 등을 차후에 파악합니다.

둘째, 자발적으로든 비자발적으로든 발표하게 된다면 목소리 크기나 발표 태도를 살펴 주세요. 대부분 교사들은 공개 수업날 최대한 모든 학생이 발표할 수 있는 수업을 계획합니다. 학부모들도 자기 아이를 보러 오는데 한마디도 하지 않고 끝난다면 속상할 수 있기 때문입니다. 결국 자발적으로 발표하는 학생들을 제외하고 손을 들지 않는 친구들도 돌아가며 모두 발표할 기회를 줍니다. 이때 목소리는 어떤지, 자신감 있게 발표하는지, 자기 이름이 불렸을 때 당황하는지 등을 구체적으로 관찰합니다.

셋째, 관찰 기준을 정하고 객관적으로 파악했다면, 학년이 올라갔을 때 담임 선생님에게 피드백하고 또 추가로 확인하세요. 예를 들어 1학년 때 수업을 보러 갔는데 우리 아이가 발표에 자신이 없고 수업에 적극 참여하지 않았다고 해 볼게요. 그럼 1학년, 2학년 학부모 상담 때 담임 선생님에게 이 부분을 얘기하고 신경 써 달라고 부탁합니다. 그리고 3학년이나 4학년 때 또 공개 수업에 참여해서 이 부분이 나아졌는지 그대로인지 직접 관찰하면 됩니다. 점차 발전하고 있는지를 눈으로 확인할 수 있는 것이죠.

안쌤의 꿀팁

제가 당부드리고 싶은 한 가지는 수업이 끝나고 자녀를 만났을 때, 칭찬부터 시작해 달라는 점입니다. 자녀에게 "너 왜 발표 안 했어?" "옆에 걔는 발표 잘만 하더라!" 등 잔소리부터 시작한다면 다음부터 부모님이 학교에 오는 것을 싫어하게 되고, 나아가 학교 행사에 대해 말하지 않을 수도 있습니다. 손 들고 발표했다면 그 부분을 집중적으로 칭찬을, 손을 들지 않았지만 지목당했을 때 발표했다면 그 부분에 대한 칭찬을, 발표 기회가 주어지지 않았더라도 수업에 집중하고 적극 참여하려는 모습 등 먼저 잘한 부분부터 듬뿍 칭찬하길 바랍니다.

65 1학기 학부모 상담이 뭔가요? 무엇을 확인하고 얘기해야 할까요?

저자 직강 동영상 강의로 이해 쑥쑥

QR코드를 스캔해서 동영상 강의를 보고
이 칼럼을 읽으면 훨씬 이해가 잘됩니다!

학부모 상담은 담임 선생님과 학부모가 만나 자녀의 학교생활 전반적인 부분을 이야기 나누는 활동입니다. 일정은 학교별로 조금씩 다르지만, 학기당 한 번씩 2~3주 기간을 정해 놓고 이 기간 안에 신청한 학부모들을 대상으로 진행합니다. 1학기에 1번, 2학기에 1번, 전체 2번의 학부모 상담이 진행되는 것이죠. 그런데 사실 교사의 상담 활동은 1년 내내 진행되는 것인데, 왜 이렇게 특정하게 기간을 정해 둔 것일까요?

많은 학부모가 평상시 담임 선생님에게 상담을 요청하는 걸 부담스러워 합니다. 그래서 학교에서도 이런 부담을 덜고자, 이 기간만큼은 마음 편히 신청해서 자녀 이야기를 나누라는 차원으로 정해 둔 것이니, 이 기간이 아니더라도 언제든지 상담 활동을 할 수 있다는 점을 기억하세요.

학부모 상담 방식은 방문·전화·메일·문자 상담 등 여러 가지 유형이 있지만, 방문 상담을 기본으로 하길 추천합니다. 물론 직장 다니는 분들은 부득이하게 전화 상담이나 다른 방식으로 하겠지만, 학부모 상담 기간만큼은 교사들이 저녁 늦게까지 남아 있고, 주말까지 상담을 받을 수도 있습니다.

"늦게 가거나 주말에 신청하면 담임 선생님이 싫어하지 않을까요?" 그렇지 않습니다. 학부모와 교사의 마음은 똑같습니다. 바로 학부모에겐 우리 아이, 교사에게는 우리 학생이 잘되길 바라는 마음입니다.

자연스럽게 이 마음을 담아 우리 아이의 학교 활동 중 궁금한 사항을 물어보는 것이 학부모 상담입니다. 우선 1·2학기 공통으로 확인해야 하는 부분을 먼저 소개하고, 1학기 상담 때 하면 좋은 부분을 뒤에 이어 가겠습니다. 상담 당일 교실에 도착해서 담임 선생님이 상담을 준비하는 동안, 학부모가 먼저 자녀 학교생활이 어떤지 살펴보고 나서 상담에 임하면 더 효과적인 상담이 될 수 있습니다. 상담이 바로 진행된다면 이후 해도 됩니다.

첫째, 자녀의 책상 서랍과 사물함을 확인해 보세요. 신발장까지 보아도 됩니다. 우리 아이가 학교에서 기본적인 생활 습관이 갖추어져 있는지, 자기 주변 정리는 잘하는지 파악하기 위함입니다. 정리가 잘되어 있으면 교실에서의 자녀 생활 측면은 걱정하지 않아도 됩니다. 지저분하거나 정리가 잘되어 있지 않다면 그런 부분을 상담할 때 물어보면 됩니다.

둘째, 교과서를 몇 권 펼치세요. 막연한 분들은 국어, 수학 익힘책이나 실험 관찰책 등 학생들이 직접 써야 하는 부분이 많은 교과 위주로 살펴보세요. 그것이 평소 아이들의 수업 태도와 집중력을 객관적으로 보여 주는 결과물입니다. 빈칸이 많이 보이거나 짧게 쓰고 끝낸 부분들이 많다면 선생님에게 수업 태도에 대한 질문을 하면 됩니다.

저학년은 교과서보다는 게시판에 붙어 있는 미술 작품이나 글씨, 그림 연습장을 확인하면 됩니다. 제시간 안에 작품을 완성하는지, 완성을 못 했다면 왜 그런지 등을 상담할 때 확인하는 것입니다. 아주 간단하죠? 학부모들이 학습이나 수업 시간 등 학교에서 우리 아이에 대해 궁금한 것을 먼저 직접 눈으로 확인하는 것입니다.

직접 확인이 끝났다면, 이제 담임 선생님과 마주 앉아 실질적인 상담이 진행됩니다. 여기서 중요한 한 가지가 있습니다. 1학기 상담과 2학기 상담의 결정적인 차이이기도 합니다. 보통 1학기는 3~4월쯤, 2학기는 9~10월쯤 진행합니다. 담임 선생님도 다수의 학생과 함께 생활한 지 보름도 채 되지 않은 상태에서 1학기 상담을 진행합니다. 그래서 1학기에는 자녀들이 학교에서 기본적인 사항들은 잘하는지 간단히 확인하고, 가장 크게 신경 써야 할 부분은 학부모들이 자녀 이야기를 해 주는 것입니다.

그렇다면 학부모들은 1학기 상담에서는 무슨 얘기를 해야 할까요? 우리 아이에 대해서 교사가 참고해야 하는 사항을 구체적으로 알려 주세요.

첫째, 우리 아이가 1년 동안 발전했으면 하는 부분을 말씀하세요. 대표적으로는 '독서를 너무 하지 않아요.' '수학을 너무 어려워합니다.' '친구 관계를 어려워합니다.' '소극적인 성격이라 선생님이 이 부분을 신경 쓰면 좋겠습니다.' 등 현재 우리 아이 상태를 알려 주면서, 발전하고 싶은 부분을 언급해 주세요. 보통 1학기에 상담 오는 학부모들은 대부분 2학기에도 신청합니다. 그래서 상담을 통해 도출된 목표에 도달하도록 담임 선생님도 신경 쓰게 됩니다.

둘째, 자녀의 건강 상태를 포함하여 유의해야 할 사항, 음식이 있으면 알려 주세요. '골절 수술 경력이 있어 체육 시간에 조심해야 합니다.' '알레르기나 아토피가 있어 이런 음식은 먹을 수 없습니다.' 담임 선생님이 자연스럽게 아이 상황을 고려할 수 있도록 알려 주세요.

교실에서는 수업이든 생활이든 단체 생활이 기본이라서, 규칙 등에서 예외 학생이 있으면 해당 학생에게 집중될 수밖에 없습니다. 그러나 이런 상황을 미리 들려준다면, 규칙이나 수업 계획을 세우기 전에 교사가 먼저 언급하여 예외 상황을 만들 수 있습니다. 모든 학생이 불만을 가지지 않도록 분위기를 조성해 나갈 수 있는 것이죠.

셋째, 교사에게만 전하고 싶은 참고 사항이 있으면 알려 주세요. 예를 들면 ADHD 진단을 받은 학생, 알리고 싶지 않은 경미한 지적 장애 수준의 학생, 학교 폭력의 가해자나 피해자 등이 대표적입니다. '선생님에게 굳이 알려야 하나?' '괜히 알려서 소문만 나면 상황이 안 좋아질 텐데.' '낙인찍히는 거 아냐?'라고 생각하는 사항들이 여기에 해당한다고 보면 됩니다.

학부모들이 어떤 부분에 대해 걱정하고 염려하는지 교사들도 많이 알고 있습니다. 위에서 안내한 것처럼 학부모 상담의 공통된 목표는 우리 아이, 학생들의 교육과 올바른 성장입니다. 가정에서 자녀에 대해 가장 정확히 알고 많이 신경 쓰는 분이 학부모라면, 학교에서는 담임 선생님이 그 역할을 해야 합니다. 그러니 담임 선생님을 믿고 말씀해 주세요. 불안한 마음과 함께 전달해도 좋습니다. 오히려 더 신뢰감이 쌓일 수 있습니다.

안쌤의 꿀팁

꼭 학교생활에 대해서만 질문하지 않아도 됩니다. 기본적인 질문과 자녀에 대해 하고 싶은 말을 다 하고 나면, 추가 질문을 하세요. 학원 문제, 핸드폰 문제 등 평소 자녀의 고민거리나 걱정거리 있잖아요? 제가 생각한 가장 이상적인 상담은 학부모들도 교사들도 상담이 끝난 후 '아, 이거 못 물어봤네…' '이 부분을 얘기하지 못했네'라며 아쉬움이 남지 않는 시간이 되었으면 하는 것입니다. 자녀를 위해서, 학생들을 위해서 서로 편안한 마음으로 터놓고 대화를 나누는 시간이 되면 좋겠습니다.

질문 TOP 66

2학기 학부모 상담은 뭔가요? 무엇을 확인하고 물어봐야 할까요?

저자 직강 동영상 강의로 이해 쑥쑥

QR코드를 스캔해서 동영상 강의를 보고
이 칼럼을 읽으면 훨씬 이해가 잘됩니다!

2학기 상담은 1학기보다 더 중요하다던데, 그렇다면 2학기에는 무엇을 확인하고 어떤 주제로 대화를 나눠야 아이의 성장에 도움이 될까요? 막상 2학기 상담 기간이 되면 학부모들이 다음과 같은 비슷한 고민에 빠질 겁니다. '1학기에 갔다 왔는데 2학기에 또 가야 할까요?' '1학기에는 안 갔는데 2학기에라도 가야 할까요?' '1학기에 너무 잘한대서 이번에는 안 가도 될 것 같아요.' 등일 텐데 아래 내용을 참고해서 참여할지 말지 판단하기 바랍니다.

학부모 상담의 목적이 무엇이었죠? 바로 학부모에겐 우리 아이, 교사에겐 우리 학생이 잘되길 바라는 마음으로 교사와 학부모가 만나서 대화를 나누는 것입니다. 즉 우리 아이가 바르게 성장하고 있는지, 또는 그를 위해서 무엇이 더 필요한지 확인하고 질문하는 것이 핵심입니다. 직접 학교에 간다면 1학기와 확인할 사항은 동일합니다.

기억나나요? 1. 자녀의 책상 서랍, 사물함 또는 신발장 확인으로 생활적 측면 파악, 2. 교과서나 작품 완성 정도 확인으로 학습적 측면 파악이었습니다. 1학기 상담을 한 분들 또는 학교에 다녀온 분들은 자녀와 이야기했을 텐데요. 상담 내용 중 아이와 관련된 내용은 공유하는 것이 좋습니다. 그래야 부족한 부분을 보완하고 더 나은 학교생활을 할 수 있으니까요.

그럼 위 2가지를 단순하게 보기만 하는 것이 아니라 학부모가 판단하라는 차원입니다. 1학기 때 보았던 상태보다 나아졌는지 아니면 그대로인지 등이 금방 눈에 띌 겁니다. 2학기 상담에서 중요한 부분 중 하나입니다. 아이의 달라진 또는 그대로인 모습을 생생하게 볼 수 있기 때문입니다.

직접 확인이 끝났다면, 이제 담임 선생님과 마주 앉아 실질적인 상담이 진행됩니다. 제가 1학기의 핵심은 아이에 대해 교사가 알아야 할 부분을 부모님이 알려 주고, 함께 1년간의 목표를 세우는 것이라고 했잖아요. 2학기의 핵심은 중간 점검이라고 보면 됩니다.

첫째, 1학기에 세운 목표 피드백입니다. 학년별 특성에 맞는 목표가 있겠지만, 1학기에 상담을 진행했다면 몇 가지 목표나 아이가 성장했으면 하는 바람 등을 말했을 겁니다. '우리 애가 독서를 하지 않아요.' '친구 관계를 어려워합니다.' '적극적으로 변했으면 좋겠어요.' 등 목표가 정해졌다면 1학기 상담 이후 교사는 그 부분을 신경 썼을 것입니다. 아무런 신경을 쓰지 않으면 2학기 때 학부모에게 할 말이 없습니다. 담임 선생님이 지도한 내용이나 학생이 달라졌다고 생각하는 부분과 학부모가 생각했을 때 자녀의 달라진 점을 서로 확인하는 것입니다.

예를 들어 독서를 더 하는 것을 목표로 세웠고, 담임 선생님은 이를 위해 독서록을 만들어 학생들에게 매주 작성하도록 했습니다. 수업 시간뿐 아니라 방학 기간에도 꾸준히 독서할 수 있도록 지도한 결과, 아이가 1학기보다는 독서에 신경을 더 쓰고 최소한 꾸준히 읽어야 한다는 인식을 가졌다고 평가할 수 있습니다.

그런 모습을 가정에서도 보였는지, 아니면 집에서는 여전히 독서를 안 하는지 등을 대화로 피드백할 수 있습니다. 만약 학부모가 보기에 우리 아이가 발전했다면 감사한 마음을 전해 주세요. 담임 선생님 또한 감동받아서 남은 기간에도 꾸준히 신경 쓸 겁니다. 그런데 아직 이루지 못했다면?

둘째, 1학기 목표 보완 및 남은 2학기 목표 세우기입니다. 예를 들어 친구 관계를 어려워하는 학생을 위해 1학기 목표를 친교 활동으로 다양한 친구와 친해지기 등을 목표로 세웠는데 1학기에 등교를 많이 하지 못했다면, 제대로 실천되지 않았을 것입니다.

물론 선생님이 등교했을 때나 온라인에서 신경 썼고, 아이들끼리 친해졌다고 생각할 수도 있습니다. 그러나 아이는 여전히 친구 관계를 힘들어할 수도 있습니다. 이런 상황을 학부모와 교사가 만나서 확인하고, 기존 방법과 다른 더 적극적인 조치를 취하도록 목표를 보완하는 것입니다. 그래서 피드백이 필요한 겁니다.

위와 반대로 아이의 노력과 교사, 학부모의 신경으로 1학기에 세운 목표를 잘 이루었고, 아이 스스로 계속 이어갈 수 있습니다. 예를 들어 스스로 정리하는 것을 어려워했는데 교사 지도로 한 학기 동안 꾸준히 복습 노트를 작성하다 보니 이제는 스스로 배운 내용을 잘 정리한다면 듣기만 해도 뿌듯합니다. 그럼 2학기에 또 다른 목표를 세우면 됩니다. 단, 너무 욕심내지 말고 실천 가능한 범위 안에서만요.

셋째, 1학기 통지표에서 궁금한 사항 질문 및 확인입니다. 크게 2가지를 신경 쓰면 되는데, 먼저 성적 부분입니다. 사실 '보통'이나 '노력 요함'을 받으면 속상하고, 왜 그런지 궁금하긴 하지만 막상 물어보기도 모호하잖아요. 이왕 학교에 간 김에 살짝 물어보면 우리 아이가 약한 부분을 정확히 알 수 있으리라 생각합니다. 잘함은 얼마나 잘하는지 굳이 안 물어봐도 됩니다. 물론 교사는 '성적이 마음에 안 드셨나?'라고 오해할 수 있으니 무엇이 틀렸는지 궁금해서 물어보는 거라고 해 주세요.

1학기 통지표를 받고 성적 정정 기간이 있는데 아무런 연락이 없었다면 수행 평가지나 시험지 등을 처리한 학급도 있을 겁니다. 그럼 아쉽게도 시험지 등을 확인할 수는 없지만, 점수 등은 기록에 남아 있으니 담임 선생님이 친절하게 알려 줄 수도 있습니다.

통지표 받으면 가장 궁금해하는 것이 행동 특성 및 종합 의견입니다. 서로 오해할 여지도 있고 해석하기 나름인 부분도 있으니 당일 물어보면 됩니다. 예를 들어 "유쾌한 말로 학급 분위기를 즐겁게 만든다고 했는데, 혹시 수업 시간에 너무 엉뚱한 이야기를 하거나 수업 분위기를 방해하는 건 아니죠?" 이렇게 물어보면 오해도 풀 수 있고, 정확한 아이 생활을 한 번 더 들을 수 있습니다.

안쌤의 꿀팁

다음 학년 가기 전에 가정에서 지도할 부분을 물어보세요. 앞선 세운 목표들은 기본적으로 학교와 교실에서 교사의 지도 아래 이뤄지는 것들입니다. 물론 가정에서도 발맞춰 지도하겠지만 2학기는 뒤로 갈수록 새 학년에 대한 고민과 걱정이 생기는 시기이기도 합니다. 6학년이라면 중학교에 대한 부담이 있기도 하죠. 그러니 혹시 가정에서 별도로 신경 쓰면 좋은 참고 사항이나 조언을 확인하는 것입니다. 신규 교사가 아니라면, 기본적으로 여러 학년 담임을 해 보았기 때문에 다음 학년에 필요한 부분도 많이 알 테니 궁금한 것들을 많이 물어보면 좋겠습니다.

질문 TOP 67 현장 체험 학습이 뭔가요? 수련 활동과 소규모 테마형 교육 여행(수학여행)은요?

현장 체험 학습이란 어떠한 현장에 가서 직접 체험하고 학습하는 것을 말합니다. 앞서 설명한 교외 체험 학습은 학교로 등교하지 않고 가족 단위로(보호자 동반) 체험 학습을 가는 것이라면, 현장 체험 학습은 학교 주관 아래 담임 선생님과 함께 학급·학년 단위로 체험 학습을 가는 교육 활동입니다. 학기별로 1번, 1년에 1~2회 체험 학습을 가게 됩니다. 예전의 '소풍'이라는 개념과 비슷하지만, 의미와 목적이 바뀐 만큼 명칭 또한 달라졌습니다.

구분	소풍	현장 체험 학습
목적	교육적 활동<놀러 가는 기분 · 학급 친구들과 친목 도모 등	· 교육적 활동에 초점 · 학생들의 심신 단련 · 체험을 통해 견문을 넓힘 · 협동심 및 자립심 증진
장소	공원 또는 놀이공원 위주	진로(직업), 농촌, 교과 학습 등 체험 목적에 적합한 장소 ※ 과학관, 전시관, 박물관 등 견학 안전, 농작물, 목장 등 체험 활동
비용	개별적으로 노는 데 필요한 비용	체험 활동에 필요한 비용은 학교를 통해 지불 완료

현장 체험 학습은 체험 장소나 활동에 따라서 오전만 다녀오기도 하고, 오후까지 활동하기도 합니다. 야외로 나가지 못하는 상황에서는 학교로 찾아오는 체험 학습도 있습니다.

구분	반일제 체험 학습(4시간 이내)	전일제 체험 학습(4~8시간)
장소	학교 내부 또는 학교 근처	학교에서 멀리 떨어지거나 지역 외
점심	현장 체험 학습 다녀와서 학교 급식	체험 학습 장소에서 점심 제공 또는 도시락
유의 사항	체험 학습 끝나고 하교하지 않고 오후 수업은 시간표대로 진행	• 평소 하교 시간보다 늦어지니 이후 일정 조절 필요(학원 등) • 멀미하는 학생은 미리 멀미약 복용

위의 2가지 체험 학습 모두 1~6학년에 해당되는 행사이고 당일 내로 돌아오는 활동입니다.

반면 '수련 활동'과 '소규모 테마형 교육 여행'은 특정 학년(대부분 고학년)에만 해당하고, 당일 활동을 넘어서서 '숙박 활동'이 포함됩니다. 소규모 테마형 교육 여행은 수학여행이라고 생각하면 되는데, 조금 바뀐 부분을 살펴보겠습니다.

수련 활동, 소규모 테마형 교육 여행의 목적도 기본적으로 현장 체험 학습과 동일합니다. 체험 중심의 다양한 교육 활동으로 개개인의 꿈을 키우고, 자율성과 창의성을 함양하기 위함입니다. 단순히 놀러 가는 것에서 벗어나 교육과정과 연계하여 학교 밖 단체 활동으로 협동심과 인성을 기르고 나눔과 배려를 실천하기 위한 교육 활동입니다.

수련 활동부터 자세히 알아보겠습니다.

구분	내용
학년	• 특정 학년으로 지정되어 있지는 않지만 고학년 위주 • 대부분 학교는 4~6학년 중 1~2번 실시(1년에 1번)
장소	• 허가·등록된 수련 시설 및 시·도 교육청 소속 기관, 국공립 시설 청소년 수련관, 청소년 야영장, 유스호스텔, 학생 교육원 등
프로그램	• 수련 주제(야영, 심성 수련, 해양 수련 등)를 가지고 인증을 받은 청소년 활동 프로그램 사용 • 청소년 지도자와 함께 활동 실시 • 주로 1박 2일(2박 3일도 있음)
결정	• 수련 활동의 목적, 적정 이동 거리, 학교급별 학생의 발달 단계 등을 고려하여 수련 시설 결정 후 신청
참고 사항	• 수련 시설 종합 평가 결과 '적정' 이상을 받은 수련 시설 이용 • 종합 평가는 '최우수 - 우수 - 적정 - 미흡 - 매우 미흡' 5단계

소규모 테마형 교육 여행 또는 수학여행의 내용은 다음과 같습니다.

구분	내용
학년	• 특정 학년으로 지정되어 있지는 않지만 6학년에서 주로 실시
장소	• 제주도/강원도/수도권(경기도) 등 지역 단위로 설문 조사 실시 ※ 국외도 있지만 가급적 지양하길 권장
프로그램	• 주로 2박 3일 실시 • 자연, 지역 문화, 예술, 공연 활동 등 다양한 주제로 체험할 수 있도록 학생과 교사가 주도적으로 교육과정과 연계하여 기획
결정	• 학교급별 학생의 발달 단계 등을 고려 • 학생·학부모의 요구 등을 반영하기 위해 설문 조사 실시
참고 사항	• 학생 100명 이내를 권장하며, 이를 소규모 테마형이라고 함 • 중규모(100~149), 대규모(150명 이상) 수학여행은 지양하고, 교육청에 별도 컨설팅 신청 또는 신고 필요

현장체험학습일(수련활동, 수학여행 포함)에는 학생들 입장에서는 수업을 하지 않고 학교와 교실을 벗어난다는 마음에 설레기도 하고, 들뜨기도 합니다. 반대로 교사 입장에서는 학생들의 안전사고, 학교폭력 등에 대한 걱정과 우려가 클 수밖에 없습니다. 물론 학교에서 사전에 기본적인 안전교육도 실시하고, 중간중간 확인도 합니다.

가정에서도 출발 전에 아이의 건강 상태는 괜찮은지, 멀미는 하지 않는지, 몇 시쯤 학교로 돌아오는지 등을 확인하고, 필요하다면 담임교사에게도 연락을 주세요. 마찬가지로 체험학습을 마치고 돌아왔을 때도 아이의 마음과 건강 상태를 확인해 주시면 좋겠습니다.

안쌤의 꿀팁

수련 활동, 수학여행(소규모 테마형 교육 여행)을 매우 두려워하고 걱정하는 아이도 있습니다. 학부모에게 불참 연락까지 받은 적도 꽤 있었으니까요. 바깥에서 화장실을 가지 못하는 학생과 집이 아닌 곳에서 잠을 자 본 적이 없는 학생들의 경우죠.

전자의 경우에는 심리적 문제가 크고, 또 청결의 이유도 있었습니다. 평상시 학교나 전일제 현장 체험 학습은 하루 종일 참았다가 집에서 해결했는데 숙박은 걱정되어 못 보낸다는 것이었습니다. 후자의 경우는 부모와 떨어져서 자 본 적이 없어서 할 수 있을까 하는 걱정이었습니다. 고학년이 되어서 처음 이런 상황에 놓이는 아이들은 당황할 수 있으니 그 전에 기회가 된다면 미리 연습하는 것도 하나의 팁입니다.

질문 TOP 68

학예회가 뭔가요? 반드시 참석해야 할까요?

학예회는 전교생 또는 일부 학생을 대상으로 학예* 에 관계되는 특별한 프로그램을 편성하고 실시하는 교육 행사입니다. 학예 발표회라고도 하고, 교육과정 발표회라고도 합니다.

학예
학문과 예능을 통틀어 이르는 말

과거의 학예회는 수업 시간에 배우는 교육과정과는 약간 동떨어진 장기 자랑(개인 또는 팀별) 느낌이었다면, 요즘은 실제 수업 시간에 배운 내용을 바탕으로 활동의 성과나 결과를 보여 준다고 하여 교육과정 발표회라고 명칭이 바뀐 것입니다. 그럼 학예회를 하는 목적은 무엇이고, 학부모가 참석해야 할 이유가 있을까요?

첫째, 학생의 잠재된 특기·적성을 조기 계발하고 표현력을 신장하기 위함이에요. 아이들 중에서는 본인이 좋아하는 활동이 무엇인지 아는 아이도 있고, 그렇지 못한 아이도 있습니다. 다양한 경험을 하면서 좋아하는 것도 발견하고, 잘하는 것도 발견할 수 있습니다. 학예회가 이런 기능을 하게 됩니다. 학년이 올라갈 때마다 이전 학년에 하지 않았던 다른 활동을 경험할 수 있도록 하기 때문에 자신의 특기나 적성을 발견할 가능성이 높아집니다.

예를 들어보면 아래와 같이 학예회를 한다고 가정하겠습니다. 6년간 최소 6~12가지 경험을 해 볼 수 있습니다.

예시	1학년	2학년	3학년	4학년	5학년	6학년
음악	오카리나	컵타	우쿨렐레	리코더	단소	칼림바
예술	율동	합창	댄스	노래	연극	뮤지컬

다른 사람에게 자신이 연습한 것을 보여 주는 의미도 있습니다. 쑥스러운 아이도 있고, 당당한 아이도 있는데 학예회처럼 여럿이 모여서 발표하면 발표 경험도 쌓이게 되고 표현력도 자연스럽게 신장됩니다. 여기서 질문! 아이들이 자신의 실력을 가장 먼저 보여 주고 뽐내고 싶은 사람은 누구일까요? 네, 바로 부모님과 보호자입니다. 그동안 열심히 준비했는데 발표 당일 아무도 자신을 봐 주지 않는다면 정말 속상하겠죠? 아이의 자신감과 당당한 발표를 위해서라도 시간을 내어 참석하기 바랍니다.

둘째, 교육과정의 충실한 운영 및 성과를 학부모에게 홍보하여 신뢰받는 학교 교육 공동체를 형성하기 위함이에요. 학부모 총회에 참석해 본 학부모들은 들었을 텐데, 학교 소개 시간에 관리자(교장·교감)가 학교의 방향에서부터 구체적인 목표까지 많은 계획을 안내합니다. 아이들의 꿈과 끼를 위한 활동이 중요하게 되다 보니 학교에서도 1인 1악기 등의 예술 활동뿐 아니라 다양한 문예체 활동을 편성합니다.

그럼 총회에서 학부모를 대상으로 소개한 사항이 거짓말이 아니라 '실제로 하고 있다, 학생들을 위해 다양한 활동을 편성했고, 아이들이 즐겁게 참여하고 있다'는 것을 보여 주는 행사입니다. 이런 목적도 있는 만큼 학부모들이 많이 참석해서 학교의 교육과정 운영을 지켜보고, 피드백으로 이어 나간다면 다음번 학예회에서는 더 다양한 학부모 의견이 반영될 거라고 생각합니다.

학예회가 어떤 행사인지, 그리고 학부모가 참석해야 하는지에 대한 대답은 충분히 되었습니다. 그럼 학예회가 어떤 방식으로 이루어지는지도 함께 안내하겠습니다.

학예회는 크게 3가지 방식으로 진행합니다. 전체 학년이 모여서 진행을 하는 방식, 학년별로 모여서 진행하는 방식, 학급에서 진행하는 방식입니다. 각각의 특성과 장단점은 다음과 같습니다.

1. 전체 학년이 모여서 하는 학예회

특성	• 규모가 작은 학교에서 진행(전교생 숫자가 적은 학교만 가능) • 전교생이 들어갈 수 있는 강당(체육관)이 있어야 함
장점	• 6개 학년의 다양한 프로그램을 볼 수 있음 • 재학 중인 형제자매가 있다면 응원과 격려가 될 수 있음
단점	• 발표하는 시간보다 구경하는 시간이 더 많음 • 시간 제한으로 학급당 1개 정도밖에 공연하지 못함

2. 같은 학년만 모여서 하는 학예회

특성	• 전교생 수가 많아서 학년별로 분리해서 진행 • 1개 학년은 들어갈 수 있는 강당(체육관)이 있어야 함
장점	• 서로 친한 친구들의 발표를 볼 수 있음 • 오래 기다릴 필요 없고, 학급당 2개 정도 공연할 수 있음
단점	• 학년별로 같은 악기를 배우므로 프로그램이 다양하지 않음

3. 학급에서 진행하는 학예회

특성	• 강당(체육관)이 없는 학교 • 코로나19 등 전염병으로 많은 아이가 모이지 못하는 경우
장점	• 개별 아이들의 장기를 볼 수 있음 + 다양한 프로그램 • 시간이 허용하는 한 1인당 다양하게 공연할 수 있음
단점	• 다른 학급, 다른 학년 공연을 볼 수 없음 • 학급 행사와 별다른 느낌을 받지 못함

안쌤의 꿀팁

아이가 잘하는 활동이 있다면 학예 발표회는 자신감과 자존감을 쌓을 수 있는 정말 좋은 기회입니다. 노래를 잘 부르거나 악기 연주를 잘한다면 음악 관련 활동에서, 목소리가 좋거나 연기를 잘한다면 연극 활동에서 중요한 역할을 할 수 있습니다. 단, 아이가 자신의 실력을 보이는 등 의지를 가지고 적극 참여해야 합니다. 가만히 있으면 아무도 아이의 장점을 알 수 없습니다. 학예회 활동을 정하거나 역할 분담을 할 때 꼭 자신의 장점을 선보일 수 있도록 용기를 주세요.

질문 TOP 69

운동회는 꼭 참석해야 할까요?

운동회는 학생들이 다 같이 모여 여러 가지 운동 경기를 하는 행사입니다. 많은 아이가 가장 좋아하는 과목이 체육인 만큼 운동회는 정말 기대하며 기다리는 시간이기도 합니다. 학예회와 마찬가지로 학교 행사 중 가장 규모가 크며, 학부모들을 초대하는 행사입니다.

그러나 비용이 많이 들고 신경 써야 하는 부분이 많아서 대부분 학교가 2년 주기로 운동회와 학예회를 실시합니다. 즉, 올해에 운동회가 열렸다면 다음 해는 학예회를 운영하는 것입니다. 물론 규모를 작게 하여 매년 2가지 행사를 모두 실시하는 학교도 있습니다.

2021년	2022년	2023년	2024년
학예회	운동회	학예회	운동회

운동회를 하는 이유를 살펴보면 학부모들이 참석해야 하는지 판단할 수 있습니다.

1. 마음껏 뛰고 달리는 즐거움 속에서 건강하고 자발적인 놀이를 할 수 있는 능력 신장
2. 단체 경기와 개인 경기 과정에서 사회성과 협동심을 기르고 경기 규칙과 질서를 지키는 과정에서 올바른 태도와 습관 함양
3. 학부모와 학생이 함께 어울리며 지역 사회와 함께하는 시간을 만듦

1, 2번은 아이들을 위한 운동회, 3번은 학부모와 지역 사회와 함께하는 운동회입니다. 이런 목적을 떠나 아이들이 정말 즐겁게 뛰어다니며 참여하는 행사에 부모(보호자)와 함께라면 행복은 배로 커집니다. 게다가 학부모 경기에 자녀와 함께 참여해 추억을 쌓는다면 그 어떤 교육 행사보다 의미 있는 운동회가 될 것이라고 생각합니다.

부모님들 학창 시절에도 운동회가 있었고, 가족이 다 같이 모여앉아 도시락을 먹은 기억이 있나요? 예전의 운동회와 비교하면서 비슷한 부분과 달라진 부분을 설명합니다. 그러니 운동회를 진행하는 사회자가 '학부모 참여 경기' 또는 '이벤트 경기' 안내와 함께 참여자를 모집한다면, 기쁜 마음으로 참여해 주시기 바랍니다.

부모님들 초등 시절 또는 학창 시절 운동회 기억나시죠? 가족들과 다 같이 모여 도시락을 먹은 추억도 있고, 학년별 공연을 본 기억도 있을 겁니다. 요즘 운동회는 예전과는 많이 달라졌습니다. 2 가지 방식을 비교하면서 비슷한 부분과 달라진 부분을 설명해 드리겠습니다.

<table>
<tr><th></th><th>예전 운동회</th><th>요즘 운동회</th></tr>
<tr><td rowspan="3">특징</td><td>• 운동 경기(단체 경기·개인 달리기 등)
- 단체 경기 수가 적었음</td><td>• 운동 경기를 더 많이 하려고 함
- 단체 경기 학년별 1개 → 2~3개</td></tr>
<tr><td>• 학년별로 공연 1개씩 했음
- 1학년(꼭두각시춤), 2학년(부채춤)</td><td>• 학년별 공연을 하지 않음</td></tr>
<tr><td colspan="2">운동회 하면 위에서 말한 꼭두각시춤, 부채춤을 떠올리는 분도 많을 겁니다. 복장을 갖춰 입고 학년별로 공연한 경험이나 본 기억이 남아 있기 때문입니다. 그러나 '교육 활동과 관련 없다.' '운동회니까 운동을 많이 해야지.'라는 의견이 많이 나왔습니다. 또한 학부모와 외부 사람들이 보러 오므로 예행 연습도 많이 했는데, 이런 연습 시간 때문에 다른 수업에 영향을 많이 주게 되었습니다. 그래서 이런 공연은 학예회에서 집중하고, 운동회날은 여러 운동 경기를 하게 하자는 쪽으로 바뀌는 분위기입니다.</td></tr>
<tr><td rowspan="2">점심시간</td><td>• 도시락을 챙겨 와서 가족끼리 다 같이 모여서 점심 식사</td><td>• 아이들은 급식실에서 점심 식사
• 보호자들은 따로 도시락 점심</td></tr>
<tr><td colspan="2">점심시간 분위기도 많이 바뀌었습니다. 이제 모든 초등학교는 무상 급식이므로 운동회 당일도 급식을 준비하는 학교가 많습니다. 운동회 운영 계획을 세울 때 다른 학년 단체 경기하는 시간에 급식실로 가서 점심을 먹고 운동장으로 다시 내려옵니다. 부모님이 간식 등을 챙겨 가면 아이들이 중간중간 가서 먹고 돌아오게 됩니다.</td></tr>
<tr><td rowspan="2">진행 방식</td><td>• 학교 교사가 진행하는 방식</td><td>• 운동회 전문 업체를 부르는 방식</td></tr>
<tr><td colspan="2">예전에는 운동회의 모든 준비를 학교 교사들이 했습니다. 만국기를 다는 것부터 운동회에 필요한 모든 체육 물품 구입과 제작, 운동장에 줄 긋고 깃발 박기, 심지어 당일 텐트와 의자 설치, 사회와 진행을 맡았습니다. 준비하는 과정에다 공연 준비, 당일 운동회 진행도 하면서 아이들을 인솔·지도해야 하다 보니 보통 일이 아니었습니다. 점차 운동회만 전문으로 하는 업체가 생겼고, 비용만 내면 모든 준비와 진행을 대신해 줍니다. 교사들은 학급 아이들에게만 집중할 수 있도록 말이죠.</td></tr>
</table>

운동회 진행 방식은 크게 2가지입니다. 전교생이 모여서 진행을 하는 방식, 저학년/고학년으로 나눠서 진행하는 방식입니다. 각각의 특성과 장점·단점을 살펴보겠습니다.

1. 전교생이 모여서 진행하는 방식

구분	내용
특성	• 규모가 작은 학교에서 진행(전교생 숫자가 적은 학교만 가능) • 전교생이 들어갈 수 있는 운동장이 있어야 함 ※ 운동장이 없거나 작은 학교는 다른 장소를 빌리기도 함
장점	• 전교생이 청군 대 백군으로 나뉘어 응원의 열기가 넘침 • 모든 학년 경기를 볼 수 있음
단점	• 참여 시간보다 대기 시간이 길어짐 • 학부모들이 자녀 경기를 보려면 오래 기다려야 함

2. 저학년/고학년 나눠서 진행하는 방식

구분	내용
특성	• 저학년(1~3학년)은 오전/고학년(4~6학년)은 오후로 나눠 진행 • 운동장 크기가 작은 학교 또는 대기 시간을 절약하려고 구분함
장점	• 대기 시간이 짧아서 집중함 • 오전/오후 중 자녀 경기 시간이 정해져 학부모들이 많이 참여함
단점	• 운동회 느낌보다는 소체육 대회 느낌이 강함 • 다른 학년 경기를 볼 수 없음 • 자녀가 2명 이상인데 따로 하면 하루 종일 있어야 함

안쌤의 꿀팁

운동회에는 다양한 상품과 경품을 많이 준비합니다. 순위를 매겨서 등수별로 준다는 의미보다는 운동회를 더 즐기고 추억할 수 있는 기념품이라고 생각하면 됩니다. 아이들에게는 개인 달리기, 장애물 달리기 등으로 상품을 나눠 줍니다. 경품은 입장할 때 나눠 주는 입장권 번호를 추첨하는 경우도 있지만, 대부분 번외 경기에 참여한 분들에게 드립니다. 번외 경기는 무척 많습니다. 학부모 경기(어머니·아버지 경기)도 있고, 할머니·할아버지를 위한 경기, 그리고 미취학 아동을 위한 경기도 있습니다. 아이들은 자신의 가족이 참여하기를 손꼽아 기다립니다. 추억도 만들고 경품도 받아 가면 좋겠습니다.

질문 TOP 70 학교별로 각종 대회(상장)가 많다는데 아이와 어떻게 준비해야 할까요?

저자 직강 동영상 강의로 이해 쑥쑥

QR코드를 스캔해서 동영상 강의를 보고
이 칼럼을 읽으면 훨씬 이해가 잘됩니다!

학교별로 시행하는 대회나 상장에는 어떤 종류가 있고, 교사들이 어떻게 평가하는지, 그리고 어떻게 준비하면 더 많은 상장을 받을 수 있는지에 대하여 안내합니다. 이렇게만 준비하면 무조건 상을 받는다는 것은 아닙니다. 심사하는 교사의 관점을 알려 드리고, 학업·성적과 별개로 아이가 받고자 하는 의지가 있다면, 조금만 노력하더라도 충분히 받을 수 있는 상장들이 생각 외로 많으니 이런 부분들을 참고하라는 차원입니다.

학교에서는 대체 왜 각종 대회를 열고 상장까지 주는 걸까요? 대회는 학생들의 다양한 끼와 능력을 뽐낼 기회를 마련하는 동시에 학생들의 새로운 흥미를 찾아 주는 목적도 있습니다. 상장을 통해 많은 학생의 대회 참여를 독려하고, 참가한 학생 중 일부에게 기쁨과 성취감 등을 주어 칭찬하는 목적도 있고요.

상장을 주는 행사 및 대회가 거의 없는 학교에서 가장 많이 받는 민원이 바로 "상장을 주는 대회를 많이 만들어 주세요."일 정도로 학부모들의 관심이 많은 부분 중 하나가 수상(상장) 관련입니다.

각종 대회나 상장의 종류에는 무엇이 있을까요? 대회 운영이나 상장의 종류는 학교에서 정할 수 있는 부분이기 때문에 어떤 대회가 있는지는 학교로 직접 확인하는 방법이 가장 정확합니다. 대표적인 몇 가지를 행사(영역별)로 나열해 봅니다.

대회/교육 활동	상장
개교 기념일	학교 사랑 그림 그리기/글짓기, 학교 사랑 삼행시, 웹툰 제작 등
체육 대회	종목별 1, 2, 3위 학생들 상장(학교별 종목에 따라 다름)
독서 관련	다독상: 1학기 또는 1년간 도서 대출 권수가 가장 많은 학생, 독서(감상)록 우수: 1학기 동안 독서록을 꾸준히 잘 써 온 학생
한글날	경필 또는 글씨 쓰기: 글씨를 바르게 쓰는 학생
친구 사랑 주간	친구 사랑 그림 그리기 및 글짓기
과학 체험 주간	과학 탐구 대회: 주제에 맞는 과학 실험 및 탐구 등
진로 체험 주간	10년·20년 후 나의 모습 그리기/글짓기, 10년·20년 후 진로 계획하기

※ 학교마다 주최하는 대회가 다르고, 상장 종류도 다름

그렇다면 어떤 준비를 해야 상을 많이 받을 수 있을까요? 우선 누구나 뻔하게 할 수 있는 정답은 하나, '기준에 맞게 정말 그 누구보다 잘하면 된다'는 맞는 말이나 저는 아래 2가지를 기준으로 삼았으면 합니다.

첫째, 해당 학교에 어떤 상장들이 있는지 미리 관심을 가지고 맞는 것을 준비합니다. 이 준비는 학급별 수상 대회가 아니라 학년별 또는 학교 수상 대회에 해당하는 사항입니다. 학급별 5명씩 상장을 주는 대회는 보통 반 전체가 의무적으로 참여합니다. 그러나 학년별 또는 학년 수상 대회는 희망자나 제출자만 심사하고 상장을 줍니다. 오히려 훨씬 경쟁률이 낮고 학년

대표로 상을 받을 기회입니다.

예전에 근무했던 학교 도서관에서 개최한 진로 독후감 대회가 있었습니다. 독후감을 낸 학생들 중 학년별로 5명씩 상장을 주는 대회였습니다. 결과가 어떻게 되었을까요? 6학년 전체 4명만 제출했고, 전원이 상장을 받았습니다. 우리 반 학생들한테 좋은 기회니까 관심 가지고 꼭 도전해 보라고 했는데 딱 2명만 냈더라고요. 상 받은 절반이 우리 반 학생이었습니다.

한 가지 더, 다독상이라고 하여 1학기 동안 책을 많이 읽은 학생들에게 주는 상으로 학년별 3명을 주는 대회였습니다. 그 당시 우리 학년은 1명 받았습니다. 기준이 20권 이상인데 21권 읽은 친구가 1명 있었습니다. 관심을 가지고 조금만 준비한다면 충분히 도전할 수 있는 상장입니다.

이뿐 아니라 과학 탐구 대회라든지 학교에서 주관하는 대회는 은근히 많습니다. 가정 통신문이나 e알리미, 학교 홈페이지 등에 안내가 나가도 관심 보이는 학생만 참여하고, 그들이 모든 상을 다 가져갑니다. 황당하지 않은가요? 만약에 자녀가 글쓰기, 그림 등에 특출나지는 않지만 학교 상장으로 자신감을 얻을 기회를 주고 싶다면, 위에서 안내한 사항을 한번 해 보면 상을 탈 확률이 높고 큰 도움이 될 겁니다.

둘째, 실력이 특출하지 않다면, 아이 작품이 독특하거나 창의적이어야 합니다. 모든 교사는 공정한 심사가 기본입니다. 출중한 작품들은 이미 선정이 되어 있습니다. 그럼 이제 다른 작품들을 어떻게 고를 것인가? 교사들 고민이 시작되는 시점입니다.

심사위원이라고 생각하고 한번 상상해 보십시오. 예를 들어 글쓰기 대회라고 생각한다면 글의 흐름, 주장, 내용 등이 거의 비슷비슷합니다. 비슷한 3개 작품이 있는데 남은 상은 한 자리입니다. 이 중 1명에게 상을 주었을 때, 2명이 결과에 반박하거나 민원을 제기한다면 제대로 답변할 수 있나요? 만약 그럴 수 없다면 심사를 제대로 한 것이 아닙니다.

교사들은 공정하고 논리적인 심사를 하기 위해 신중하게 검토합니다. 심지어 민원이 왔을 때 답변 사항까지 생각합니다. 그러면 비슷한 3개 작품에서 선정하기는 불가능합니다. 이때 다른 학생들과는, 다른 작품들과는 차별성이 확 눈에 띄는 작품이 있다면 얼마나 좋겠습니까? 단, 대회 기준에 적합한 내용과 주제는 지키면서 형식이나 아이디어 부분에서 창의성을 발휘할 수 있도록 준비하는 것입니다. 참고로 학원에서 써 온 글이나 그림 등은 제외될 확률이 높으니 이런 부분도 신경 써 주는 것이 좋습니다.

안쌤의 꿀팁

가끔 아이의 순수한 작품이 아니라 누군가의 도움을 받은 작품(글, 그림)을 제출하는 경우도 있습니다. 이렇게 누군가의 도움을 받아서 준비해 온 작품을 교사가 모를까요? 물론 모르고 상장을 받는 경우도 있겠지만, 대부분 쉽게 알아차릴 수 있습니다. 짧게는 몇 개월에서 길게는 1년 동안 아이와 함께 교실에서 다양한 수업을 진행했습니다. 이미 반 학생들의 글쓰기/그림 그리기 실력은 파악한 상태인데, 그와 너무 동떨어진 작품이 나온다면 서로 부끄러워지는 일이 발생할 수 있습니다.

질문 TOP 71 교육 상담 기초 조사서는 왜 쓰고 무엇을 써야 하나요?

교육 상담 기초(가정 환경) 조사서는 학생의 인적 사항과 가족, 연락처 그리고 참고해야 할 사항을 조사하는 양식을 말합니다. 교육 상담 기초 조사서, 학생 조사서, 가정 환경 조사서 등으로 학교마다 부르는 명칭은 다르지만, 기본적인 내용은 비슷할 겁니다. 입학생들은 보통 예비 소집일 날 받는 경우가 많고, 2~6학년 학생들은 개학식 첫날 받게 됩니다.

요즘은 환경 보호를 위해서 종이로 인쇄한 가정 통신문을 최대한 줄이고, e알리미 등의 알림 앱으로 가정 통신문을 전달하는 경우가 많습니다. 그러나 교육 상담 기초 조사서는 아주 중요한 문서이기 때문에 여전히 종이 가정 통신문으로 배부하고 모든 학생의 조사서를 수합하여 1년간 보관합니다.

예전에는 조사서 양식에 부모님들 직업 등도 적는 칸이 있었기 때문에 그 당시 양식을 생각하는 분들에게는 부정적인 문서로 남아 있을 수도 있습니다. '이런 것을 대체 왜 적어?' '부모 직업으로 아이들을 차별하려고?' 등의 의문이 들었기 때문입니다. 요즘은 이런 개인 정보가 담길 만한 내용은 거의 적지 않고 정말 학교에서 필요한 인적 사항만 간단히 적도록 합니다. 우선 학교의 조사서 예시를 보겠습니다.

교육 상담 기초 조사서

<table>
<tr><td rowspan="2">학생 인적 사항</td><td rowspan="2">성명
(남/여)</td><td>(한글)</td><td>생년월일</td><td></td></tr>
<tr><td>(한자) 생략 가능</td><td>휴대 전화 번호</td><td>생략 가능</td></tr>
<tr><td>도로명 주소</td><td colspan="4">※ 주민등록등본상(실거주지) 주소와 동일하게 적어 주셔야 합니다.</td></tr>
<tr><td rowspan="3">보
호
자</td><td colspan="2">성명</td><td colspan="2">비상 연락이 가능한 연락처</td></tr>
<tr><td colspan="2"></td><td colspan="2"></td></tr>
<tr><td colspan="2"></td><td colspan="2"></td></tr>
<tr><td colspan="2" rowspan="3">우리 학교에 다니는 형제자매</td><td>성명</td><td colspan="2">학년/반</td></tr>
<tr><td></td><td colspan="2"></td></tr>
<tr><td></td><td colspan="2"></td></tr>
</table>

※ 학교마다 항목이 조금씩 다를 수 있음

필수로 적어야 하는 항목은 많지 않습니다. 이름, 생년월일, 주소, 보호자, 연락처 정도는 꼭 적어야 합니다. 한자, 학생 휴대 전화 번호 등은 꼭 적지 않아도 되는 선택 사항입니다. 한글 이름으로 된 학생도 있고, 휴대 전화가 없는 학생도 있으니까요. 주소는 정확하게 적어야 합니다. 우리 학교 입학 거주 지역이 맞는지도 확인해야 하고, 나중에 6학년이 되었을 때 중학교 배정의 중요 자료가 되므로 주소지가 변경될 때도 바로 알려 주어야 합니다.

그러면 학교에서는 위와 같은 사항들을 왜 조사하는 것이고, 필수 항목들을 적어서 담임 선생님에게 제출해야 하는 이유는 무엇일까요? 가장 중요한 2가지 이유가 있습니다.

첫째, 학교 생활기록부 기재의 근거가 되기 때문입니다. 입학하면서 제출하게 되는 교육 상담 기초 조사서와 제출한 서류의 내용을 바탕으로 1학년 학교 생활기록부가 최초로 생성됩니다. 그리고 이를 기본으로 6년간 이어지게 됩니다. 매년 기초 조사서를 새롭게 작성하는 이유는 중간에 변동된 사항이 있는지 파악하고, 생활기록부에 반영하기 위함입니다. 위에 보여 드린 필수 양식이 첫째 이유의 기본 내용이라고 보면 됩니다.

둘째, 학생 이해 및 파악을 위한 기초 자료가 되기 때문입니다. 학생들이 제출한 교육 상담 기초 조사서는 대부분 담임 선생님들이 1년 동안 가장 많이 참고하고 활용하는 자료입니다.

다음 양식에 적어 준 내용을 바탕으로 학생들을 교육할 때 참고할 뿐 아니라 학생·학부모와 상담할 때도 적혀 있는 부분 이야기를 중점적으로 진행하고, 적혀 있지 않은 내용을 추가로 작성합니다. 이는 위의 양식에서 보여 주지 않는 부분인데, 다음에서 예시를 보겠습니다.

그런데 너무 상세히 적으면 담임 선생님이 극성 학부모라고 생각하지 않을까요? 전혀 그렇지 않습니다. 3월에 학생들과 처음 만나 서로를 알아가는 부분도 있지만, 아이에 대해서 미리 참고해야 할 사항들이 존재합니다. 학생 특성에 맞게 교육의 변화를 주어야 하고, 음식이나 체육 활동 등에서 조심해야 할 부분도 있습니다. 교사가 해당 사실을 전혀 모른 채 진행한다면, 오히려 교사나 아이가 곤란해지는 상황이 올 수도 있습니다. 아이에 대해서 정확하고 자세히 아는 분이 학부모인 만큼 기초 조사서 내용을 충분히 적기 바랍니다.

<table>
<tr><td colspan="3">♥선생님에게 알리고 싶은 내용♥
(학생 지도에 도움이 될 것으로 판단되는 내용만 적어 주세요)</td></tr>
<tr><td rowspan="4">학생 실태</td><td colspan="2">* 관심 분야:</td></tr>
<tr><td colspan="2">* 자랑거리(특기):</td></tr>
<tr><td colspan="2">* 취미:</td></tr>
<tr><td colspan="2">* 학생 버릇 또는 성격:</td></tr>
<tr><td colspan="3">♥선생님께 바라는 말씀♥
학생의 건강 상태나 특별히 관심을 가져야 할 부분 등 선생님이 학생에게 관심을 주었으면 하는 부분을 자유롭게 적어 주세요.</td></tr>
<tr><td>학습 지도</td><td>생활 습관/건강 지도</td><td>기타 중요 사항</td></tr>
<tr><td>· 수업 태도, 교과 성적, 독서 부분
· 성장했으면 하는 부분</td><td>· 아토피, 알레르기 등 건강
· 수술 경력 등 참고 사항
· 친구 관계/성격 등 고민</td><td>· 담임이 참고해야 할 사항
(학교 폭력, ADHD, 장애 등)</td></tr>
<tr><td colspan="3">♥학교에 바라는 점 등을 자유롭게 적어 주세요♥</td></tr>
<tr><td colspan="3"></td></tr>
</table>

※ 학교마다 항목이 조금씩 다를 수 있음

안쌤의 꿀팁

'이런 것까지 적어야 할까?' '괜히 적었다가 오해받지 않을까?'라는 의문이 드는 사항도 있을 것입니다. 그런 경우에는 교육 환경 기초 조사서를 제출하는 시기에 미리 담임 선생님에게 연락해서 교실로 방문하거나 전화로 전하는 방법이 효과적입니다. 또는 학부모 상담을 신청해서 관련 내용을 자세하게 말로 설명하면 됩니다. 아무래도 글로만 내용을 전달하면 오해할 여지가 있기 때문입니다.

질문 TOP 72 초등 돌봄 교실이란 무엇이고 어떻게 운영되나요?

초등 돌봄 교실은 학교 정규 수업이 끝나고 나서도 돌봄이 필요한 아이들의 돌봄을 책임지는 정책 중 하나입니다. 초등 돌봄 교실 추진 배경* 은 핵가족화가 심화되고 여성 경제 활동 인구 증가 등 양육 환경이 변화함에 따라 돌봄에 대한 요구가 증가하기 때문입니다. 점차 학교 현장에서도 돌봄 대상 학년과 돌봄 교실 운영 수를 늘려 나가는 중입니다.

초등 돌봄 교실 추진 배경

핵가족화가 심화되고 여성 경제 활동 인구 증가 등 양육 환경이 변화함에 따라 돌봄에 대한 요구가 증가하기 때문

돌봄 교실의 운영 유형과 종류, 입급 방법 등을 살펴보겠습니다. 돌봄 교실 운영 유형 및 개요는 표와 같습니다. 가정에서 돌봄이 필요한 시간대에 따라 별도로 신청할 수 있는 돌봄 교실을 기준으로 나눈 것입니다.

운영 시간 / 대상	수업 전	13:00~17:00	17:00~	여름·겨울 방학
초등 1~4학년	아침 돌봄 교실	오후 돌봄 교실	저녁 돌봄	방학 중 돌봄 (오전/오후)
초등 5~6학년		방과 후 학교 연계형 돌봄 교실		

※ 지역마다 대상 학년과 운영 시간 차이가 있을 수 있음

먼저 맞벌이 등으로 등교 전 돌봄이 필요한 학생들을 위한 아침 돌봄 교실입니다.

	아침 돌봄 교실
대상 학생	• 학부모 수요 및 학교 여건에 따라 가급적 희망하는 전 학년 대상
운영 시간	• 돌봄 참여 학생 가정 부모의 출근 시간 등을 고려하여 운영 ※ 07:30~08:30(등교 시간 1~2시간 전부터 운영)
학급 편성	• 학년 구분 없이 편성 가능 • 독서나 간단한 활동 등 정규 수업에 지장 없는 프로그램 운영
운영 인력	• 봉사자(교육 기부, 자원봉사, 학부모) 위촉 또는 교원 가능
비용	• 독서나 학교 숙제 등 자율 활동 위주 아침 돌봄 교실은 비용 없음 ※ 체육 활동이나 기타 비용이 발생하는 프로그램이 있을 수도 있음

가장 일반적으로 돌봄 교실 하면 떠오르는 유형이 오후 돌봄 교실입니다.

	오후 돌봄 교실
대상 학생	• 학부모 수요 및 학교 여건에 따라 1~4학년 중심으로 맞벌이, 저소득층, 한부모 가정 등 돌봄이 꼭 필요한 학생 대상 ※ 수요가 적다면 추가 학년 이용 가능 ※ 수요가 많다면 학교 여건에 따라 우선순위를 정하여 선발
운영 시간	• 각 학년 정규 수업 종료~하교 시간 ※ 13:00~17:00(도중에 보호자가 오면 하교 가능) • 여름 방학/겨울 방학에도 운영
학급 편성	• 교실 크기, 학년당 학생 수, 발달 단계 등을 고려하여 편성
운영 인력	• 돌봄 전담사, 돌봄 봉사자
비용	• 간식/방학 중 급식을 이용하면 수익자 부담 • 개인 활동/단체 활동 등 다양한 프로그램을 운영하는데, 그중 학부모 수익자 부담 돌봄 프로그램 운영 학교는 비용 발생
신청 방법	• 신청 기간 내 입급 신청서와 함께 증빙 서류 반드시 제출 필요 ※ 재직 증명서, 건강보험 자격득실 확인서(납부 확인서) 등 학교별 초등 돌봄 교실 입급 신청서. 가정 통신문에서 필요 서류 반드시 확인

수업이 끝나고 방과 후 프로그램을 가기 전에 이용하는 방과 후 학교 연계형 돌봄 교실입니다.

	방과 후 학교 연계형 돌봄 교실
대상 학생	• 방과 후 학교 프로그램을 1개 이상 참여하면서 오후 돌봄 교실을 이용하지 않는 학생 ※ 고학년(5~6학년) 중심이지만 수요에 따라 1~4학년도 가능
운영 시간	• 정규 수업이 끝난 시간부터 방과 후가 끝나는 시간 ※ 13:00~17:00(방과 후 학교 운영 시간에 따라 변경)
학급 편성	• 학년 구분 없이 편성 가능
운영 인력	• 봉사자(교육 기부, 자원봉사, 학부모) 위촉 또는 교원 가능
비용	• 학생마다 방과 후 프로그램 이용 시간이 모두 다르기 때문에 급/간식, 프로그램 미제공으로 비용 발생 없음

오후/방과 후 학교 연계형 돌봄 시간 이후에도 추가 돌봄이 필요할 때 저녁 돌봄 교실이 있습니다.

	저녁 돌봄 교실
대상 학생	• 저녁 시간에도 돌봄이 필요한 학생 ※ 보통은 오후 돌봄/연계형 돌봄 참여 학생이 대상인 경우가 많음
운영 시간	• 17:00~19:00(22:00)(학교 여건, 학부모 수요에 따라 변경) ※ 학교 여건에 따라 운영이 어려울 경우 지역 돌봄 기관으로 연계
학급 편성	• 학년 구분 없이 편성 가능
운영 인력	• 돌봄 전담사, 돌봄 봉사자
비용	• 저녁 식사 필요시 비용 발생

방학에 돌봄이 필요한 학생들을 대상으로 한 방학 중 돌봄 교실입니다.

	방학 중 돌봄 교실
대상 학생	• 방학 중 신규로 돌봄이 필요한 학생 1~6학년 ※ 오후 돌봄/방과 후 학교 연계형 돌봄은 방학에도 지속 운영함
운영 시간	• 09:00~13:00(17:00) ※ 학부모 수요와 학교 여건을 바탕으로 시간 조정
학급 편성	• 수요가 적다면 기존 돌봄 교실에 편입 • 수요가 많다면 별도 반을 추가 편성
운영 인력	• 추가 반을 편성한다면 인력 채용
비용	• 간식/방학 중 급식을 이용하면 수익자 부담 • 개인 활동/단체 활동 등 다양한 프로그램을 운영하는데 그중 학부모 수익자 부담 돌봄 프로그램 운영 학교는 비용 발생

안쌤의 꿀팁

국가에서도 각 학교 돌봄 교실 운영과 시설 등에 많은 신경을 씁니다. 돌봄이 필요한 가정이라면 고민하지 말고 필요한 시간대에 알맞은 돌봄 교실에 꼭 신청하기 바랍니다. 추가로 아이 돌봄 서비스 홈페이지(또는 아이 돌봄 모바일 앱)를 참고하면 학교 돌봄 외에 지원받을 수 있는 지역 연계 등 다양한 서비스 연계와 신청이 가능합니다.

질문 TOP 73 방과 후 학교가 뭔가요? 프로그램 선택은 어떤 기준으로 하면 좋은가요?

방과 후 학교의 개념은 학생과 학부모의 요구와 선택을 반영하여 수익자 부담 또는 재정 지원으로 이루어지는 정규 수업 이외의 교육 및 돌봄 활동으로, 학교 계획에 따라 일정한 기간 지속적으로 운영하는 학교 교육 활동입니다.

초등학교에 입학하면 수익자 부담이라는 단어를 종종 들을 텐데, 수익자 부담의 사전적 의미는 국가나 공공 단체가 특정한 공익 사업의 경비를 충당하기 위하여 그 사업에서 이익을 받는 이에게 지우는 부담을 말합니다. 즉, 방과 후 학교를 신청하는 학생·학부모가 수강료를 지급해야 한다는 뜻입니다. 재정 지원은 교육청 및 지자체 등에서 저소득층 학생이나 방과 후 학교 활성화를 위해 일부 학생에게 수강료를 지원해 주는 것입니다.

그럼 학교는 왜 정규 수업 외에 이렇게 방과 후 학교를 운영하는 걸까요? 학생 중심의 다양하고 창의적인 교육 경험을 제공하기 위해서입니다. 목표를 더 자세히 설명할 텐데, 이 목표에 따라서 자녀의 방과 후 학교 프로그램 선택 기준을 정하면 됩니다.

첫째, 학생의 소질과 적성 계발입니다. 특정 분야의 프로그램만 운영하는 것이 아니라 학생·학부모의 수요를 받아 다양한 프로그램을 편성합니다. 체육·음악·미술·과학·언어 등 학생들이 관심이 많은 분야, 평소 접하기 힘든 분야 등의 프로그램을 선택하여 자신의 소질을 발견할 수 있고, 꿈과 끼를 개발할 수 있습니다.

어떤 프로그램이 있는지는 표에서 보이겠습니다. 즉 아이가 좋아하는 것과 잘하고 싶은 프로그램이 선택 기준이 됩니다.

둘째, 교육 격차 완화입니다. 학생마다 가정마다 교육 기회가 다르기 때문에 정규 수업만으로는 격차가 발생할 수 있습니다. 이를 보완하기 위해 방과 후 학교를 운영하기도 합니다. 다만, 현재 방과 후 학교 운영 기본 원칙에는 학교 교육과정을 앞서는 선행 학습은 금지하며 성적 우수 특별반 운영도 금지되어 있으니 학원 개념으로 오해하면 안 됩니다.

셋째, 사교육비 경감입니다. 첫 번째 이유와 함께 방과 후 학교를 운영하고, 가정에서 신청하는 대표적인 이유 중 하나입니다. 음악 분야를 예로 들어보겠습니다. 바이올린이나 기타, 피아노 등을 배우기 위해 학원을 가는 경우도 있지만, 소규모 레슨, 1:1 레슨을 받는 경우도 많습니다. 자연스럽게 가격이 올라가고 가정의 부담은 커질 수밖에 없습니다. 학교에서 운영하는 방과 후 학교 프로그램은 기본적으로 비용이 상대적으로 저렴해서 사교육비 경감 목적도 있습니다.

넷째, 돌봄 서비스 제공입니다. 맞벌이 가정의 경우, 자녀가 저학년일 경우 많이 해당합니다. 1·2학년 학생들이 정규 수업이 끝나고 집에 도착하는 시간과 보호자가 퇴근하고 집에 오는 시간이 일치한다면 걱정이 없겠지만, 그러지 못한 가정이라면 아이 혼자 몇 시간 동안 집에 있어야 합니다. 이때 학부모의 불안함과 아이의 심심함을 해결하기 위해 방과 후 프로그램을 들을 수 있도록 하는 것입니다. 방과 후 학교는 학교에서 진행하기 때문에 정규 수업 이후 바로 방과 후 교실로 가면 되니 더욱 안전하게 다닐 수 있습니다.

위의 4가지 목적 중 아이 상황에 맞게 프로그램을 선정하면 됩니다. 그 외에도 인기가 많다고 소문난 프로그램, 건강이나 체력 향상을 위한 체육 프로그램, 하교 시간과 학원 시간 사이 빈 시간을 적절하게 보낼 수 있는 프로그램, 주위 학부모들의 추천을 받아서 괜찮다고 하는 프로그램 등을 선택하는 가정도 많습니다.

방과 후 학교 프로그램 시간표를 보면서 각 학교에서 어떤 방법으로 다양한 프로그램을 선정하는지 보겠습니다. 우선 프로그램은 기본적으로 작년에 실시했던 프로그램 위주로 편성합니다. 1년간 방과 후 프로그램을 운영하면서 수업에 참여한 학생 · 학부모를 대상으로 분기(3개월)마다 만족도 조사를 실시합니다. 학년 말까지 4번 만족도 조사를 해서 작년 프로그램 중 수요가 적었거나 불만족스러웠던 일부 프로그램은 폐강합니다. 또 다음 학년도 수요 조사를 실시해 새로운 프로그램을 편성합니다.

또한 최대한 다양한 분야의 프로그램을 넣으려고 합니다. 체육 분야 인기가 많다고 하여 체육 종목만 10개씩 넣는 것이 아닙니다. 언어/음악/미술/체육/교과/기타 등으로 학교별 영역이 있고 그 안에서 적절히 균형 있게 편성하니 이 부분도 참고하면 좋겠습니다. 다음은 이해를 돕기 위한 방과 후 학교 프로그램 시간표 예시입니다.

장소	월	화	수	목	금
영어실	영어 Starter 1교시 [A반] 2교시	중국어 [A반1~2] 2-3교시 [B반3~6] 4-5교시	영어 Starter 1교시 [A반] 2교시 [B반] 3교시	한자 [A반1~2] 2-3교시 [B반1~6] 4-5교시	영어 Starter 1교시 [A반] 2교시
컴퓨터실	[컴기초A] 1교시 [파워기초] 2교시 [DIAT파워] 14:50~16:10		[컴기초A] 1교시 [파워기초] 2교시 [CDT코딩자격] 14:50~16:10	[컴기초B] 2교시 [포토숍기초] 14:50~16:10	[컴기초B] 2교시 [DIAT파워] 14:50~16:10
과학실	창의과학 [A반1~2] 1-2교시 [B반3~6] 3-4교시	주산암산 [A반1~2] 2-3교시 [B반1~6] 4-5교시	로봇항공 [A반1~2] 1-2교시 [B반1~6] 3-4교시		
방과 후 교실1	바둑체스 [A반1~2] 1-2교시 [B반1~6] 3-4교시	클레이토털공예 [A반1~2] 2-3교시 [B반1~6] 4-5교시	문학교실 [A반1~2] 2-3교시 [B반3~6] 4-5교시	케이넥스 [A반1~2] 2-3교시 [B반1~6] 4-5교시	다빈치미술 [A반1~2] 1-2교시 [B반1~6] 3-4교시
방과 후 교실2	창의큐브 [A반1~2] 1-2교시 [B반1~6] 3-4교시	프라모델 [A반1~2] 2-3교시 [B반1~6] 4-5교시		명품수학 [A반1~2] 2-3교시 [B반1~6] 4-5교시	코딩로봇 [A반1~2] 1-2교시 [B반1~6] 3-4교시
음악실		바이올린 [A반1~2] 2교시 [B반1~6] 3교시 [C반1~6] 4교시	피아노 [A반1~2] 1교시 [B반1~6] 2교시 [C반1~6] 3교시	바이올린 A반1~2] 2교시 [B반1~6] 3교시 [C반1~6] 4교시	피아노 [A반1~2] 1교시 [B반1~6] 2교시 [C반1~6] 3교시
체육실	컵타 [A반1~6] 15:00~16:20				방송댄스(60분) [A반] 15:00-16:00 [B반] 16:10-17:10
체육관	배드민턴 [A반] 15:00-16:00 [B반] 16:10-17:10	스포츠교실 [A반] 15:00-16:00 [B반] 16:10-17:10	음악줄넘기 [A반] 14:10-15:30 [B반] 15:40-17:00	농구 [A반] 15:00-16:00 [B반] 16:10-17:10	축구 [A반] 15:00-16:00 [B반] 16:10-17:10

안쌤의 꿀팁

위의 목적과 별도로 중요한 선택 기준이 있어요. 같은 반 친구들이 많이 듣는 수업이 무엇인지, 친한 아이(또는 친해지고 싶은 아이)는 무슨 수업을 듣는지 확인해 같이 수강하는 방법입니다. 이는 자녀의 친구 관계 형성에 많은 도움이 됩니다. 자녀가 부끄러움이 많거나 친구 관계에 어려움을 겪는다면, 방과 후 프로그램을 이 기준으로 선정하는 것도 하나의 꿀팁입니다.

질문 TOP 74 초등학교 임원 선출 방법과 임원과 부모의 역할은 뭔가요?

학교마다 임원 관련 용어들이 다를 수 있는데 임원, 회장(부회장), 반장(부반장) 등을 통틀어서 임원 선출이라고 하겠습니다. 현재 학교에서 임원 선출을 하는 이유와 목적을 먼저 알려 드리고, 임원 선출의 종류, 그에 따른 선출 방법과 임원의 역할, 부모의 역할 등을 소개하겠습니다.

임원 선출은 왜 할까요? 이는 결국 학생 자치 활동으로 이어지는데 '나와 우리 모두의 참여를 통해 적극적인 시민으로 성장하는 학생'으로 교육하기 위해서입니다. 학생 자치를 통해 민주적 학교 공동체 문화를 조성하고, 민주 시민의 기본 역량으로서 자율, 참여, 자기 결정 능력을 함양하는 것입니다.

즉, 투표권이 생기기 이전인 초등학교 시절부터 임원 선거를 경험해 보면서 필수 역량을 성장시키고, 선거와 민주주의를 체험하는 역할까지 하게 됩니다. 간단히 이런 이유가 있다 정도로 참고해 주세요.

임원 선출의 종류는 크게 2가지가 있습니다. 전교 임원 선출과 학급 임원 선출입니다.

	전교 임원 선출	학급 임원 선출
후보 자격	전교 회장 ○명(6학년) 전교 부회장 ○명(6·5학년) ※ 보통 고학년만 가능한 학교가 많음	각 해당 학급 인원 ※ 재학한 지 며칠 이상 등 제한이 있는 학교도 있으니 참고
선출 방법	전교생 투표 다득표순	학급 학생 투표 다득표순
홍보 방법	일정 기간 공약 홍보 및 당일 연설	학급 임원 선거 당일 공약 발표

※ 대상 학년과 선출 인원은 학교별로 다를 수 있음

투표 방법에서 조금 다른 점은 전교 임원은 후보자가 많아도 한 번에 진행하고, 학급 임원은 후보자가 많을 경우 후보자를 선출하는 후보자 투표를 하는 학교도 있습니다. 학급 임원 선거 순서를 자세히 안내하면 아래와 같습니다.

1. 학급 임원 후보자 지원(추천 방식이 아닌 본인 희망) → 2-1. (기준보다 후보자가 많다면) 후보자 투표 실시 → 2-2. (후보자 선정) 후보자 공약 발표 순서 추첨 → 3. 후보자 공약 발표 및 연설 → 4. 투표 및 결과 공개 → 5. 다득표순으로 선출 → 6. 동점자 발생 시 재투표 → 7. 당선 소감 발표 및 인사

임원의 역할은 크게 2가지입니다. '학교 학생회' 활동과 '학급' 활동입니다.

학교 학생회 활동은 학급이 아닌 학교 활동에 참여하는 역할입니다. 학급 대표로서 학교 학생회 및 전교 어린이회의 등에 참여하는 것입니다. 학창 시절 기억나나요? 한 달에 한두 번 전교 각 반의 임원들이 모여서 회의를 합니다. 이때 학급 또는 학년 학생들의 건의 사항 및 의견 수렴 결과를 전달하고, 반대로 학생회(전교 어린이회)에서 결정된 내용을 학급 학생들에게 전달하는 역할을 합니다. 아이들이 특히 자랑스러워하는 활동 중 하나입니다.

또한 학생회 내에서 여러 부서(학생부·미화부·생활부·도서부 등)를 조직하여 매주 각 부서의 목표를 세우고 그를 실천할 수 있는 구체적인 행동을 정해서 학급 학생들에게 전하는 역할도 하게 됩니다.

학급 활동은 학급 내에서 이루어지는 임원의 활동입니다. 학교에는 전교 어린이회가 있다면, 교실에는 학급 어린이회가 있습니다. 전교 어린이회에서 정해진 목표와 행동을 전달하면서 우리 학급에서 할 수 있는 목표와 행동을 계획하고 실천합니다. 이 회의는 보통 학급 임원이 진행합니다. 처음에는 학생들이 회의를 진행하는 데 어색해하고 어려워하지만, 경험이 쌓이다 보면 자연스럽게 학생들을 이끌며 분위기를 주도하게 됩니다.

이 외에도 담임 선생님을 보조하며 학생들과 함께 학급을 이끌어 가는 역할을 합니다. 서열 등의 계급 문화는 사라진 지 오래되었으니 오해하는 일은 없기 바랍니다. 임원들이 다른 학급 친구들에 비해 더 많은 양보와 배려를 하고 모든 학급 일에 적극 참여해야 하기 때문에 힘들어하는 학생들도 있습니다. 마찬가지로 임원이라서 학생들을 대표하여 더 혼나고 잔소리를 듣는 일도 거의 없습니다.

위의 2가지를 제외하고도 각 학급 담임 선생님에 따라 임원들의 추가 역할이 있습니다. 대표적으로 선생님에게 인사(차렷-열중쉬어-차렷-선생님께 인사)하기, 교과실 수업이나 체육관 이동 때 앞장서거나 친구들 줄 세우기, 학습 도움이 필요한 학생 돕기, 혼자 있는 친구들에게 먼저 다가가기, 담임 선생님 보조 등 많은 역할을 하기도 합니다.

부모님의 역할은 크게 많지 않습니다. 후보로 나갈지 말지 고민하는 자녀에게 응원과 격려의 한마디면 충분합니다. 아이들과 이야기하다 보면 임원 관련하여 종종 "저는 나가 보고는 싶은데…." "선생님, 근데 엄마가

하지 말래요." 등 안타까운 이야기를 듣고는 합니다. 의외로 이렇게 말하는 학생들이 많았어요.

혹시 뜨끔한 분들은 없죠? 학창 시절을 떠올려 보면 왜 그런 말들을 하는지 충분히 이해하고 공감합니다. 자연스럽게 임원 학생의 학부모가 반 대표가 되어 학급일이나 학교 행사에 불려 다니던 모습이 기억날 겁니다. 심지어 선출 기념으로 학급 학생들에게 음식을 돌린 경험, 또는 그 음식을 맛있게 먹었던 경험도 있을 것이고요.

그러나 예전과는 분위기가 정말 많이 달라졌습니다. '임원으로 선출된 학생의 부모가 당연히 반 대표가 된다.'고 생각하지 않습니다. 그리고 맞벌이 가정이라면 더더욱 학교 일로 부담을 주지 않으려고 합니다. 그러니 자녀가 임원 선거에 나가고 싶어한다면 그 마음을 적극 지지해 주기 바랍니다.

안쌤의 꿀팁

자녀가 (전교) 학급 임원에 나가고 싶어한다면 꼭 공약과 연설문을 살펴봐 주세요. 당일 공약 발표 시간이 학급 학생들의 투표에 미치는 영향은 정말 크다고 판단합니다. 며칠 전부터 학급 임원 후보로 나가겠다고 말을 하던 아이들도 막상 별다른 연설을 준비해 오지 않습니다. 학급 아이들은 후보들의 연설을 보면 얼마나 준비해 왔는지, 정말 임원이 되고 싶은 마음이 있는지를 단번에 알아차릴 수 있습니다. 강한 인상 또는 재미로 기억에 남을 수 있는 포인트를 넣어 주세요. 손동작이며 몸짓이 있으면 더욱 좋습니다. 이런 부분을 미리 알려 주고 예행 연습과 함께 지도한다면 가능성은 확 올라갑니다.

질문 TOP 75 학교에서 지원받을 수 있는 제도에는 어떤 것들이 있나요?

학교에는 학생들과 학부모를 위한 제도가 많이 마련되어 있습니다. 학교 행사는 전체 학생들을 대상으로 하는 것이라면, 여기서 다룰 제도는 추가로 도움이 필요한 학생 또는 특정 학생들을 대상으로 학급 외에서 지원하는 것입니다. 어떤 제도들이 있는지를 살펴보겠습니다. 대표적으로는 상담 제도와 교육 복지 지원 제도가 있습니다.

먼저 상담 제도는 학교마다 상담실이 있고, 전문 상담사가 근무합니다. 학교 폭력, 가정 폭력, 학교 부적응 등 여러 위기 상황에 노출된 학생들을 위해 예방, 회복, 발달 차원에서 상담합니다. 학생들이 언제든 편안하게 찾아가서 상담 서비스를 받을 수 있고, 전문적인 맞춤형 상담 활동으로 자아실현 및 문제를 해결할 수 있도록 기회를 제공합니다. 또는 학급에서 문제행동을 보이는 학생의 경우 초기에 개입해 부적응 행동 증상을 감소시키고, 학생의 학교생활 적응력을 향상하는 데 도움을 줍니다.

학생뿐 아니라 학부모들도 상담실 이용 및 여러 상담 프로그램에 참여할 수 있습니다.

1. 개인 상담

구분	개인 상담
대상	학교 폭력 피해 학생, 가해 학생, 친구 관계에 어려움을 느끼는 학생, 학교생활에서 적응하기 힘들어하는 위기 학생 및 학부모
신청 방법	• 상담실로 직접 신청: 신청서 및 접수 면접 이후 상담 진행 • 담임 교사 통한 신청: 전화 또는 상담 시간 예약 후 대면 상담 실시

2. 집단 상담

구분	집단 상담
대상	위의 학생이 속한 학급 또는 담임 교사가 신청하는 학급
내용	자신과 타인의 감정 인식, 이해와 수용을 통한 긍정적 자기 개념 형성, 공감 능력 향상 및 학교생활 적응 프로그램 실시

3. 사이버 상담

구분	사이버 상담
대상	대면 상담을 부담스러워하는(기피하는) 학생과 학부모
신청 방법 및 내용	이메일 및 전화, 채팅 상담을 진행하고 대면 상담으로 유도하여 학생 및 학부모의 적극적인 조력 활동

4. 위기 상담 지원

구분	위기 상담 지원
대상	자해, 자살 시도, 우울증, ADHD, 인터넷 중독 등 심리적·신체적 건강을 저해할 수 있는 긴급한 상황에 처한 학생들과 필요시 학부모
내용	학교에서 1차 관리, 전문적 심리 평가 및 심리 치료가 필요한 경우 외부 유관 기관과 2차 연계하여 다면적 지원 실시

이어서 교육 복지 지원 대상을 위한 제도입니다. 지원 대상 선정은 학교에서 직접 하지 않으며, 구청에서 선정된 명단을 받습니다. 기준은 아래와 같습니다.

1. 기초생활보장수급자 자녀: 국민기초생활보장법에 따라 국가에서 지원받는 인원
2. 한부모가족: 한부모가족지원법에 따라 국가에서 지원받는 인원
3. 저소득층자녀: 위의 1, 2를 제외한 경제적 집중 지원 학생 인원
※ 법정차상위계층, 차상위계층(국민기초생활보장법 제2조 11호)
4. 그 외 교육 취약 학생: 다문화가정학생, 북한이탈주민, 위기 및 결손가정, 부적응 등의 사유로 담임 추천

집중 지원 학생은 상황에 맞게 분류하여 관리합니다.

분류	관리 수준	대상 분류 기준	서비스 내용
1순위	집중 관리	위기 사례, 총체적 문제 아동	가정 방문 및 집중 사례 관리
2순위	지속 관리	가정 관리 미흡 아동	지역 연계 및 프로그램 참여
3순위	점검 관리	가정 케어 가능 아동	간헐적 프로그램 참여

학교마다 교육 복지 업무 담당자가 있어 다양한 프로그램을 실시하여 학생들이 참여할 수 있도록 하며, 지원해야 하는 사항들을 꼼꼼하게 챙겨줍니다. 세부 프로그램 및 지원 현황은 지역이나 학교마다 다를 수 있으니 직접 확인하는 것이 정확합니다.

구분	세부 내용
저소득층 운영 지원	학생의 성장 지원에 필요한 물품 등을 구입하여 학생에게 전달함
	방과 후 학교 프로그램에서 일정 금액 무료 수강권 지원
	돌봄 교실 입급 시 기준에서 우선순위로 지정하는 학교도 있음
학생 성장 지원 (사제 멘토링)	• 집중 지원 학생과 학급 담임 교사와 학교 내외에서 친교 및 상담 활동 → 서점 방문, 저녁, 쇼핑, 영화 관람 등의 활동 • 집중 지원 학생, 일반 학생들과 함께 다양한 만들기 및 프로그램 활동 → 타인 배려, 나눔 경험 기회 제공
네트워크 (복지·공동체)	사각 지대 학생 발굴·지원을 위한 민·관·학 협력, 정보 공유 및 지원

안쌤의 꿀팁

학생과 학부모를 위해 학교에서 지원해 주는 제도가 무엇인지 확인하고 적극 참여하는 것을 추천합니다. 학교는 별도 예산을 편성하여 좋은 프로그램을 준비하기도 하고, 관련 전문가를 초청하기도 합니다. 도움이 필요한 학생·학부모에게는 무상으로 기회를 제공합니다. 참여 기회가 있다는 것을 알면서도 신청하지 않는 학생·학부모도 있는 반면, 무슨 제도가 있는지 몰라서 참여를 못 하는 학생·학부모가 대다수입니다. 학교 홈페이지 공지 사항이나 e알리미를 볼 때 제목에 학부모 연수, 교육 활동 참여/신청, 프로그램 참여/신청 등이 있다면 유의 깊게 보고, 관심 있는 주제가 나온다면 꼭 신청했으면 합니다.

질문 TOP 76

학교 폭력이 발생하면 어떻게 해야 하나요?

아이에게 학교 폭력이 발생하는 일은 당연히 없어야겠지만, 기본적으로 신고하는 방법에서 어떤 과정으로 처리되는지, 조치 사항에는 무엇이 있는지를 반드시 알아야 합니다. 학교폭력예방법 제20조에는 신고 의무가 법률로 제시되어 있는데 학교 폭력 피해 당사자뿐 아니라 목격한 친구도, 학교 폭력 사실을 알게 된 보호자, 학급의 담임 선생님 등 학교 폭력 현장을 보거나 그 사실을 알게 된 자도 즉시 신고하도록 되어 있습니다. 이런 방안들을 인지하고 있기만 해도 학생에게는 큰 힘이 될 수 있고, 심지어 주위 학생들까지 도와줄 수도 있습니다.

학교 폭력을 신고하는 방법은 여러 가지가 있습니다.

1. 담임 선생님에게 연락하는 방법이에요. 가장 보편적인 방법입니다. 학급 내에서 같은 반 친구와 발생한 일도, 다른 반 친구와 발생한 일도, 또는 학원이나 놀이터 등 학교 바깥에서 발생한 일도 전부 해당됩니다. 담임 선생님과 대면/비대면으로 상황을 설명하고 학교 폭력으로 처리

해 달라고 하면 됩니다. 담임 선생님 외에 교무실이나 상담실(보건실 등) 등 다양한 공간이 마련되어 있으니 참고하세요.

2. 학교 폭력 실태(설문) 조사 또는 학교 폭력 신고함을 이용하는 방법이에요. 학교 폭력 실태조사란 교육부에서 매월 4월쯤 전국의 초등학교 4~6학년(고 3까지)을 대상으로 실시하는 것입니다. 온라인 참여로 학생들에게 학교 폭력과 관련된 사건(당한 것, 본 것, 들은 것 등)을 조사합니다. 그 외 학교에 설치되어 있는 학교 폭력 신고함, 학급 담임 선생님이 별도로 실시하는 학교 폭력 설문 조사 등이 있습니다.
3. 117/112에 신고하는 방법이에요. 117은 학교 폭력 신고 센터이고, 112는 경찰서입니다. 1, 2번이 교내에서 신고를 받고 사안을 파악하는 방법이라면, 3번은 학교가 아닌 외부 기관에 신고하는 것입니다. 교내에서 신고하기 어려운 상황일 경우 이를 이용하면 됩니다. 117 또한 112와 마찬가지로 24시간 운영하며 피해 신고 접수, 법률 상담, 쉼터 연계 등의 종합 지원이 가능합니다.

이 외에 학교 폭력 전담 경찰관, 청소년 사이버 상담 센터, 교육청 신고 등도 있습니다.

신고가 접수되면 학교 폭력 전담 기구를 통해 사안 조사를 실시하고, 학교장 자체 해결 여부를 심의합니다. 전담 기구는 교감 선생님, 책임 교사, 보건 교사 등 교원 위원 및 학부모 위원으로 구성되며 학부모 위원은 정원의 1/3 이상이 되어야 합니다. 사안 조사 원칙은 피해·가해 학생을 분리 조사하며 학습권을 보장하기 위해 수업 시간 이외의 시간을 이용합니다. 또한 객관적이고 공정한 수사, 최대한 신속한 수사로 사안 내용을 구체적으로 조사합니다.

전담 기구에서는 학교장 자체 해결 여부를 심의하는데, 학교 자체로 사건을 종결하느냐, 아니면 상급 기관(교육청)으로 이관하느냐를 심의합니다. 이를 판단하는 조건으로는 4가지, 즉 '2주 이상 신체적·정신적 치료를 요하는 진단서를 발급받지 않은 경우, 재산상 피해가 없거나 즉각 복구된 경우, 학교 폭력이 지속적이지 않은 경우, 학교 폭력에 대한 신고·진술·자료 제공 등에 대한 보복 행위가 아닌 경우'가 있습니다.

학교장 자체 해결이 되지 않는 사안은 학교 폭력 대책 심의위원회(교육지원청)로 이관되어 사안을 처리합니다. 학교와 관련이 없는 구성원들이 사안을 처리하니 중립적인 조치가 가능하고, 학교 폭력에 전문성 있는 위원들이 참여하여 신뢰성이 높습니다.

전담 기구에서 실시한 사안 조사 내용과 심의에 필요한 수집 자료를 바탕으로 사안을 심의하고 피해 학생에 대한 보호 조치와 가해 학생을 교육하고 선도하기 위한 조치가 내려지게 됩니다. 또한 조치 이후에도 피해 학생 측과 가해 학생 측의 갈등이 해결되지 않고 분쟁이 생기면 중재 역할도 합니다.

가장 민감한 사항이 바로 가해 학생과 피해 학생에 대한 조치인데, 아래와 같은 조치가 있으니 참고하기 바랍니다. 우선 가해 학생에 대한 조치는 크게 9가지로 구분되며 조치 사항은 생활기록부에 기록됩니다.

1. 피해 학생에 대한 서면 사과
2. 피해 학생 및 신고·고발 학생에 대한 접촉, 협박 및 보복 행위의 금지
3. 학교에서의 봉사　　　　4. 사회 봉사

5. 학내외 전문가에 의한 특별 교육 이수 또는 심리 치료

6. 출석 정지 7. 학급 교체

8. 전학 9. 퇴학 처분

해당 학교 담당자(또는 담임)가 조치 결정 통보 공문을 접수하면 생활기록부에 즉시 기재해야 합니다. 9가지 중에서 조치 1, 2, 3호는 조건부 기재 유보*가 가능하며, 조치별로 입력하는 영역과 삭제 시기가 다릅니다. 또한 9호 퇴학 처분은 의무 교육과정에 있는 가해 학생에는 적용하지 않으니 초등학생은 제외입니다.

조건부 기재 유보

1, 2, 3호까지는 생활기록부에 기록하지 않을 수 있다는 뜻

반대로 피해 학생의 보호를 위해 1. 학내외 전문가에 의한 심리 상담 및 조언, 2. 일시 보호, 3. 치료 및 치료를 위한 요양, 4. 학급 교체, 5. 그 밖에 피해 학생의 보호를 위하여 필요한 조치 등을 요청할 수 있습니다.

안쌤의 꿀팁

학교 폭력이 '우리 아이에게 일어나지 않을 것'이라고 생각하는 분들이 많아요. 당연히 그래서는 안 됩니다. 또한 아이가 처음 놀림을 받거나 작은 괴롭힘이 있을 때 '다음에는 안 그러겠지.' '아… 그래도 같은 반 친구인데 신고는 심하지 않나?' 등 마음이 약해지는 분들도 많아요. 만약 처음 그런 행동을 당했다면(자녀에게 들었다면) 바로 담임 선생님과 상담해 지도를 요청하세요.

그럼에도 또 같은 행동을 반복한다면 우리 아이의 행복한 학교생활을 넘어서 다른 친구의 올바른 성장을 위해서라도 학교 폭력은 신고하는 것이 맞습니다. 초기이고 위의 4가지 사항에 해당되지 않는다면 학교장 자체 해결로 마무리될 수 있습니다. 이는 학교 폭력에 대한 경각심과 심각성을 깨닫는 좋은 계기가 될 것입니다.

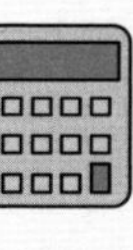

앞서 얘기한 5가지에 해당하지는 않지만 10년간 담임 교사(1~6학년 모두)를 하는 동안 학생·학부모들에게서 정말 다양한 질문을 받았습니다. 공통적인 궁금증인 반 편성에서 생활 통지표 해석, 여름·겨울 방학에는 무엇을 해야 할지 등 학교생활을 하면서 필요한 각종 궁금한 사항과 학교생활에 도움이 될 만한 팁들을 정리하였습니다.

6

학부모가 가장 많이 질문하는 기타 궁금증 14가지

질문 TOP 77 학부모 반 모임에 참석해야 하나요? 무슨 얘기를 하고 어떻게 구성되나요?

학부모가 모이는 경우는 크게 2가지로 나눌 수 있습니다. 입학식, 학부모 총회, 공개 수업 등 학교 내 행사로 인한 '공식적' 모임과 친목 도모, 정보 공유 등 학교 외의 '비공식적' 모임이 있습니다. 자녀끼리 같은 어린이집, 유치원을 다녔거나 가까운 이웃이어서 미리 알고 지냈던 사람이 아닌 경우, 학부모는 서로 교실에서 처음 만나게 됩니다. 입학식 날은 가족끼리 모여 축하하며 정신이 없기에 입학식보다는 보통 학부모 총회 이후 개별 모임이 많아집니다.

총회 날은 담임 선생님과 학부모들이 다 같이 대화하는 시간이 있습니다. 학급에 따라 다르겠지만 보통 간단하게 자기소개("안녕하세요. ○○ 엄마/○○ 아빠 ㅁㅁㅁ입니다." 등)를 하고 시작합니다. 이어서 학급 운영과 관련한 질문을 주고받는데, 이날 참석한 분들은 대부분 궁금한 사항이나 관심사가 겹칩니다. 우리 아이 학교생활이 가장 궁금하고 또 걱정될 테니까요.

그러다 보니 자연스럽게 서로 연락처를 주고받으면서 모임으로 이어지게 됩니다. 일과 중 시간을 내어 참석할 수 있다는 부분도 영향이 있으리라 생각합니다(당일 연차를 쓰는 분들 제외).

그럼 학부모 모임은 참석해야 하나요? 공식적 행사 참여 여부는 앞에서 안내했으니 사적 모임만 언급하겠습니다. 사실 학부모 모임 자체가 지극히 개인적이고 사적인 만남이기 때문에 학부모 개인 성향이 가장 중요합니다. 따라서 고민되는 분들에게 참고할 만한 몇 가지 기준을 언급하겠습니다.

첫째, 우리 아이에게 필요한 부분인가 하는 것입니다. 가장 실질적이고 기본이 되는 기준입니다. 보통 고학년 때보다 저학년 때 학부모 모임이 더 잘 구성됩니다. 2학년보다는 1학년이고요. 그 이유는 무엇일까요? 학년이 낮을수록 학교·교육에 대해 궁금한 사항이 많고, 아이들의 친구 관계도 고정되지 않았기 때문입니다.

예시로 '우리 아이 친구 관계 형성에 도움이 필요하다'라는 기준을 들 수 있습니다. 그럼 이런 경우는 학부모 모임에 참석하는 편이 좋습니다. 교실에서 수업 시간·쉬는 시간에 자연스럽게 친구를 사귀게 되면 아무 걱정이 없겠지만, 아직 낯선 환경에서 새로운 아이들과 친구 관계를 맺거나 상대방에게 먼저 다가가는 행동을 어려워하는 학생도 많습니다.

저학년의 친구 관계에서 학부모 모임의 영향은 생각보다 큽니다. 고학년은 아무리 부모들끼리 친해도 호불호가 명확한 반면, 저학년은 친해질 확률이 매우 높습니다. 학부모 모임을 하는 경우, 저학년일 때는 자녀들과 함께 모임에 나가기 때문입니다. 보통 식당, 키즈 카페나 놀이터, 공원 등에서 만난다고 하면 아이들로서는 함께 맛있는 음식을 먹고, 서로 즐겁게 뛰어놀면서 기분이 좋아지고 마음이 편안해질 수밖에 없습니다. 이런 관계가 학교로까지 이어지게 됩니다.

둘째, 학부모에게 필요한 부분인가 하는 것입니다. 아이 기준도 중요하지만, 학부모도 그만큼 중요합니다. 여기서도 '필요하다'는 의미를 2가지로 볼 수 있는데 '모임에서는 주로 무슨 얘기를 하는지'를 유의해야 할 사항과 함께 풀어보겠습니다.

먼저, 학교생활이나 교육, 육아에 대한 내용(정보)을 듣고 공유하고 싶은 부분입니다. 아무래도 저학년 시기에는 모든 것이 궁금합니다. 가깝게는 우리 아이가 입학하는 학교는 어떤 학교인지, 행사는 무엇을 하는지, 급식은 맛있는지, 담임 선생님은 괜찮은지 등 하나라도 더 알고 싶은 마음입니다. 요즘 유튜브나 블로그 등에서 다양한 정보를 알 수 있다고 하더라도 일반적인 이야기일 뿐, 실제 우리 아이의 학교에 해당하는 내용은 아니기 때문입니다.

게다가 우리 아이에게 필요한 정보들, 동네에 갈 만한 학원, 또래 친구들의 학습 방법 등은 직접 만나면서 실질적인 이야기를 주고받을 수 있습니다. 물론 저학년 때는 학업이나 공부보다는 단순 친목 도모 목적이 더 크지만, 미래를 위해 교육에 관한 내용은 빠질 수 없는 주제이기도 합니다.

서로 좋은 정보를 공유하는 것은 좋으나 유의해야 할 사항도 있습니다. 정보라는 것이 대단히 중요하게 느껴지면서 꼭 들어야 할 것 같지만 막상 들으면 걱정이 시작되고 걱정이 들면 불안해집니다. '어, 우리 애는 이런 것 안 시켰는데, 다른 애들은 벌써 저런 것을 시작하나?' '나 때문에 괜히 우리 애만 피해 보는 게 아닐까?' 등 학부모 스스로 고민에 빠지게 됩니다.

이런 고민을 안고 학부모들이 가정으로 돌아가면, 아이에게 새로운 것을 시키려고 하거나 잔소리를 하게 됩니다. 비록 극단적으로 설명했지만, 일부분 공감할 거라고 생각합니다. 학생들이 아주 싫어하는 것 중 하나가 바로 '비교'입니다. 결국 학부모 모임을 나갔다 오면 '누구는 하는데 우리 애는 안 하네.' '다른 애들은 다 잘하는데, 우리 애만 못 하네.' 전부 비교 문장들만 완성됩니다. 물론 정말 좋은 교육 정보나 자녀 육아 정보를 들을 수도 있습니다. 이것이 유용해지려면 학부모가 스스로 잘 대처해야 합니다.

마지막으로, 학부모 스스로 그 자리가 편안하다고 느끼면 참석하면 됩니다. 육아와 교육에 지칠 때가 종종 있습니다. 같은 상황에 있는 사람들과 만나서 서로 고민에 공감하고 함께 이야기를 나누다 보면 힐링도 되고 마음도 안정됩니다. 필요한 정보를 듣기 위해서가 아니라, '안 나가면 소외되지 않을까?' 하는 걱정 때문에 비자발적으로 참석하는 것이 아니라 정말 즐겁고 편안하게 느끼는 모임이다 싶으면 훨씬 도움이 될 겁니다.

안쌤의 꿀팁

맞벌이 가정의 경우 "제가 일을 하다 보니 학부모 모임에 나갈 수 없어요. 학부모들과 안 친하다 보니 우리 애도 다른 친구들과 함께 놀 기회가 없어요." 등의 고민을 하는 분이 꽤 있습니다. 그래서 저는 직장을 다니는 분들 중 '학부모 모임을 참여하고 싶다'고 하는 분은 학부모 총회에 꼭 참석하라고 추천합니다. 초기에 만들어진 학부모 모임은 사실 구성원 변동이 그리 많지 않습니다. 그러니 그날 하루만이라도 연차(조퇴)를 이용해 참석해 본인 상황을 알려 주면 주말 모임을 진행할 수도 있고, 몇 번 만나서 더 친해지면 부모님 참여 없이 아이만 함께하는 경우를 많이 보았습니다.

질문 TOP 78 학교에서 학부모 연락처 공유해 주나요? 학부모끼리 연락해도 될까요?

학교에서 학부모 연락처는 공유해 주지 않습니다. 연락처는 개인 정보이기 때문에 당사자 동의 없이 함부로 다른 사람에게 제공할 수 없습니다. 예전에는 반 대표 학부모에게 전체 번호를 넘기는 일이 있었다고 하지만, 요즘은 그랬다가는 개인 정보 유출로 큰일 납니다. 개별적으로 담임 선생님에게 연락하여 다른 학부모 연락처를 알고 싶다고 해도 알려 주지 않으니 참고하기 바랍니다.

그렇다면 어떻게 연락처를 알 수 있을까요? 보통 학부모 총회나 공개 수업처럼 학교 행사가 있을 때 학부모끼리 모이면 그날 서로 연락처를 주고받습니다. 학급 대표는 참석한 분들 모두에게서 번호를 받고, 개별적으로 연락하거나 모임을 함께할 분들끼리 연락처를 공유하기도 합니다.

학부모끼리 연락하는 상황은 한 가지를 제외하면 당연히 가능합니다. 연락 자체가 지극히 개인적 용무이니 학교에서 또는 교사가 결정할 수 있는 상황이 전혀 아닙니다. 그럼에도 위의 질문을 던진 이유는 따로 있습니다. 위의 예외 사항 한 가지가 중요하기 때문입니다.

바로 '학교에서 아이에게 발생한 일' 관련해서는 모두 교사에게 연락해 달라는 뜻입니다. 그럼 학교에서 발생한 일과 아이에게 생긴 문제를 해결해야 하는 일의 기준은 무엇인지, 어떤 상황에서는 서로 연락을 피하는 것이 좋은지 안내하겠습니다.

첫째, 아이들끼리 싸웠을 때 연락하려는 분이 있는데 이는 피해야 합니다. 특히 아이에게 상처가 나거나 병원에 가야 할 정도면 부모로서는 엄청 화가 나고, 누가 그랬는지 당장 찾아가고 싶은 마음이 들 수밖에 없습니다. 아이를 찾아가서 '왜 그랬는지' 묻고 싶고, 해당 아이 부모와 통화해서 이런저런 말들을 따지고 싶은 마음은 이해합니다.

그러나 이런 상황에서도 학부모끼리 연락하는 것보다 교사를 통해 연락을 주고받는 것이 좋습니다. 서로 통화하다 보면 오해가 생길 수 있고, 해결하기보다는 갈등이 깊어질 수 있습니다. 흔히 말하는 아이들 싸움이 어른 싸움으로 커지는 상황으로 이어집니다. 상대방에게 서로 하고 싶은 말이 있으면 담임 선생님을 믿고 교실로 연락하면 됩니다.

둘째, 아이에게 속상한 일이 생겼을 때도 연락은 담임을 통해 하는 것이 좋습니다. 결국 위와 비슷한 상황인데 전화로 대화하다 보면 말하는 사람의 의견이 정확히 전달이 안 될 뿐 아니라 양측 모두 자기 아이 처지에서 이야기할 수밖에 없습니다. 그럼 문제가 해결되지 않아 같은 주장만 반복됩니다.

물론 자녀 말을 신뢰하는 것이 옳은 방향이지만, 이런 갈등이나 다른 아이와 연관되어 있는 상황에서는 우리 아이 말도 듣고, 상대 자녀 이야기도 듣는 것이 중요합니다. 아이들은 자신이 속상하고 억울한 이야기 위주로 말할 가능성이 높기 때문입니다. 즉 양쪽 의견을 정확히 들으려면 담임 선생님을 통하는 것이 좋습니다.

셋째, 아이들끼리 금전 관계나 물건 소유 등과 관련해 상대 학부모와 연락하려는 경우도 있습니다. 이는 저학년보다는 학년이 올라갈수록 많이 나타납니다. 금전 관련하여 문제는 크게 2가지로 나타납니다. 직접 돈을 빌려준 경우, 그리고 물건이나 음식을 사 주는 경우입니다. 저학년은 거의 현금을 들고 다니지 않으므로 전자의 상황은 많이 나타나지 않습니다.

그러나 마음에 드는 물건이 있을 때 달라고 한다거나 빌려 쓰는 일은 종종 발생합니다. 또는 방과 후에 간식을 먹을 때 같이 간 친구들에게 사 주는 상황도 이와 비슷합니다. 처음 한두 번은 기분 좋게 허락하지만, 이런 행동이 반복되거나 빌려 간 물건을 돌려주지 않는다면 문제가 발생합니다. 아이는 상대 친구에게 돌려달라고 말하기 미안하고 모호하니까 부모가 직접 연락하여 상황을 정리하려는 것입니다.

위의 3가지 경우 모두 결국 '어떤 문제를 해결해야 하는 상황'입니다. 아이가 직접 해결하기에는 상황이 심각하고, 친구 관계에서 말하기 모호한 부분이라고 생각되어 부모님이 도와주려는 것이죠. 판단 기준이 방금 언급한 '아이 문제를 해결해야 하는 상황'인 경우에는 반드시 담임 선생님에게 연락해야 합니다.

학부모끼리 연락하는 경우는 대부분 개인적 연락이라서 구체적 안내는 제외했습니다. 이 외에 공식적 행사가 있을 때는 서로 의견을 확인하기 위해 연락하는 분들이 있었습니다.

1. 학부모회에서 주관하는 행사가 있는 경우입니다. 학교마다 다를 수 있지만 어린이날, 추수의 날 등처럼 특정 기념일에 학생들을 위하여 학부모들이 별도 행사를 기획하고 진행까지 합니다. 간식을 만들어 학생들에게

나눠 주거나 기념품을 만들 수 있도록 재료를 준비하여 수업을 보조하는데 아무래도 진행을 도와줄 학부모가 필요합니다. 이 경우 개별적으로 연락하여 참석 가능한지 물어보는 경우가 많았습니다. 학기 초에는 학부모회를 구성하기 전에 지원이 가능한지 연락하기도 합니다.

2. 학부모가 참여할 수 있는 학교 행사(공개 수업, 학예회 등)가 있는 경우입니다. 같은 반 학부모끼리 연락하여 학교 행사에 참석하는지 물어봅니다. 혼자 가기에는 부담스럽기도 하고 고민도 되기 때문에 보통 친한 지인들에게 연락합니다.

안쌤의 꿀팁

학부모들끼리 연락하는 사실이나 주고받으며 이야기한 사실 등에 대해서는 선생님에게 알릴 필요가 없습니다. 학부모 상담을 진행하다 보면 자연스럽게 "학부모 모임이 있다." "모임에서 이런 소식을 들었는데 진짜냐?" 등의 이야기를 하기도 합니다. 학부모들끼리 연락하는 것도, 따로 모임을 하는 것도 자유입니다.

다만, 그 모임에서 나온 내용을 전적으로 믿거나 그를 바탕으로 상담에 임하는 것은 지양해야 합니다. 예를 들어 모임 중에 누군가 학급 학생에 대한 안 좋은 이야기를 했을 때, 모든 학부모가 직접 경험해 보지 않은 채 그 말을 믿게 되고 자녀들에게, 다시 선생님에게 전달되는 경우가 있는데, 이는 매우 조심스럽고 위험한 상황이 되기 때문입니다.

질문 TOP 79 반 편성은 어떻게 하나요?

저자 직강 동영상 강의로 이해 쑥쑥

QR코드를 스캔해서 동영상 강의를 보고
이 칼럼을 읽으면 훨씬 이해가 잘됩니다!

학년 말이 되면 학생들이 가장 궁금해하고 한편으로는 걱정하는 사항이 바로 '내년에 몇 반으로 배정받을까?' 그리고 '누구랑 같은 반이 될까?'와 같은 질문입니다. 반 편성, 즉 분반 작업이 어떤 과정으로 진행되는지 살펴보겠습니다. 2학년부터 6학년으로 진학할 때의 반 편성 기준은 앞서 안내한 1학년 입학 전 반 편성 기준과는 조금 달라집니다.

학교에서는 우리 학교에 입학하는 예비 1학년 아이들에 대해서는 이름과 주소 말고는 전혀 아는 정보가 없지만, 입학 이후부터는 매년 1년간 담임 선생님과 함께 생활하며 아이들에 대해 파악할 수 있기 때문입니다. 그럼 이와 관련하여 대체 반 편성을 어떻게 진행하는지 과정을 소개하겠습니다. 그러나 모든 학교가 똑같이 진행되는 것은 아니라는 점, 학교마다 기준이 조금씩 다를 수도 있다는 점을 감안해야 합니다.

1번. 학급별로 명단을 성별에 맞게 구분합니다. 여학생 명단, 남학생 명단을 따로 분리합니다. 그 이유는 내년 학급의 성별 배분을 균등하게 하려는 것입니다. 이렇게 구분하지 않고 반 편성 작업을 진행하면 다음 학년도 특정 학급에는 남학생이, 또 다른 학급에는 여학생이 몰릴 수 있습니다. 학급당 인원이 20명(여학생 10명, 남학생 10명)이라고 가정하겠습니다.

	1	2	3	4	5	6	7	8	9	10
남학생										
여학생										

2번. 학교 특성에 맞는 분반 기준을 정합니다. 이 기준 자체를 무엇으로 할지는 학교마다 다른 부분이 많습니다. 생활 태도 및 수업 태도라고 보면 어느 정도 이해하기 쉬울 듯합니다. 생활 태도는 학업 외적으로 아이 성격이나 특징, 친구 관계 등을 포함한다고 보면 됩니다. 내년 학급에서도 학생들이 쉽게 적응하도록 배려하는 거지요.

수업 태도는 수업 이해도, 수업 참여, 교과 성적 등 수업 시간과 학업에 관련된 전반적인 사항을 포함한다고 보면 됩니다. 성적을 기준으로 학생들 줄 세우기를 하려는 목적이 전혀 아닙니다. 이를 고려하지 않고 반을 편성하면 반별로 많은 차이가 나타나 수업 시간 분위기, 학생 간의 성적 차이 등 부정적 결과로 이어질 가능성이 크기 때문입니다.

생활 측면			수업 측면		
성격	친구 관계	특징	수업 태도	수업 참여	교과 성적

3번. 1번에서 성별에 맞게 구분한 명단을 2번에서 정한 분반 기준을 떠올리며 학생들의 특성을 파악합니다. 예를 들어 여학생, 남학생이 각각 10명이고 내년 학급이 5개 학급이라면 2명씩 편성해야겠죠? 그럼 10명을 5그룹으로 나누는데, 생활과 수업 부분을 고려하여 최대한 균등하게 편성할 수 있도록 하는 것이죠.

내년도 학급	1반	2반	3반	4반	5반
남학생	2명 이름	2명	2명	2명	2명
여학생	2명	2명	2명	2명	2명

4번. 담임 선생님이 자기 반 학생들을 편성한 파일을 가지고 같은 학년 선생님들이 모여서 회의를 합니다. 각자 다음 학년도 반에 남녀 2명씩 편성했으니 5개 반이면 10명씩 되겠죠?

내년도 학급	1반	2반	3반	4반	5반
남학생	이전 학급별 2명씩 총 10명	이전 학급별 2명씩 총 10명	이전 학급별 2명씩 총 10명	이전 학급별 2명씩 총 10명	이전 학급별 2명씩 총 10명
여학생	이전 학급별 2명씩 총 10명	이전 학급별 2명씩 총 10명	이전 학급별 2명씩 총 10명	이전 학급별 2명씩 총 10명	이전 학급별 2명씩 총 10명
전체 인원	20명	20명	20명	20명	20명

그러나 이렇게 단순하게 순서대로 학생들을 편성하지는 않습니다. 담임이 학급 내에서 생활·수업 태도를 기준으로 편성한 것처럼 이제는 여러 선생님이 함께 학년 전체로 넓혀서 새로운 반의 구성이 적절한지 분석하고, 조금씩 인원 변경을 하는 과정을 거치게 됩니다. 이 과정에서는 기준이 조

금 추가됩니다. 같은 학년 생활을 1년 하다 보면 옆 반이더라도 여러 학생의 특성을 알 수 있는 부분들이 있습니다.

담임 선생님처럼 교과 성적이나 수업 태도 등은 자세히 모르지만, 우리 반 학생과 자주 다투는 학생, 함께 다니며 장난치기를 좋아하는 학생, 학교 폭력 관련 학생들처럼 내년에 같은 반이 되었을 때 고려해야 할 사항들을 예상하며 조금 더 구체적으로 살펴보고 그에 맞게 적절한 편성을 합니다.

5번. 위의 4번까지가 일반적으로 이루어지는 과정이었다면, 여기서는 추가로 학부모 요청이 있는 경우도 고려될 수 있습니다. 예를 들어 쌍생아의 경우 학부모 의견이 우선시됩니다. 내년에 같은 반을 희망하는지, 다른 반을 희망하는지 미리 알려 주면 반영될 수 있습니다. 쌍생아 외에도 학부모 상담에서 학부모가 담임 선생님에게 별도 요청한 부분이 있다면 그 부분도 반영될 수 있습니다.

안쌤의 꿀팁

담임 선생님에게 내년도 반 편성을 할 때 무언가를 얘기하기를 부담스러워하거나 어려워하는 분들이 있잖아요. 우리 아이의 내년 모습을 생각한다면, 우리 아이의 내년 학급 생활의 행복을 위해서라면 당연히 요청해야 합니다. 다만, "○○와 무조건 다른 반 되게 해 주세요!" 등 강압적 말투로 말하기보다는 "우리 애가 ○○와 너무 자주 부딪쳐서 스트레스가 심해서 걱정이에요. 혹시 반 편성할 때 고려해 주실 수 있을까요?" 등처럼 아이 상황을 설명하면 좋겠습니다. 또한 반 편성 시기쯤 얘기하는 것보다 2학기 학부모 상담 때 미리 언급한 후 추가로 학년 말에 요청하면 담임 선생님도 이미 그 부분을 기억할 겁니다.

질문 TOP 80

생활 통지표를 어떻게 해석하면 될까요?

저자 직강 동영상 강의로 이해 쑥쑥

QR코드를 스캔해서 동영상 강의를 보고
이 칼럼을 읽으면 훨씬 이해가 잘됩니다!

생활 통지표는 학기별로 담임 선생님들이 학생들의 학교생활을 정리하여 제공하는 문서를 말합니다. 학생·학부모가 가장 기대하면서도 한편으로는 걱정하는 문서기도 하지요. 1학기가 끝나는 여름 방학식에 1학기 통지표, 그리고 학년이 끝나는 종업식 날 2학기 통지표가 나옵니다. 통지표에서 제공하는 항목들은 다음과 같습니다.

학기	제공 항목
1학기	교과 평가, 출결 상황, 행동 특성 및 종합 의견
2학기	교과 학습 발달 상황, 출결 상황, 행동 특성 및 종합 의견

※ 학교마다 제공 항목이 조금씩 다를 수 있음

담임 선생님은 교육청에서 생활기록부에 대한 전반적인 규정과 양식을 안내받은 후 그 원칙에 맞게 입력합니다. 교육과정이나 정책에 따라 조금씩 변화되어 왔는데, 예전과 비교해서 눈에 띄게 바뀐 부분이면서 동시에 자세히 봐야 할 부분은 2가지 영역입니다. 즉 '교과 평가'와 '행동 특성 및 종합 의견'이 통지표의 핵심입니다.

자녀의 학교생활 중에서 성적을 중요시한다면 교과 평가 영역을, 인성과 학교생활에 중점을 둔다면 행동 특성 및 종합 의견을 주의 깊게 보면 됩니다.

첫째, 교과 평가 영역 해석과 조치 사항입니다. 쉽게 말하면 자녀들의 성적에 관한 부분입니다. 예전에는 5단계인 '수-우-미-양-가' 평가였습니다. 요즘은 4단계 또는 3단계 평가로 단계가 줄어들고 있습니다. 4단계는 '매우 잘함-잘함-보통-노력 요함', 3단계는 '잘함-보통-노력 요함'입니다. 3단계로 할지, 4단계로 할지는 학교 성적관리위원회를 통해 학교 자율적으로 정하게 됩니다.

전반적인 분위기는 3단계로 가고 있습니다. 구체적인 5단계가 좋은 학생·학부모도 있을 것이고, 간단한 3단계가 좋은 학생·학부모도 있을 테지만, 확실한 것은 단계가 줄어든 만큼 가정에서 자녀(학생)의 정확한 수준을 파악하기가 매우 어렵다는 사실입니다. 단계별 성적을 예전 학부모 세대와 비교하면 이렇게 판단해도 될 듯합니다.

예전	수~우	미	양~가
요즘	매우 잘함/잘함	보통	노력 요함

해당 평가 기준은 어떻게 되나요? 대부분 초등학교는 절대 평가라고 생각하면 됩니다. 시험으로 줄 세우기해서 성적을 주는 것이 아니라 영역별로 얼마나 성취했는지 파악하는 것입니다. 이를 과정 중심 평가라고 합니다. 기준은 평가 영역별 성취 기준에 따릅니다. 과목(단원)별 성취 기준은 가정

통신문이나 e알리미로 자세히 가정에 안내됩니다.

그럼 교과 평가를 확인했으면 어떻게 조치해야 할지 단계별로 안내하겠습니다.

모든 과목에서 '매우 잘함' '잘함'을 받은 학생들은 학습 결손이 거의 없습니다. 3단계 평가인 경우, '잘함'을 받았다면 매우 잘함(수)인지, 그냥 잘함(우)인지 파악하여 살짝 헷갈렸던 부분만 복습해 주세요. 제 경험상 '매우 잘함' 수준 학생들은 이미 단원이 끝날 때마다 스스로 복습까지 완료했으리라 생각합니다.

가장 신경 써야 하는 유형이 '보통' 단계를 받은 학생들입니다. 3단계 보통은 아주 광범위합니다. 잘함을 주기엔 모호한 성적에서부터 노력 요함은 벗어나는 정도가 전부 보통이기 때문입니다. 성적에 자신이 있다면 '보통'을 받고 기분이 별로일 테고, 성적에 신경 쓰지 않는다면 보통을 받고 좋아할 겁니다.

그래서 보통을 받았다면 본인이 보통 중에서 어디에 있는지는 확인한 후 복습하고 관리해야 합니다. 결국 초등 시절에 배운 내용은 고학년이나 중고등학교 때 다시 등장하여 발목을 잡을 테니 그 전에 정확히 복습하고 새 학년으로 진학해야 합니다.

'노력 요함'을 받은 학생들은 살짝 충격을 받아야 합니다. 담임 선생님들도 최대한 노력 요함을 주지 않으려고 합니다. 교육 방향이 결과 중심이 아니라 과정 중심 평가이기 때문에 예전처럼 한 번 시험으로 성적을 주지 않습니다.

수행 평가도 보고, 재평가도 하고, 학생들이 학기 중 언제든 성취 기준이나 학습 목표에 도달했다고 판단되면 그 과정을 반영할 수 있습니다. 그럼에도 '노력 요함'을 받았다면 학업에 관심이 없는 것인지, 그 단원을 정말 어려워하는 것인지 대화로 이유를 파악하고 조치해 주세요.

둘째, 행동 특성 및 종합 의견 영역 해석과 조치 사항입니다. 이는 담임 선생님이 1학기 또는 1년간 함께 지내며 학생을 관찰하고 학생 특성에 대해 종합적으로 서술해 주는 문장들을 말합니다. 통지표 작성의 80% 이상 시간을 투자할 만큼 신중하게 작성하는 영역입니다.

예전 성적표와 비교하여 크게 2가지가 변했습니다. 예전 성적표는 무척 짧아서 한두 문장으로 끝났습니다. 1년 또는 6년간의 초등학교 생활이 몇 줄로 끝납니다. 우리 아이가 어떤 학교생활을 했는지 구체적으로 알 수 없었습니다. 또한 한두 문장으로 해당 학생의 특징을 적어야 하니 종종 단점이나 부정적 특징이 직접 표현되었습니다.

성적표를 받은 당시, 또한 실제로 부정적 표현이나 단점을 지적받은 학생들과 그 학부모들은 하루 종일 기분이 좋지 않고, 그 표현이 오랜 세월 머릿속을 떠나지 않을 겁니다.

이와 같은 이유로 지금은 몇 가지가 변경되었습니다. 학생의 학습, 행동, 인성 등 학교생활을 상시 관찰하고 평가한 누가 기록을 바탕으로 다양한 분야에서 구체적인 변화와 성장 등을 종합적으로 기재합니다. 장단점 또한 누가 기록을 근거로 입력하며, 단점은 변화 가능성을 함께 입력해야 합니다.

예시 1	학기 초에 <u>학급 친구들과 갈등 상황</u>이 자주 보였으나 배려하는 방법으로 점차 친구와 사이좋게 지내고 있음
예시 2	<u>수업 시간에 가끔 창의적이고 엉뚱한 질문</u>으로 학급 분위기를 즐겁게 만들어 주기도 하나 점차 집중하는 모습을 보여 주려 노력함

결국 이 영역을 볼 때는 우리 아이가 학교에서 어떤 생활을 했는지, 담임 선생님이 무슨 말을 하고 싶은지 등을 집중해서 파악해야 합니다. 예를 들어 단점은 변화 가능성(발전 및 개선 방향)과 함께 적혀 있기 때문에 문장 앞부분에 어떤 특징이 있는지 신경 쓰면 좋습니다.

안쌤의 꿀팁

자녀들이 통지표를 가져오면 '칭찬'부터 합니다. 1학기 또는 1년간 학교생활을 멋지게 마무리한 대견함과 뿌듯한 마음을 전하고 나서 교과 성적이나 종합 의견에 대한 칭찬으로 진행해야 합니다. 그러나 일부 가정의 경우, 통지표를 받자마자 교과 평가 영역을 확인하고 성적에 대한 꾸짖음이나 잔소리를 합니다. 이런 행동이 반복되고 쌓이면 아이들은 통지표를 부모님에게 전달하는 것을 부담스러워하게 됩니다. 중고등학생이 되면 숨기거나 말하지 않는 경우로 이어질 수 있으니 초등 시절부터 통지표에 대한 부담을 가지지 않도록 칭찬하고 잘한 점 위주로 자녀들을 다독여야 합니다.

질문 TOP 81 스승의 날이나 종업식 날, 선생님에게 선물해도 될까요?

저자 직강 동영상 강의로 이해 쑥쑥

QR코드를 스캔해서 동영상 강의를 보고
이 칼럼을 읽으면 훨씬 이해가 잘됩니다!

안 됩니다. 큰일 나요. 답변이 간결하지만 깔끔합니다. 관련 법률과 함께 배경을 살펴보고, 학생·학부모들이 몇 가지 유의할 사항을 이어 가겠습니다. "선생님! 예전에는 스승의 날이 되면 교탁 위에 꽃다발이나 선물이 가득했던 걸로 기억하는데요?" 말 그대로 예전 이야기입니다. 지금은 그런 일이 있다면 바로 신고·징계감입니다.

혹시 '김영란법'이라고 들어보았나요? 뒤에 각종 상황을 이야기하기 전에 이 법률에 대해서 자세히 안내하겠습니다. 부정 청탁 및 금품 등 수수의 금지에 관한 법률(약칭 청탁금지법)인데, 공직자 등의 공정한 직무 수행을 보장하고 공공 기관에 대한 국민의 신뢰를 확보하는 것을 목적으로 제정되었습니다(청탁금지법 제1장 제1조 목적*).

여기서 공공기관에 초·중등교육법에 따라 설치된 각급 학교 및 사립학교법에 따른 학교 법인이 포함되기 때문에 모든 초등학교는 여기에 해당합니다.

청탁금지법 제1장 제1조 목적

공직자 등의 공정한 직무 수행을 보장하고 공공 기관에 대한 국민의 신뢰를 확보하는 것을 목적으로 제정 여기서 '금품 등'이란 다음 각 항목의 어느 하나에 해당하는 것을 말하므로 다음은 모두 금지 물품입니다.

가. 금전, 유가 증권, 부동산, 물품, 숙박권, 회원권, 입장권, 할인권, 초대권, 관람권, 부동산 등의 사용권 등 일체의 재산적 이익
나. 음식물·주류·골프 등의 접대·향응 또는 교통·숙박 등의 편의 제공
다. 채무 면제, 취업 제공, 이권 부여 등 그 밖의 유형·무형의 경제적 이익

선물은 '가'에 해당하고, 간식은 '나'에 해당합니다. 그럼 '가, 나, 다'에 해당하지 않는 조건이라면 괜찮을 거라고 생각할 것이 아니라 '아무것도 주지 않는 것이 가장 큰 도움이겠구나.'라고 판단하면 됩니다. '다' 항목 끝에 모든 유형·무형의 경제적 이익에서 제외될 수 있는 것은 없습니다.

교사들도 이런 사항들을 알기 때문에 학생·학부모에게서 모든 것을 거부하는 것이죠. 많이 궁금해하는 질문들을 정리해 보았으니 담임 선생님이 난처하지 않도록 꼭 참고하기 바랍니다.

Q 1 현장 체험 학습 가는 날, 담임 선생님 도시락을 챙겨도 될까요?

A 1 안 되는 것 아시죠? 마음만으로도 정말 감사합니다. 감사한 마음을 전달하려다가 담임 선생님 신고당하고 징계받을 수 있습니다. 학교에서 현장 체험 학습 가는 교사에게 급식비가 지원되니 마음 편히 자녀들 도시락만 챙기면 됩니다. 요즘은 가정별 도시락을 챙겨 오는 방식보다는 학교에서 단체 주문을 하는 경우가 더 많습니다.

Q 2 학부모 상담 때 빈손으로 가기 민망해요. 음료수 한 잔(캔) 가능할까요?

A 2 빈손으로 가야 합니다. 학교 가정 통신문에서도 당부 말씀을 드림에도 손에 꼭 무언가 가져오는 분들이 있습니다. 상담하기에도 부족한 시간에 교사는 계속 거절합니다. 서로 마음이 불편해지는 상황을 만들지 않았으면 좋겠습니다.

Q 3 5만 원 이하 선물은 수수 금지 금품 등의 예외 사유에 해당한다는데요?

A 3 학부모와 교사는 해당하지 않습니다. 학부모가 교사에게 경제적 이익을 주면 학부모와 교사 모두 처벌받습니다. 성적이나 생활 측면에서 우리 아이를 잘 부탁한다거나 등의 목적이 있다면 직무 관련성, 대가성이 있다고 판단되므로 5만 원 이하도 부정 청탁에 해당합니다. 학부모가 청탁이 없다고 하더라도 개연성이 충분히 있다고 볼 수밖에 없습니다.

Q 4 종업식은 이제 1년이 끝나고 더는 담임 선생님이 아니니까 괜찮은 거죠?

A 4 아닙니다. 법률을 살짝 살펴본 분들이 이런 질문을 합니다. 규정을 더 살펴보면 '공직자 등은 사적 이해관계에 영향을 받지 아니하고 직무를 공정하고 청렴하게 수행하여야 한다(청탁금지법 제4조 공직자 등의 의무*). 공직자 등은 직무 수행과 관련하여 공평무사하게 처신하고 직무 관련자를 우대하거나 차별해서는 아니 된다'는 의무 규정이 있습니다. 직무 관련자란 같은 학급의 학생과 교사처럼 성적표나 생활기록부에 영향을 줄 수 있는 관계를 말합니다. 종업식은 그 학년도가 끝났을 뿐 아직 다음 학년도도 있고 또 그다음 학년도도 남아 있습니다. 예를 들어 학생은 다음 학년으로 진학했는데 우연히 또 담임 선생님이 될 수도 있잖아요? 그럼 직무 관련자가 되는 것입니다.

청탁금지법 제4조 공직자 등의 의무

공직자 등은 사적 이해관계에 영향을 받지 아니하고 직무를 공정하고 청렴하게 수행하여야 한다.

Q5 그럼 직무 관련자에서 완전히 벗어나면 되겠군요? 졸업식은요?

A5 성적 처리가 끝나고 생활기록부까지 완전히 마감된 상태라고 한다면 불가능하지는 않습니다만, 그래도 안 주는 것이 훨씬 마음이 편합니다. 해당 학생 형제자매가 재학 중일 수도 있고, 그 아이 담임 선생님이 될 수도 있습니다. 그리고 담임도 물품을 받으면 관리자에게 신고하는 등 절차가 있습니다. 6학년 학생들을 졸업시키고 중학생으로 올라가는 학생들을 보며 뿌듯해하는 담임 선생님을 불편하게 만드는 행동입니다.

Q6 학생들이 간식을 드리는 것은요? 스승의 날 카네이션은요?

A6 간식부터 말씀드리면 해당 학교에 재학 중인 학생이라면 안 됩니다. 직무 관련성이 없는 졸업생이라면 가능합니다. 학생과 교사도 결국 평가하고 성적을 줘야 하는 직무 관련자이기 때문입니다. 카네이션 관련해서도 질문이 많아서 같이 넣었습니다. 학생·학부모 모두 카네이션 선물도 안 됩니다. 단, 학생 대표(전교 회장, 학급 임원)가 모두가 볼 수 있는 공개적인 자리에서 드리는 것만 허용됩니다. 그러니까 어떤 것도 안 주는 것이 교사를 위한 길입니다.

안쌤의 꿀팁

담임 선생님에게 마음을 표현하는 최고 방법은 말 한마디입니다. "1년간 정말 감사했습니다." "선생님 덕분에 우리 아이가 1년간 너무 행복해했어요." 등의 한마디면 정말 보람차고 기운이 솟아납니다. 그 어떤 선물과 비교할 수 없는 감동적인 문장입니다. 얼굴을 볼 수 있는 상황이라면 직접 말로 전달을, 그렇지 못한 상황이라면 편지나 문자 등으로 대신하면 됩니다. 그리고 정말로 감사하고 존경하는 선생님이 있다면 초등학교를 졸업하고 나서, 또는 먼 훗날 스승의 날에 학교(교실)로 찾아오는 학생이 되길 진심으로 바랍니다.

질문 TOP 82

여름 방학에는 무엇을 해야 할까요?

저자 직강 동영상 강의로 이해 쑥쑥

QR코드를 스캔해서 동영상 강의를 보고
이 칼럼을 읽으면 훨씬 이해가 잘됩니다!

여름 방학은 1학기가 끝나고 2학기가 시작되기 전까지 등교하지 않는 날입니다. 단순히 노는 날이 아니라 1학기 생활을 돌아보며 2학기 학교생활을 준비하는 중요한 시간이라고 이해하면 됩니다. 중학년·고학년에게는 학습적인 측면도 함께 강조하겠지만, 저학년 학생들에게는 학습적인 부분보다는 생활적인 측면과 습관적인 부분이 우선시되어야 한다고 강조합니다. 앞으로 짧게는 초등학교 6년을 넘어서 길게는 중학교·고등학교까지 매번 방학이 있을 텐데, 그때마다 자녀에게 안내해 줄 수 없잖아요? 저학년 방학인 만큼 방학을 인식하고 해야 할 습관이 자리 잡힐 수 있도록 하면 좋겠습니다.

우선 가정에서 함께하면 좋은 부분들을 안내하고, 학생들이 기본적으로 갖춰야 할 습관으로 이어 가겠습니다.

첫째, 힐링과 재충전 시간이 필요해요. 이 부분은 학생들에게도 해당하지만, 학부모에게도 해당합니다. 1학기 동안 목표한 바를 이루기 위해 열심히 생활한 만큼 가족이 다 같이 특정 기간을 정해 그 기간만큼은 부모님은 자녀 교육 신경 쓰지 말고, 자녀도 부모님 눈치 보지 않고 편안하게 쉬는 기간을 정했으면 합니다.

둘째, 정신적·신체적 건강 확인이 필요해요. 학기 중에는 학교 갔다가 또 학원 가는 등 바쁘다는 핑계로 자신의 건강은 물론 자녀들의 건강 상태를 잘 확인하지 못합니다. 앞으로 공부를 하든 뛰어놀든 체력이 있어야 가능하고, 정신과 몸이 건강해야 다른 활동도 적극 참여할 수 있습니다. 아픈 곳이 있거나 아프기 전에 병원 진료나 치료도 추천합니다. 그리고 자녀들과 부모 간에 평상시 나누지 못했던 대화도 실컷 하면서 서로 마음을 다독이는 정신적 건강도 확인해 주세요.

셋째, 가족끼리 특별한 추억을 하나 이상 만들어 주세요. 특별한 활동이라고 해서 어려운 것이 아닙니다. 그냥 학기 중에 하지 않았던, 또는 시간이 맞지 않아서 학기 중에 하지 못했던 활동을 함께하면 됩니다. 그것 자체가 아이에게는 추억이고 경험입니다.

예를 들어 다 같이 어디론가 나가는 체험 활동이나 여행(숙박 활동)도 좋고, 문화 활동인 공연이나 전시회를 봐도 좋고, 가정에서 간단한 놀이 활동을 해도 됩니다. 처음 가는 곳을 방문하거나 맛집에 가려고 조금 먼 거리를 이동해도 됩니다. 가장 간단한 방법은 아이에게 물어보는 것입니다. 이번 방학에 우리 다 함께 꼭 해 보고 싶은 활동 한 가지를 생각해서 알려 달라고 하면 가장 만족스러운 활동이 됩니다.

이어서 아이가 방학 때마다 해야 하는 활동 등으로 습관을 자리 잡으면 좋은 활동입니다.

첫째, 독서 활동은 방학이라도 꾸준히 이어 가면서 1학기 동안 읽었던 책 목록을 모두 적게 합니다. 학교에서 독서록을 쓰는 아이들도 독서록을 쓰기 위한 책 제목만 적었을 확률이 높습니다. 3월 새 학기가 시작되고 방학이 되기 전까지 읽은 책 제목을 다 적는 활동입니다. 생각보다 많은 목록이 적히는 학생도 있고, 예상보다 적은 학생도 있을 것입니다.

1학기 독서 권수 목표가 있다면 그에 맞게 칭찬과 반성을, 목표가 없던 가정에서는 스스로 어땠는지 생각할 수 있도록 해 주고 2학기에 목표 권수를 생각하도록 해 주세요. 아이들도 양심상 1학기 읽은 수보다는 많은 권수를 말할 겁니다. 학기마다 이 활동을 반복하다 보면 자연스럽게 목표 독서 권수가 늘어나게 됩니다.

둘째, 방학 숙제가 있다면 미리 계획을 세워서 규칙적으로 하도록 지도해 주세요. 달력에 표시해 두고, 일주일에 하기로 계획 세운 목표가 있다면 비록 하루 정도는 미루더라도 그 기한(일주일) 안에 끝내기만 제대로 실천해도 개학 전에 숙제에 대한 엄청난 부담을 가지거나 방학 숙제를 안 하는 일은 없다고 생각합니다.

개학 날 교실에 들어오면서 쭈뼛거리며 제 눈치를 살피는 아이들은 딱 보입니다. 숙제를 제대로 하지 않았거나 안 가져온 학생입니다. 말은 안 가져왔다고 하지만 실제로는 안 한 학생들의 변명이기도 합니다. 개학 첫날부터 이런 모습을 보이면 괜히 민망하잖아요. 생활 측면에서 계획을 잘 세워 주세요.

셋째, 1학기 내용 배운 복습과 함께 2학기 교과서를 받았다면 무슨 단어와 그림이 나오는지 살펴보게 해 주세요. '교과서'만으로 충분히 가능합니다. 아이들에게 방학 동안 학업 스트레스 등을 주고 싶지는 않으나 앞으로 2학기나 다음 학년에서 습관을 들이려는 것입니다. 교과서 단원명만 살펴보며 무슨 내용을 배웠는지, 아이들이 정확히 그 내용을 기억하는지 확인하면 1학기 복습은 마무리됩니다. 아무래도 저학년인 만큼 학생 스스로 하기 힘든 부분입니다.

부모님이 아이와 함께 수수께끼나 놀이 형식으로 즐겁게 이 활동을 진행하면 학생도 큰 부담을 가지지 않게 됩니다. 중학년, 고학년에게 추천하는 교과서 복습하는 방법과 2학기 교과서를 통해 학습 상태를 확인하는 방법을 미리 연습할 분들은 영상 내용을 참고하면 됩니다.

새학기 시작 전
꼭 해야 하는
교과서 공부법

안쌤의 꿀팁

방학에는 아이들이 학교에 가지 않는 시간만큼 가정에서 머무르는 시간이 훨씬 길어져요. 자연스럽게 서로 바라는 부분이나 요구하는 부분에서 차이가 나오고, 이로써 종종 자녀들과 학부모가 갈등을 겪습니다. 방학 때마다 이런 행동이 반복되지 않도록 초등 1·2학년 시기에 슬기로운 방학을 맞이하는 연습을 하면 좋습니다. 방학 전에 서로 대화해 방학 동안 학부모가 바라는 자녀 모습과 자녀 스스로가 원하는 모습을 이야기하며 모두가 만족할 만한 적절한 방안을 찾는 것입니다. 그리고 실천에 대한 약속을 서로 지키려고 노력한다면 자연스럽게 좋은 습관이 자리 잡히리라고 봅니다.

여름방학 및
방학숙제 안내

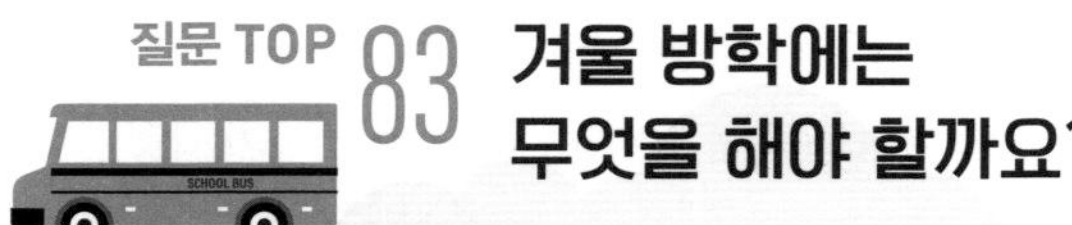

질문 TOP 83

겨울 방학에는 무엇을 해야 할까요?

저자 직강 동영상 강의로 이해 쑥쑥

QR코드를 스캔해서 동영상 강의를 보고
이 칼럼을 읽으면 훨씬 이해가 잘됩니다!

겨울 방학은 2학기가 끝나고, 새 학년이 시작되기 전까지 등교하지 않는 날입니다. 겨울 방학 기간(일수)은 학교마다 비슷하지만, 방식은 크게 2가지로 나눌 수 있습니다. 이는 지역마다 다르기도 하고, 학교별로 학사 운영 계획에 따라 달라지기도 합니다.

1. 겨울 방학(12월 말) → 개학(1~2주 등교), 종업식 → 학기 말 방학 → 새 학년 등교(3월 2일)
2. 1번보다 늦게 겨울 방학(1월 중순) → 새 학년 등교(3월 2일)

결국, 2학기 생활을 돌아보며 내년도 학교생활을 준비하는 중요한 시간이라고 이해하면 됩니다. 기본적으로 여름 방학에 소개한 활동은 방학 때(여름·겨울)마다 반복해야 하는 것이기 때문에 간단하게 요약해 놓고, 방학 동안 추가로 신경 쓸 부분과 겨울 방학에만 특별히 신경 써야 하는 것이 있는지 알아보겠습니다.

• 가족 활동: 힐링과 재충전 시간/신체적·정신적 건강 확인/가족과 특별한 추억 활동
• 아이 활동: 독서 및 목록 적기/방학 계획 세우기/1학기 내용 복습 및 2학기 살펴보기

첫째, 아이와 함께 통지표를 살펴보면서 이번 학기를 반성하고 다음 학기 목표를 세우세요. 이는 겨울 방학뿐 아니라 여름 방학 등 방학 때마다 꼭 해야 합니다. 통지표에서 확인해야 하는 사항은 '교과 성적' '교과 학습 발달 상황*' '행동 특성 및 종합 의견', 크게 두세 가지 영역입니다(교과 학습 발달 상황은 2학기에만 제공하는 학교가 많습니다).

교과 학습 발달 상황

과목별 성취 기준·평가 기준에 따른 성취도와 수행 과정을 평가

저학년이라서 학습보다 생활 측면에서 습관 형성에 중점을 두는 방학이라고 하지만, 학습 결손은 없는 상태로 다음 학년으로 올라가야 합니다. 학습에 관한 것은 둘째 활동에서 자세히 안내하겠습니다.

통지표의 '교과 성적' 부분을 확인하면서 자녀가 '보통' '노력 요함'을 받은 과목(영역)이 있다면, 어떤 점이 힘들었는지 되돌아봅니다. '계산에 자신 있어서 대충 풀다가 틀렸다'는 반성이 나오면 내년 1학기에는 '수학 문제를 풀 때 더 꼼꼼하게 풀겠다'는 목표를 세워 주면 됩니다.

겨울 방학 동안 연산 문제를 풀면서 연습해도 좋습니다. 국어·수학 등 필기 교과 위주로 살펴보는 것도 좋지만, 아이의 자신감을 위해 통합 교과에서도 보완하거나 도움을 줄 부분이 있는지 함께 봐 주세요. '예체능 과목인데 좀 못 하면 어때.'라고 생각할 수도 있지만, 목표를 세우고 실천함으로써 다음 학년(2학기)에 다양한 수업에서 자신감 있는 모습을 보일 수 있고, 모든 학교생활에 적극적인 참여로 이어지게 됩니다

그다음으로 담임 선생님이 적어 준 '행동 특성 및 종합 의견'을 살펴보며

1·2학기 아이 모습을 되돌아보는 시간을 만드세요. 그를 통해 스스로 잘했다고 생각하는 부분은 더 발전시키고, 부족했던 부분은 다음 학년(2학기)에 변화할 수 있도록 목표를 세웁니다. 예를 들어 선생님이 '수업 시간에 집중은 잘하는 편이나 발표에는 소극적인 모습을 보이며'라고 적었다면 '다음 학년에서 발표를 조금 더 적극적으로 도전해 보겠다'라는 목표를 세우고 방학 동안 필요한 부분을 연습하는 것입니다.

둘째, 1·2학기에 배운 내용 중 학습 결손은 없는지 파악해 주세요. 1학기 학습 결손은 2학기로 학습으로 이어지고, 2학기 학습 결손은 다음 학년으로 넘어갑니다. 결손이 누적되다 보면 결국 학생들 간 학업 격차가 발생합니다. 앞으로 나아가려면 현재 학습 상태를 정확히 파악하고, 부족한 부분을 보완해야 합니다. 1·2학기 내용 복습입니다. 학습 영역에서 이 활동보다 중요한 것은 없습니다.

만약 여름 방학에 1학기 내용을 복습해 완전 학습을 이루었다면 겨울 방학에는 2학기 내용만 복습하면 됩니다. 방학 때마다 꾸준히 실천한다면 양은 많지 않습니다. 2학기 내용 전체를 살펴보기 힘들면 '교과 성적'에서 '보통' '노력 요함'을 받은 과목과 해당 단원부터 복습하세요.

그럼 1학기 학습 내용을 어떻게, 무엇으로 복습해야 할까요? 당연히 교과서입니다! "선생님, 교과서로 대체 어떻게 공부해야 하나요?" 과목별로 교과서 복습하는 방법을 담은 영상을 참고하세요. 부모님들이 복습하는 방법 영상을 참고해서 자녀와 함께 또는 자녀 스스로 교과서를 한 장씩 넘기면서 배운 내용을 잘 아는지, 학습 결손은 없는지 확인하도록 지도해 주세요.

교과서 공부법 및
교과서 복습

셋째, 글씨 연습도 해 주세요. 방학뿐 아니라 학기 중에도 꾸준히 연습해야 하는데 바쁘다는 핑계로 계속 미뤘잖아요. 방학 숙제를 검사하면 가장 먼저 눈에 띄는 것이 글씨입니다. 정성껏 썼느냐, 대충 썼느냐는 보통 글씨로 판별날 수 있습니다. "선생님, 저희 아이는 글씨를 정말 못 쓰는데 어쩌죠?" 못 쓰는 것과 성의 없게 쓰는 것은 구별 가능합니다. 그리고 이미 한 학기 동안 담임 선생님은 아이의 글씨체를 보았기 때문에 평소 기본적인 글씨체를 알고 있습니다. 그보다 정성껏 쓰려고 노력한 흔적이 보인다면 선생님도 바로 알 테고, 아이를 기특해하고 대견스러워할 것입니다.

이제 새 학년으로 올라가는 준비도 해야 합니다. 한 학년이 올라가는 만큼 자녀에게 글씨 바르게 쓰는 연습은 꾸준히 이어질 수 있도록 해 주세요. 지금 당장 예쁘게 쓰라는 말이 아닙니다. 글씨체를 바꾸려면 시간도 오래 걸리고 손 근육도 발달해야 합니다. 그러나 글씨를 바르게 쓰려고, 규격에 맞추려는 마음으로 쓰는 것과 대충 쓰는 것은 정말 큰 차이로 나타납니다. 첫째, 둘째 활동을 하는 동안만이라도 글쓰기 연습을 떠올리며 실천해도 충분히 의미 있는 방학이 되리라 생각합니다.

안쌤의 꿀팁

사실 여름 방학, 겨울 방학 동안 해야 하는 활동에는 별다른 차이가 없습니다. 위에서 안내한 활동 모두를 다 하려고 하지 않아도 됩니다. 아이에게 정말 필요하다고 생각되는 활동 위주로 부모님이 우선순위를 정해서 판단하고 실천하면 됩니다. 여름·겨울 방학의 유일한 다른 점이지만 커다란 차이는 여름 방학은 1학기 되돌아보기 및 2학기 준비를 하는 것이고, 겨울 방학은 1년간을 되돌아보고 다음(내년) 학년도를 준비하는 것입니다. 아이들에게 1개 학년 진학의 의미를 과장해서 알려 주며 축하의 한마디를 해 주고, 아이 스스로 세운 목표를 실천할 수 있다는 응원의 메시지를 전하세요.

질문 TOP 84

국(공)립 초등학교와 사립 초등학교, 각각의 특성과 차이점은 무엇인가요?

자녀가 초등학교 입학을 앞두는 시기가 되면 한 번쯤은 고민해 보는 문제가 아닐까 합니다. 공립을 보내는 것이 좋을까? 사립을 보내는 것이 좋을까? 이왕이면 더 좋은 학교로 보내고 싶은 것은 학부모로서 당연한 마음이라고 생각합니다.

다만, 두 학교를 모두 경험해 볼 수 있다면 조금씩 다녀보고 선택할 텐데 그러기는 쉽지 않은 상황이니까요. 또한 공립이라고, 사립이라고 무조건 "여기다 좋다"고 할 수도 없는 부분이며, 각각 그들만의 특성이 있습니다. 그렇기에 자녀 교육에서 어떤 부분에 중점을 두는지 먼저 결정하고 그에 맞는 학교를 알아보는 것을 권장합니다.

초등학교는 설립 주체에 따라 국립·공립·사립*으로 구분합니다.

국립·공립·사립

초·중등교육법 제3조 학교의 구분

- 국립 학교: 국가가 설립·경영하는 학교 또는 국립 대학 법인이 부설하여 경영하는 학교

- 공립 학교: 지방 자치 단체가 설립·경영하는 학교(설립 주체에 따라 시립 학교·도립 학교)
- 사립 학교: 법인이나 개인이 설립·경영하는 학교(국립 대학 법인 부설 학교 제외)

초등학교 입학하기 전에 별도로 원서를 작성하거나 지원하지 않는다고 가정한다면, 취학 통지서에는 집 근처에 있는 학교명이 적혀 있을 테고 이는 모두 '공립' 학교입니다. '국립'이나 '사립'에 입학하려면 모집 공고를 확인하여 지원하고 선발되어야 합니다. 모집 인원보다 많이 지원하면 해당 학교 경쟁률이 올라가고 추첨 등의 방식으로 선발합니다. 일반적으로 국립 학교의 경쟁률이 가장 높고, 사립 학교는 학교마다 차이가 많이 나기 때문에 관심 있는 학교가 있다면 직접 알아보아야 합니다.

구분	국립	공립	사립
지원 여부	○	X	○

그럼 이번에는 학교별로 교육 방향이나 교사의 특성, 장단점은 무엇인지 서로 비교하며 살펴보겠습니다. 먼저 3가지 학교 모두 동일한 국가 교육과정을 바탕으로 학교 교육과정을 계획하고 운영하기 때문에 기본적인 교육 목표, 방향, 내용은 동일합니다. 법적 근거가 정해져 있기 때문에 수업 일수, 가르쳐야 하는 교과목 등 큰 틀은 벗어날 수 없습니다.

다만, 이를 구현하는 부분에서 조금씩 차이가 납니다. 학교마다 추구하는 교육관이 다를 수도 있고, 주위 환경과 구성원(학생, 학부모)도 차이가 있으며, 1년간 편성된 예산 규모도, 근무하는 교사도 다릅니다.

학교별로 특징을 안내하겠습니다. 최대한 장점과 단점을 구분하여 설명하겠지만, 가정 환경에 따라 장점이 될 수도 있고, 단점이 될 수도 있는 사항은 특징 사항으로 넣어 둘 테니 가정별로 판단하면 됩니다.

먼저 국립 초등학교입니다.

	국립 학교
특징	• 임용 고시를 통과한 교사 중 국립 학교에 근무하길 희망하는 교사가 국립 초등학교에 지원하고, 선발된 교사가 교육을 함 • 국가 교육 정책을 가장 먼저 시도하고 적용함(장점 또는 단점) • 예비 교사(교대, 교원대 등의 대학생)들이 실습하러 옴(장점 또는 단점)
장점	• 교육관이 뚜렷하거나 교육에 대한 열정, 승진 욕심이 있는 교사가 많음 • 선발된 교사가 근무하므로 학생·학부모의 만족도가 높을 수 있음 • 무상 교육(학비가 없음)
단점	• 경쟁률이 매우 높음 • 등·하교 거리가 정말 멀 수도 있음 • 동네 친구들을 못 만날 수 있음

공립 초등학교입니다.

	공립 학교
특징	• 임용 고시를 통과한 교사가 교육함 ※ 교원 자격증은 있으나 임용 고시를 통과하지 못하면 시간제로만 가능 • 5년마다 교사가 이동하는 규정이 있음(장점 또는 단점)
장점	• 학교의 접근성 → 걸어서 이동 가능한 거리 • 친구 관계 → 같은 어린이집, 유치원 친구들도 많을 뿐 아니라 동네 친구들도 많아서 교실 생활 등에 적응하기 좋음 • 무상 교육(학비가 없음)
단점	• 학교는 선택할 수 없음. 어떤 담임 선생님을 만나는지, 어떤 학교로 가는지에 따라 달라질 수 있음

사립 초등학교입니다.

	사립 학교
특징	• 교원 자격증 있는 교사가 교육함(장점 또는 단점) ※ 임용 고시에 통과한 교사, 통과하지 못한 교사 모두 근무 가능 • 한 번 채용된 교사는 이동하지 않고 정년 때까지 근무함(장점 또는 단점) • 거리가 있지만 스쿨버스로 등·하교 가능(장점 또는 단점)
장점	• 더 전문적이고 세분화된 교육이나 다양한 교육과정을 제공함 (원어민 등의 제2외국어 교육, 공립에서 가르칠 수 없는 전문 악기나 체육 종목 교육 등) • 교사들이 바뀌지 않아 졸업 후에도 찾아갈 수 있음
단점	• 동네 친구들을 많이 만날 수 없음 • 학비가 많이 듦(장점이 될 수도 있음) • 교사들이 바뀌지 않음(장점 또는 단점)

안쌤의 꿀팁

아이 성향을 파악하고 특성에 맞는 학교에 지원하는 가정보다는 부모 욕심에 따라 신청하는 가정이 많아요. 교직 생활하면서 학기 도중에 사립 초등학교에 다니다가 공립 초등학교로 전학하는 경우를 여러 번 봤습니다. 대부분 사립의 환경에 적응하지 못한 아이들이었습니다. 0교시부터 시작하여 오후 늦게까지 수업하는 상황, 주위 친구들과 환경이 달라 쉽게 어울리지 못하는 상황 등으로 힘들어하다가 결국 집 근처 학교로 전학합니다. 이렇게 되면 아이는 2번이나 새로운 학교에 적응해야 하니 신청할 때 신중하게 고민하고 선택해 주세요.

질문 TOP 85 학교 교육 활동에 참여하고 싶은데 학부모가 무엇을 할 수 있을까요?

학교와 담임 선생님은 이런 생각으로 질문하는 학부모에게 먼저 감사하다고 말씀드립니다. 특히 담임 선생님이 학부모 총회 날에 가장 곤란하고 난처한 상황이 바로 이와 관련된 교육 활동을 지원해 줄 학부모를 선출하는 시간인데, 아무도 지원하지 않을 때이기도 합니다. 이처럼 학교 교육 활동을 지원해 주거나 참여하기 위하여 특정한 활동을 목적으로 구성되는 것이 바로 '학부모회 조직'입니다.

"그럼 선생님! 학부모 중 아무도 지원하지 않으면 학부모회를 구성하지 않으면 되잖아요?"라고 질문할 수도 있습니다. 그러나 공립 학교에서는 의무적으로 학부모회를 설치해야 하며, 사립 학교는 학교 법인의 정관 또는 해당 학교의 규칙으로 정하여 설치할 수 있다는 규정이 있습니다.

교육 활동 지원 및 참여를 위해서 학부모회 조직에 적극적으로 참여하면 됩니다. 학부모회 회원 규정 자체가 해당 학교 전체 학부모가 회원으로 구성되는 기구로, 해당 학교 재학생 부모는 당연직 회원이 됩니다. 그러나 학부모회의 사무를 원활하게 처리하기 위하여 임원도 선발하고 간사도 선발하게 됩니다. 임원에 참여하여 도움 줄 분들을 위해 임원 역할도 간단히 소개하겠습니다.

- 회장: 학부모회를 대표하고, 학부모회 업무 총괄
- 부회장: 회장을 보좌하며 회장이 직무를 수행할 수 없을 경우 그 직무를 대행
- 감사: 학부모회의 업무 및 회계를 감사

이런 학부모회 임원 역할은 부담스럽습니다. 대부분 학급 대표나 교통 안전 지원(예전의 녹색어머니), 도서관 및 독서 지도 등을 생각할 텐데 이것과 관련된 부분이 학부모회 조직입니다.

학교 행사는 결국 학년별로, 그리고 학급별로 진행하는 활동이 많아서 학부모회도 학년별·학급별로 구성하여 효율적으로 추진하고 학부모들이 적극적으로 참여할 수 있도록 합니다. 그래서 학부모 총회 날 학급 대표를 선출하고, 학급 대표가 만나서 민주적 절차에 따라 학년별 대표를 선출하는 것입니다. 표로 정리하면 이런 느낌입니다.

학부모회					
학년별 학부모회					
1학년 학부모회	2학년 학부모회	3학년 학부모회	4학년 학부모회	5학년 학부모회	6학년 학부모회
각 학급 대표	각 학급 대표	각 학급 대표	각 학급 대표	각 학급 대표	각 학급 대표

학년별·학급별로 두어야 해당 학년이나 학급에 필요한 사항을 논의할 수 있고, 의견이나 건의 사항을 학부모회 회장에게 제출함으로써 서로 의견이 조율되고 유기적 활동이 될 수 있습니다.

"선생님! 저는 이런 학년 대표는커녕 학급 대표도 부담스러워요. 혹시 다른 방법은 없을까요?" 당연히 있습니다. 위의 사항이 학년별 학부모회였다면 기능별 학부모회가 있습니다. 가장 많은 학부모가 지원하고 참여하는 조직입니다.

기능별 학부모는 학년·학급처럼 기존에 구성되어 있는 것이 아니라 별도로 필요한 기능이 있을 때, 참여를 희망하는 학부모로 구성하여 자율적으로 운영합니다. 학교 학부모회마다 다르겠지만 대표적으로 다음과 같은 기능별 학부모회가 있습니다.

- 교통 안전 지원: 학생들의 안전한 등·하굣길을 위하여 지원하는 활동
- 급식 모니터링: 학교 급식 재료와 조리 과정, 배식 등이 안전한지 확인하는 활동
- 학부모 교육(연수): 학부모에게 필요한 각종 정보를 전달해 주는 교육 활동
- 학부모 재능 기부: 학부모의 재능을 활용한 수업이나 교육 지원 활동
- 학부모 동아리: 학부모 역량 강화를 위한 동아리 또는 자녀와 함께하는 동아리 활동
- 아버지 학부모회: 아버지들의 적극 참여를 위한 활동
- 도서실 및 독서 지도: 도서실 대출 및 정리를 도와주거나 학생들 독서 지도 활동

이외에도 다양한 목적으로 설립되는 조직들이 많습니다. 어린이날 기념행사, 소체육대회나 운동회 등 학교 행사를 할 때도 별도로 기능별 학부모회를 구성하여 학생들이 더 재미있게 참여하도록 기획하고 진행합니다.

이럴 경우 가정 통신문(e알리미)으로 신청 모집을 받기도 하며, 지원자가 없으면 학년(학급) 대표를 통해 개별적으로 연락이 가서 도와줄 수 있냐고 요청하게 됩니다. 학부모회 임원이나 학년(학급) 대표는 부담스러울 수 있는 자리이기 때문에 권하지는 않지만, 기능별 학부모회에서 1개 정도는 기쁜 마음으로 지원한다면 학교 교육 활동과 학생들을 위하여 큰 힘이 됩니다.

저학년 아이들은 학교에서 부모님을 만나면 무척 기뻐하고 자랑스러워합니다. 아침에 교통 안전 지원을 하는 부모님을 보면 아이는 주위 친구들에게 자랑하고 친구들과 함께 인사합니다. 그날 하루는 정말 기분 좋은 등굣길을 선물해 줄 수 있습니다. 또한 독서 지도(도서실)나 재능 기부 등을 지원하면 수업 시간에 교실(도서실)에서 만날 수도 있습니다. 그 수업 시간이 아이에게 얼마나 행복한 시간일까요? 또 얼마나 집중해서 참여할까요? 자녀들에게 이런 시간과 기대를 선물해 주면 좋겠습니다.

질문 TOP 86

선생님과 상담하고 싶을 때는 어떻게 해야 할까요?

저자 직강 동영상 강의로 이해 쑥쑥

QR코드를 스캔해서 동영상 강의를 보고
이 칼럼을 읽으면 훨씬 이해가 잘됩니다!

앞서 학부모 상담 안내에서는 어떤 것을 확인하면 좋고, 무슨 질문을 해야 하는지 안내했는데, 이처럼 학교에서 공식적으로 학부모 상담을 가정통신문 등으로 안내하고 신청을 받을 때는 학부모로서도 비교적 덜 부담스러울 것입니다. 본인을 포함하여 여러 학부모가 신청하기 때문입니다.

그러나 이런 학부모 상담 기간이 아니더라도 학기 중이나 방학 중에 교사에게 상담 요청을 해야 하는 상황이 발생할 수 있습니다. 이 경우 선생님에게 어떻게 상담을 요청하면 좋을지, 그리고 상담 시 어떤 자세로 임하면 효과적인 상담이 될지 살펴보겠습니다.

학생뿐 아니라 학부모의 상담 요청은 언제나 열려 있습니다. 그래서 학부모가 '담임 선생님과 상담해야겠다.'는 생각이 드는 그날 바로 교실로 연락하면 됩니다. 근무 시간 안에 연락했다면 담임 선생님과 연결될 가능성이 높지만, 출장이나 회의 등으로 자리 비움 상태일 수도 있습니다. 전화라면 그나마 괜찮지만, 학교로 직접 방문했는데 만나지 못한다면 괜한 걸음이 되고 시간 낭비입니다.

반대 상황으로 담임과 전화 연결이 되거나 직접 만났는데도 원하는 상담 대화가 이루어지지 않을 수도 있습니다. 그렇기에 다음 방법과 같이 상담 요청을 하고 자세도 참고하면 효과가 만족스러울 것이라 기대합니다.

상담 요청은 2단계 과정을 거쳐 진행하면 됩니다. 1단계 상담 '요청' 연락 → 2단계 상담 연락(방문). 말이 비슷해서 헷갈릴 수 있는데 하나씩 자세히 풀어보겠습니다.

1단계인 상담 '요청' 연락은 말 그대로 "선생님과 상담하고 싶습니다."라고 요청하는 것입니다. 문자 메시지로 연락하든, 알림장이나 일기장을 통해서든 전화로 하든 학부모가 편한 방법으로 하면 됩니다. 이때 중요한 사항은 '구체적인 상담 내용과 날짜'까지 적어야 완벽한 상담이 될 수 있다는 것입니다.

상담 요청 연락이 어떠한 결과로 이어질지 2가지 상황을 예시로 보여 드리겠습니다.

어느 날 갑자기 교실로 전화가 와서 받았습니다. "저 상현이 엄마입니다. 저희 아이 학습 관련하여 상담하려고요. 시험을 치면 성적이 괜찮나요?"라며 바로 질문하는 상황이 1번입니다.

문자로 "선생님, 저 상현이 엄마입니다. 저희 아이가 학교 수업은 잘 따라가는지, 성적은 어떠한지 등이 궁금하여 상담하고 싶습니다. 혹시 내일 오후 3시쯤 상담 가능하실까요?"라고 상담 요청을 하는 상황이 2번입니다. 과연 어떤 상황에서 학부모가 더 구체적이고 만족스러운 답변을 들을 수 있을까요? 당연히 2번이겠죠?

교사도 마찬가지입니다. 학부모에게 더 구체적으로 설명할 수 있는 상황은 2번째입니다. 물론 수업 태도나 학교 생활에 관한 부분이라면 평상시 관찰해서 파악한 내용을 알려 드릴 수는 있습니다. 다만, 그 전달되는 내용의 폭이 제한될 수밖에 없습니다. 교사들은 학부모와 상담할 때 여러 자료를 미리 찾아보고 정리합니다. 준비할 시간이 필요하다는 것입니다.

성적에 대한 문의와 상담이라면 학생이 쳤던 시험지를 찾아보고, 과목별로 학습 상태는 어떤지, 어떤 부분에서 많이 틀렸는지 파악합니다. 이후 학습적 측면에서 보완 방법까지 전달해야 하는데 이런 과정이 생략된 채 단편적인 상담으로만 이어질 가능성이 높습니다. 상담 '요청' 연락을 할 때는 문의 사항이나 궁금증, 상담 내용을 최대한 구체적으로 적을수록, 마찬가지로 구체적인 답변을 기대할 수 있다는 점 기억하세요.

물론 '아이가 다쳤다.' '다른 학생과 싸우고 왔다' 등의 긴급한 상황일 경우는 당연히 1단계 과정을 생략하고 바로 2단계로 들어가 교실로 전화해서 담임과 상담해야 합니다. 학부모가 상담 내용의 긴급성에 따라 1단계로 진행할지, 2단계로 나눠서 할지 판단하면 됩니다. 상담 내용에 따라서 담임 선생님에게 준비할 시간을 줬을 경우, 더 만족스러운 답변을 기대할 수 있는 사항인지 아닌지 판단해서 상담 요청을 하면 됩니다.

상담 요청이나 민원 등의 연락은 담임 선생님에게 직접 하는 것을 권장합니다. 종종 학부모가 교실로 상담이나 민원 해결 요청을 하지 않고, 교무실이나 교감 선생님 등을 통하는 경우가 있습니다. 담임은 우리 반과 관련된 얘기는 직접 듣고 싶어합니다. 다른 사람에게 한 다리 건너 듣게 되면 구체적인 상황을 알 수 없을뿐더러, '학부모가 나와 통화하기 싫어하나.'라고 오해할 수 있습니다.

학부모가 '담임이 불편해할 수 있으니(또는 죄송하니) 다른 분에게 얘기해야지'라는 좋은 취지일지라도 그렇습니다. 담임을 배려하든 싫어하든, 구체적인 학생 상황을 파악하고 서로 소통하려면 담임에게 직접 연락하는 것이 좋습니다. 물론 담임 선생님과 여러 번 상담했는데도 해결되지 않는 사항이라면 당연히 교무실로 연락해야겠죠.

안쌤의 꿀팁

상담할 때 2가지를 미리 생각하면 더욱 유용한 시간을 보낼 수 있습니다.
첫째, 공격적인 언어는 자제하기 바랍니다. 교사들은 학생들을 파악하려고 노력하지만, 학생의 모든 것을 다 알지는 못해요. 함께 교실에서 생활하면서 직접 관찰하며 알아갑니다. 추가로 상담해 참고 사항을 알아가는 것이죠. “담임은 도대체 뭘 했어요?” “담임이라면서 그런 것도 몰라요?” 학부모는 이렇게 질문할 수 있지만, 교사에게는 너무 공격적인 말로 받아들여집니다. 학생을 위해 모인 자리인 만큼, 서로 배려하는 말을 하면 좋겠습니다.
둘째, 자녀 모습이 가정과 학교에서 다를 수 있음을 인정해야 합니다. 학생의 학교 모습 등을 들려주면 “우리 애는 그러지 않아요. 우리 애가 그럴 리가 없는데요?” “집에서 전혀 그런 모습 보이지 않아요.”라는 반응을 보이는 경우가 있습니다.
물론 쉽게 받아들일 수 없는 부분도 있겠지만 무조건 ‘우리 애가 그럴 리 없어.’가 아니라 ‘아, 우리 아이가 학교에서는 이런 모습을 보이는 경우가 있구나.’라고 열린 마음으로 임하면 좋겠습니다. 학생 상황을 현실적으로 받아들이고, 앞으로 발전을 위해 함께 모여 얘기 나누는 것이 상담하는 이유니까요.

질문 TOP 87

아이가 학교에서 있었던 일을 이야기하지 않아 답답한데 방법이 있을까요?

저자 직강 동영상 강의로 이해 쑥쑥

QR코드를 스캔해서 동영상 강의를 보고
이 칼럼을 읽으면 훨씬 이해가 잘됩니다!

이런 상황이 이어진다면 부모님들은 정말 답답할 겁니다. 아이가 학교에서 어떻게 지내는지, 수업은 잘 듣는지, 친구 관계는 어떤지 궁금한데 아이가 그에 대해서 말하지 않는다면요. 학교에서 있었던 일을 가장 정확하게 말해 줄 수 있는 사람은 바로 아이니까요. 학부모 상담으로 알 수 있다고 해도 1년에 몇 번 되지 않고, 매일매일 상황보다는 전반적인 상황만 전달받게 됩니다. 결국 부모는 학교생활을 아이를 통해서만 들을 수밖에 없기 때문입니다.

우선 아이가 학교에서 있었던 이야기를 잘하지 않는 까닭을 찾아야 합니다. 아이들의 행동에는 대부분 이유가 있으므로 그 원인을 파악하여 해결하는 것이 중요합니다.

첫째, 아이의 성향 자체가 말을 잘하지 않을 수도 있어요. '굳이 있었던 것을 말해야 하나?' 등의 생각처럼 특별한 일이 생기지 않은 평범한 하루라면 먼저 얘기를 꺼내지 않는 것입니다. 또는 누가 먼저 물어보기 전에는 이야기를 잘하지 않는 아이들도 많습니다. '상대가 궁금해하지도 않을 텐데 괜히 꺼내서 뭐 해.'라는 느낌입니다.

이런 성향은 초등학교에 입학했기 때문에 나타나는 부분이 아니라 어린 시절부터 부모와 대화할 때 나타났던 성향이 이어진다고 보면 됩니다. 유치원 시절과 달라졌다고 느끼면 걱정이지만, 비슷하다고 여기면 아래와 같은 방법이 있습니다.

부모님이 직접 물어보세요. 오늘은 무엇을 했고, 어떤 것을 배웠는지, 누구와 놀았는지 등 '나는 아이의 학교생활이 궁금하다.' '우리 아이가 어떻게 생활하는지 알고 싶다.'라는 것을 계속 보여 주면 됩니다. 어린이집이나 유치원 시절에도 위와 같은 행동을 하지 않은 가정에서 많이 나타나는 현상인데, 지금부터라도 아이에게 매일 관심을 보이고 '부모는 너에 대해 궁금한 것이 많다. 네가 학교 이야기를 우리에게 해 주면 좋겠다.'라는 분위기를 느끼도록 꾸준히 해야 합니다.

둘째, 부모님이나 가족이 걱정할까 봐 말하지 않을 수도 있어요. 위와 반대 상황으로 유치원 시절까지는 유치원에서 있었던 이야기를 집에 오자마자 했는데 초등학교 다니고부터 변했다면 현재 학교생활에 어려움이 있을 수 있습니다. 이런 학생이라면 겉으로 불안하다는 느낌과 학교 가기 싫어한다 등의 증상이 나타날 수 있으니 잘 관찰해야 합니다.

이런 상황이라면 담임 선생님에게 상담을 요청하는 것이 좋습니다. 아이에게 물어도 더 대답하지 않고 숨기려고 할 수도 있으니까요. 원래 모든 이야기를 해 주던 아이가 그러지 않는다는 것은 무슨 일이 있었기 때문일 수도 있고요. 그래서 학교에서 무슨 일이 있었는지, 그렇다면 가정에서 어떻게 신경 써야 하는지 담임 선생님과 상담해서 확인하기 바랍니다.

셋째, 부모님의 평소 태도가 반영되었을 수도 있어요. 어린이집이나 유치원 시절부터 아이가 집에 오자마자 부모님 옆으로 달려와서 이런저런 이야기를 하려고 합니다. "오늘 어린이집에서 무슨 일이 있었냐면…." "있잖아, 오늘 유치원에서…" 등의 말을 꺼냈는데 반응이 없는 경우가 있습니다. 부모님도 요리를 하거나 독서를 하는 등 다른 일을 했을 수 있습니다.

그러나 아이에겐 이 같은 행동이 반복되고 쌓이다 보면 '딱히 내 이야기를 궁금해하지 않는구나.' '오전에 있었던 일을 이야기할 필요가 없겠구나.'라는 인식이 쌓이게 되고 자연스럽게 초등학교 가서도 그 마음을 유지하게 됩니다. 이 상태로 고학년 또는 중학생이 되면 사춘기로 나타나서 방문을 닫고 대화가 더욱 줄어드는 상황으로 연결되는 것입니다.

부모로서는 살짝 억울한 부분이 있을 수도 있습니다. 이 경우 해결 방법은 2가지입니다. 아이가 이야기를 꺼내려고 할 때, 잠시 하던 활동을 멈추고 아이에게 집중하며 맞장구까지 열심히 칩니다. 아니면 정확하게 의사를 전달하는 방법입니다. "네가 학교에서 있었던 이야기가 정말 궁금한데 지금 아빠가 일해야 하니 10분만 있다가 이야기할 수 있을까?" 이렇게 현재 상태와 궁금한 마음을 그대로 알려 주면 됩니다.

넷째, 질문 방식에서 차이가 있을 수 있어요. 질문에는 크게 2가지가 있습니다. 대답을 어떻게 할 수 있는지에 따라 '열린 질문'과 '닫힌 질문'이라고 합니다. 예를 들어 아이가 하교했을 때 "오늘 학교에서 선생님 말씀 잘 들었어?"라는 질문에 아이는 "네." 또는 "아니요."로만 대답할 수 있습니다. 이를 닫힌 질문이라고 합니다. "점심은 다 먹었어?" "친구들과 안 싸웠어?" 등의 질문 모두 '네, 아니요'로만 대답 가능한 닫힌 질문의 예시입니다. 이런 질문을 아무리 해도 단답형 대답만 하는 아이를 보면서 부모님은 답답함을 느낍니다.

열린 질문은 아이가 그 상황을 떠올리고 자유롭게 대답하도록 하는 질문 방식입니다. 대답의 폭이 정해져 있지 않습니다. 여러 대답 중 아이가 하고 싶은 이야기를 꺼낼 수 있습니다.

예를 들어 "오늘 수업 시간에 어떤 것을 배웠어?" "오늘 친구들이랑 뭐 하면서 놀았어?" "선생님이나 친구가 말한 것 중 기억나는 거 있어?" 등처럼 부모님이 궁금한 사항을 조금 더 넓은 범위에서 질문하고 나서 아이 대답에 따라 조금씩 좁은 범위로 질문을 이어 나가면 원하는 대답을 들을 수 있습니다.

안쌤의 꿀팁

가정의 대화 분위기가 결국 아이의 대화 타입으로 이어집니다. 식사하거나 가족끼리 모여 있을 때 부모님도 자연스럽게 오늘 직장에서 있었던 이야기, 재미있었던 이야기 등 별로 중요하다고 생각되지 않는 이야기라도 서로 주고받아 보세요. 꼭 특별한 일이 있어야지만 대화 주제에 오를 수 있는 것이 아니라 간단하게 '각자 일상을 이야기해도 서로 즐겁게 대화할 수 있다'는 느낌을 준다면 아이들도 학교에서 있었던 이야기를 하나둘 꺼내게 될 것입니다.

질문 TOP 88

아이에게 휴대폰을 개통해 주고 싶은데, 학교생활에 방해될까요?

아직 학교에서 아이들의 휴대폰 사용은 기본적으로 허용되지 않습니다. 코로나19 등으로 전국의 초등학교에 무선인터넷(Wi-Fi)이 설치되고 있지만, 수업 시간용으로 제공될 뿐 아이들에게 제공되고 있지는 않습니다. 학생들도 수업 시간, 쉬는 시간을 포함하여 학교에서는 휴대폰을 꺼내지 않는다는 것을 당연하게 생각합니다. 가끔 휴대폰을 사용하는 수업이 있기는 하지만, 그마저도 학교 기기를 대여할 수 있기 때문에 '우리 아이 휴대폰이 없는데 괜찮을까요?' 같은 걱정은 하지 않아도 됩니다.

가정에서 아이들에게 휴대폰을 사 주는 이유는 크게 2가지입니다. 첫째는 '아이와의 연락' 때문이고, 둘째는 '아이들이 휴대폰을 원해서'입니다. 후자의 경우 학년이 올라가면서 주위 친구들도 한두 명씩 휴대폰이 생기기 시작하고, 게임하는 친구들이나 친한 친구들이 점차 늘어나다 보면 자기도 휴대폰을 가지고 싶다는 마음과 함께 더욱 요구하게 됩니다.

이 또한 부모의 고민 중 하나인데 뒤에서 다루고 여기서는 부모와 아이 간의 연락이라는 목적에 초점을 맞춰 휴대폰의 종류는 무엇이 있고, 아이에게는 어떤 휴대폰이 괜찮을지 정리했습니다. 휴대폰 전문가가 아니라서 일부 잘못된 점이 있을 수 있으니 구입할 분들은 추가로 꼼꼼하게 확인하는 것을 권장합니다.

1. 키즈폰

	키즈폰 특성
대상	저학년/어린이들을 대상으로 연락이 가장 우선시되는 가정
종류	• 손목 시계형 키즈워치 ※ 쉽게 전화, 문자 등 연락 가능한 시계 • 휴대폰형, 목걸이형 등도 있음
기능	• 보호자와 연락 가능(전화, 문자), 아이 위치 확인 가능, 데이터 차단 및 앱 차단 가능 • 종류에 따라 기능 여부 달라질 수 있음(카메라, AI, 사전 등)
장점	• 비용(기계값 또는 요금제) 저렴 • 데이터 및 스마트폰 중독에서 자유로움
단점	• 휴대폰을 일찍 접하게 됨 • 아이가 저학년 시절에만 별 말없이 사용함

2. 폴더폰

	폴더폰 특성
대상	저·중학년/아직 스마트폰을 사 주기 부담스러운 가정
종류	통신사마다 종류 다름
기능	보호자와 연락 가능(전화, 문자), 기타 기능은 가정에서 결정 가능
장점	• 스마트폰을 조금이라도 늦게 접할 수 있음 • 스마트폰에 비해 배터리가 오래가고 단단함 • 어플(앱) 자체가 설치되지 않음
단점	스마트폰을 가진 친구를 부러워하고 곧 요구하게 됨

3. 스마트폰

	스마트폰 특성
대상	주로 저학년보다는 고학년 학생들/원하는 것을 사주는 가정
종류	통신사마다 종류 다름
기능	• 모든 기능 가능 ※ 시간 제한, 어플 제한 등의 기능 가능 • 전화, 문자, 인터넷, 음악, 영상 등
장점	• 아이의 흥미와 적성에 따라 폭넓게 활용 가능 • 온라인 수업 참여 가능
단점	• 스마트폰 중독에 대한 부담과 걱정이 큼 • 게임이나 친구들과의 연락 등에 빠질 수도 있음 • 비용(기계값 및 요금제 등)이 저렴하지 않음

크게 3종류, 즉 키즈폰, 폴더폰, 스마트폰에 대해 간단히 살펴보았습니다. 주위에 실제 휴대폰을 사용하는 저학년 학부모들과 자녀 휴대폰 구입에 대해 고민하는 분들에게 장단점을 물어보고 종합한 의견이니 비슷한 고민을 하는 가정에 조금이나마 도움이 되었으면 합니다.

추가로 공신폰이라는 것도 있습니다. 스마트폰과 비슷하지만 와이파이와 데이터가 전면 차단된 휴대폰이라고 생각하면 됩니다. 인터넷 이용을 제외하고는 스케줄 달력, 전화, 문자, 카메라, 음악 등 모든 기능은 스마트폰과 동일하게 사용 가능합니다. 아이가 스마트폰은 사용하고 싶어하나, 다른 기능 때문에 학업에 집중하지 못할까 걱정인 가정에서는 이런 종류도 대안이 될 수 있습니다.

추가적으로 자녀들에게 휴대폰을 사 주시면서 동시에 몇 가지 유의사항을 지도해 주세요.

첫째, 가장 중요한 것은 '안전'입니다. 가정에서도 자녀들과 연락하기 위한 용도로 휴대폰을 고민하는 경우가 많습니다. 실제 학교 현장에서 수업을 끝내고 학생들이 복도와 정문을 나가자마자 하는 처음 행동이 휴대폰을 꺼내는 일입니다. 휴대폰을 보면서 이동하게 될 경우 계단이 있으면 위험하고, 하교하는 친구들과 부딪힐 수도 있습니다. 학교 밖이라면 사고의 위험도 있습니다.

그러므로 학교 수업이 끝나고 부모님께 연락할 일이 있거나 휴대폰을 사용할 일이 있으면 휴대폰을 사용할 안전한 지역을 찾거나 학교 벤치에 앉아서 차분히 마무리하고 이동하도록 알려 주세요.

둘째, 잃어버리지 않도록 보안에도 신경 써야 합니다. 휴대폰에는 이름을 잘 적지 않기 때문에 분실의 위험도 큽니다. 또한 등교하면 가방에 넣어 두는 학생들도 많습니다. 휴대폰이 분실되면 학생 본인도 속상할 테지만 갑자기 연락이 두절되기 때문에 부모님도 불안할 수밖에 없습니다. 아이들에게 물건을 잘 확인하고 관리할 수 있도록 지도해 주세요.

안쌤의 꿀팁

저학년에서 학년이 올라갈수록 학생에 따라 폰이 필요한 목적이 달라집니다. 저학년 때는 부모-자녀 간 연락과 위치 확인 등 안전이 우선입니다. 중학년, 고학년이 될수록 누군가에게는 학습적인 활용을 위해 필요하기도 하고, 또 누군가에게는 게임이나 SNS 등으로 필요할 수도 있습니다. 무엇보다 자녀와 함께 현재 아이에게 폰이 필요한 목적을 세우고 나서, 그에 따라 아이도 만족하고 부모님도 안심할 수 있는 폰의 종류를 찾는 것이 가장 현명한 방법이라고 생각합니다.

질문 TOP 89 아이가 휴대폰이나 컴퓨터를 사 달라고 조를 경우 어떻게 해야 할까요?

저자 직강 동영상 강의로 이해 쑥쑥

QR코드를 스캔해서 동영상 강의를 보고
이 칼럼을 읽으면 훨씬 이해가 잘됩니다!

아이들이 자꾸 무언가 사 달라고 조르거나 요구할 때 어떻게 대처하나요? 아이가 어릴 때는 가격 자체가 큰 부담이 되지 않았는데 학년이 올라갈수록 고가의 물품을 바라는 경우가 많아집니다. 특히 휴대폰이나 컴퓨터 등은 비용뿐 아니라 건강을 해치지는 않을까? 학습에 방해되지 않을까? 하는 걱정도 됩니다.

실제로 저학년에서 고학년이 될수록 학부모 상담 시 휴대폰(태블릿)이나 컴퓨터 구매와 사용 시간 등에 대한 문의가 많이 늘어나고 있습니다. 그만큼 가정에서 이와 관련해 잔소리나 다툼, 갈등이 발생합니다. 그러나 아무리 혼내도, 같은 상황은 반복되잖아요? 이런 일을 막기 위해서는 사 주기 전에 몇 가지 약속이 우선되어야 한다고 봅니다.

그 전에 한 가지 유의할 사항이 있어요. 종종 교실에서 단원 평가나 시험을 보면 아이들이 하는 말이 있습니다. "이것 100점 맞으면 집에서 휴대폰을 사 주기로 했어요." "이번에 다 맞으면 학원에서 문화 상품권 준대요." 등의 보상 체제입니다. 물론 어떤 이유로 이런 조건을 내거는지는 충분히 공감하고 이해합니다. 시험을 잘 봤으면 하는 마음, 조금이라도 더 공부했으면 하는 마음이고, 학생들도 목표(휴대폰)를 위해서 공부하니까 얼핏 보기에는 서로 좋은(윈윈) 현상 같습니다. 그러면 이후 휴대폰/컴퓨터에 대한 사용 등에서 규칙을 정하거나 약속을 정하기 힘들어질 수 있습니다.

학생들은 '이미 부모님과 약속을 지킨 보상으로 받은 휴대폰인데 왜 또?'라는 마음이 들 수 있습니다. 이런 상황이 오기 때문에 사 주고 나서 이야기하지 말고, 즉 이미 아이 손에 물건이 들어가고 나서 약속을 정하는 것보다 사 주기 전 규칙을 정하는 등의 약속이 훨씬 좋은 이유입니다.

먼저 물건(여기서는 휴대폰/컴퓨터로 가정)을 사 주기 전에 아이가 사 달라고 조를 때 다음과 같이 물어보세요. "휴대폰를 사고 싶은 이유가 뭐야?" "컴퓨터가 필요한 이유가 있니?"

위와 같은 질문은 대부분 할 겁니다. 이런 질문 없이 사 달라는 말에 "네가 ○○하면"과 같은 조건부 대답이나 "안 돼. 네가 이게 왜 필요해!" 등 즉답을 피하라는 말입니다. 더 구체적인 질문들을 하며 자연스러운 대화를 주고받는 과정 안에 이후 약속 사항 등을 다 포함시킬 수 있는 방법이 있기 때문입니다. 물론 아이 말을 듣고 나서 사 주고, 안 사 주고는 학부모 판단에 달려 있습니다.

사 주는 것을 전제로 이어가겠습니다. 아이 대답은 크게 2가지로 나눌 수 있습니다. '부모님 기대와 다른 대답'과 '부모님 기대에 부응하는 대답'입니다. 모두 상관없습니다. 2가지 상황 모두 대화로 약속을 정할 수 있습니다. 끝부분에 대화 예시를 보여 드리겠습니다. 그럼 이 약속 안에 반드시 포함되어야 하는 사항을 하나씩 보겠습니다.

1. 휴대폰/컴퓨터 사용 관련하여
자녀와 부모 모두가 만족할 만한 '규칙'

터무니없는 요구나 강압적 규칙은 약속이라고 보기 어렵습니다. 이는 결국 지켜지지 않게 될 가능성이 높습니다. '아이가 원하는 상황'과 '부모님이 원하는 상황'을 서로 이야기하고 나서 대화로 찾아가야 합니다. 학생들은 자기 의견이 포함된 약속은 지키려고 노력할 수밖에 없습니다.

예시

아이: 하루 2시간 사용 희망 / 부모: 하루 1시간 이내 사용

대화를 통한 약속 → 해야 할 것들 다 끝내 놓고 1시간 30분 이내 사용 등

2. 약속된 '규칙'을 지키지 않았을 경우 어떻게 할지에 대한 '규칙'

단순하게 사용 시간에 대한 규칙만 정해 준다면 결국 흐지부지 끝나게 될 확률이 높습니다. 이는 결국 부모의 답답함 또는 잔소리로 이어지고 아이는 스트레스를 받습니다. 그렇기에 규칙을 지키지 않았을 때 규칙(제재)을 정하고, 그런 상황이 올 경우 규칙만 언급하면 됩니다. 마찬가지로 서로 납득할 만한 규칙이어야 합니다. 아이들은 구매하기 전이기 때문에 스스로 지킬 수 있을 거라고 판단하여 사실 크게 불만을 가지지 않습니다.

예시

- 규칙을 1회 어기면 다음 날 사용 제한 / 3회 이상이면 부모님 보관
- 규칙을 지키며 사용하는데 잔소리하면 30분(또는 1시간) 추가 등

앞의 2가지 규칙을 세우기 위한 부모와 자녀 간의 대화 예시를 준비해 보았습니다. 전반적인 대화의 흐름이 이렇게 진행된다 정도로 참고하시면 되겠습니다.

대화 예시

A (자녀): 엄마, 저 휴대폰 좀 사 주세요.

B (부모): 휴대폰이 갖고 싶나 보네. 휴대폰이 필요한 이유가 뭐야?

A 애들은 다 가지고 있는데 저만 없어요. 사 주세요.

B 애들이 다 가지고 있는 것 때문에 휴대폰이 필요한 거야? 다른 이유는 없어?

A 반 친구들끼리 서로 연락도 주고받는데 나만 없으니까 소외감도 들고….

B 그런 일이 있다면 큰 고민이었겠다. 무슨 말인지 알겠어.

A 앗, 그럼 사 주시는 거예요?

B 휴대폰이 없어서 친구들과 연락도 못 하면 안 되지. 그런데 엄마가 무엇을 걱정할 거라고 생각해?

A 어… 하루 종일 휴대폰만 보거나 게임만 할까 봐요?

B 그런 부분도 있고, 또 화면 오래 보면 눈이 나빠질까 봐 걱정도 돼.

A 저 그렇게 안 할 자신 있어요. 눈 나빠지지 않도록 2시간 이상 안 할게요. 그리고 해야 할 일을 먼저 할 테니 믿고 사 주세요. 제발요.

B 방학 중이면 몰라도 평상시 하루 2시간은 너무 많이 사용하는 것 같은데….

A 그럼 1시간 30분(또는 1시간)으로 할게요. 약속이요.

B 그런데 1시간 30분 약속을 정했는데, 이를 어길 수도 있잖아. 그때는 너한테 잔소리를 할 수밖에 없어. 그러면 너는 짜증낼 텐데.

A 규칙을 안 지키면 제 잘못이니 당연히 혼나야죠. 그런데 그럴 일은 없을 거예요.

B 믿지! 엄마도 너한테 잔소리하기 싫고, 서로 얼굴 붉히면 안 좋으니까 약속 안 지킬 경우 어떻게 할지 정해 볼까?

A 에이~ 사 주시기만 하면 무조건 지키죠. 그럼 약속 어기면 사용 제한하든, 압수하든 하세요.

B 그래. 그럼 사용 규칙을 1번 안 지킬 경우는 다음날 사용 제한으로, 3번 이상 안 지킬 경우 엄마가 보관하는 걸로 약속한 거다. 괜찮아?

A 알겠어요. 대신 제가 하고 있는 시간 동안은 혼내거나 잔소리 하기 없기예요!

B 그래. 만약 해야 할 일 다 하고 놀고 있는데 엄마가 잔소리하면 30분 추가하는 걸로 약속할게. 괜찮지?

A 너무 좋아요!

안쌤의 꿀팁

대화로 사용 규칙을 정했다면 그 약속은 꼭 지켜야 합니다. 특히 부모님이 2번 규칙은 단호하게 해야 합니다. 그렇지 않으면 1번 상황에서 아이들이 조금씩 느슨해지고 부모님 눈치를 살피게 됩니다. 예를 들어 5분 정도 더 했는데 그냥 넘어간다면 다음에는 10분으로 늘어날 수도 있습니다. 또한 시간을 지키지 않는 아이에게 "또 시간을 안 지키고" 등의 잔소리보다는 '약속'을 언급하면서 규칙 2를 시행하면 됩니다. 아이는 잔소리도 듣고, 벌칙까지 받으면 두 번 혼나는 셈이니까요.

질문 TOP 90 온라인 수업은 어떤 방식이 있고 어떻게 진행되나요?

저자 직강 동영상 강의로 이해 쑥쑥

QR코드를 스캔해서 동영상 강의를 보고
이 칼럼을 읽으면 훨씬 이해가 잘됩니다!

온라인 수업은 학교에 오지 않고 각 가정에서 온라인을 이용해 하는 수업입니다. 앞에서 온라인 수업을 위한 환경 구성과 장비 등을 참고했다면, 이어서 우리 아이들이 받게 될 온라인 수업, 원격 수업에 대해 자세히 안내하겠습니다. 기본적으로 정보 통신망을 기반으로 원격 학습 또는 원격 수업이 진행되는 온라인상 교실을 온라인 교실이라고 표현합니다.

우선 학생들이 직접 받게 될 원격 교육의 형태는 크게 4가지로 나눌 수 있습니다. 이 중 어떤 원격 수업을 받게 될지는 단위 학교별·학년별로 선생님들이 회의를 거치고 서비스 구축 환경, 정보 소외 계층, 현실 실현 가능성 등 학교 사정을 파악하여 가장 적합한 형태로 합니다.

첫째, 온라인 학급방 운영 및 화상 대면 소통 방식이에요. 학생과 담임 선생님, 교과 선생님들의 소통을 위한 온라인 학급방을 개설하고 운영하는 것입니다. 추가로 화상 대면 소통까지 하는 공간이기도 합니다. 온라인 학급방은 에듀넷, e학습터, EBS온라인클래스 등 온라인에서 별도 학급방을 구축하는 것을 말합니다.

이 학급방의 장점은 교사가 수업 디자인이 가능합니다. 학생들이 들어야 하는 수업 영상을 선택하고 출석했는지, 수업을 들었는지 등 진도 파악 및 학습 이력 관리의 장점이 있습니다.

그러나 교사와 학생의 실시간 상호 작용이 부족한 부분과 가정에서 혼자 학습하는 학생이나 저학년 학생들의 경우 지속력이나 어려운 한계점도 있습니다. 직접 로그인부터 영상 하나하나 클릭해야 하기 때문입니다. 추가로 교육 사이트는 아니지만 온라인 학급방에는 네이버 밴드나 클래스팅을 이용하는 학급도 있습니다. 실시간 상호 작용까진 어렵지만, 알람 등으로 빠른 소통이 가능하고 동영상, 파일, 링크 등 다양한 자료도 올릴 수 있습니다. 게다가 화상 대면도 가능한 체계입니다.

둘째, 실시간 쌍방향 수업 방식이에요. 실시간 원격 교육 플랫폼을 활용하여 교사와 학생 간 화상 교육을 실시하며 실시간 소통과 토론 등 즉각적인 피드백이 가능한 온라인 수업 방식입니다. 이 쌍방향 방식의 큰 장점은 교사와 학생의 상호 작용이 용이하다는 것입니다. 하나의 공간에서 함께 소통이 가능하기에 온라인 학급방의 상호 작용을 보완할 수 있습니다.

또한 개별 교사가 직접 영상을 제작, 송출할 수 있기 때문에 학급별 진도에 맞춰 나갈 수 있습니다. 다만, 교사 컴퓨터뿐 아니라 학생들 가정에서도 영상 시스템이 설치되어야 하고, 원활한 접속 문제나 보안 문제 등이 걱정되는 부분입니다.

추가로 웹카메라와 스피커가 장착된 피시나 노트북 등 인프라 장비가 필수적으로 구축되어야 가능한 시스템입니다. 학교·가정 모두 위의 여건이 충족되는 학교는 쌍방향 방식을 진행합니다. 실시간 쌍방향은 원격 지원이 가능한 곳은 많습니다. 구글 행아웃, 시스코, MS 팀즈, 유튜브 스트리

밍, Zoom, 카카오 라이브톡 등이 대표적입니다.

셋째, 단방향 콘텐츠 활용 수업 방식이에요. 단방향은 크게 강의형과 토론형으로 나뉩니다. 강의형은 지정된 녹화 강의나 단방향 콘텐츠를 시청하고 교사는 학생들이 실제로 수업 내용을 잘 이해했는지 학습 내용을 확인하고 피드백을 주는 방식입니다. 토론형은 단방향 콘텐츠를 시청하고 댓글이나 별도 채팅장을 이용해 원격 토론을 하는 방법입니다. 대표적으로는 EBS에서 진행하는 EBS라이브 특강을 보여 주고, 교사들의 자체 제작 자료 등이 추가되는 것입니다.

이 방식은 라이브 중계에 친숙한 학생들과 학습 결손 학생들에게 최적화된 반면, 학습 관리 시스템이 체계적이지 않습니다. 즉, 단방향이기 때문에 즉각적인 피드백도 없고, 온라인처럼 다른 시간대에 소통도 불가능합니다. 또한 다자녀의 경우 라이브 방송을 동시에 보는 데 제한이 있을 수 있습니다. 라이브가 아닌 저장된 콘텐츠 영상 강의는 하루 일과 중 언제라도 들을 수 있습니다.

넷째, 과제 제시형 수업 방식이에요. 대부분 학교에서 위의 3가지 방식을 중 한두 가지를 사용할 테고, 과제 제시 방식은 다른 방법과 함께 활용합니다. 교사가 온라인으로 교과별 성취 기준에 따라 학생의 자기 주도적 학습 내용을 확인 가능한 과제를 제시하고, 이후 피드백을 주는 형태를 말합니다. 대표적인 예로는 책을 읽고 독서 감상문 적기, 학습 자료를 제시하고 학습지나 결과를 제출하면 교사가 이를 확인하고 피드백해 주는 것들입니다.

둘째, 셋째 수업 방식은 가만히 강의를 봐야 하니 학생들이 수동적인 수업 참여였다면, 과제 제시형은 학생의 참여도를 높일 수 있습니다. 반면, 자기 수준과 맞지 않거나 어려울 경우 스스로 하기가 제한되며, 무엇보다 집에서 프린트할 수 없다면 학습지 자체를 이용할 수 없는 제한이 있습니다. 이런 부분을 극복하기 위해 각 학교에서는 일주일 치 또는 2주일 치 학습지를 제작하여 가정에 보낼 수 있도록 진행합니다.

다양한 온라인 수업 방식을 소개했지만, 대부분 학교들은 시간이 지날수록 실시간 쌍방향 수업 위주로 진행했습니다. 앞으로 가끔 온라인 수업을 하는 상황이 온다면, 아마 4가지 중 한 가지 방식만 적용하기보다는 1+2, 1+3, 1+3+4 등의 다양한 방식을 병행한 수업이 예상됩니다. 또한 학년마다 학생들의 성향이 다르기 때문에 저학년은 저학년에 맞는 온라인 수업 방향, 고학년은 고학년에 맞도록 학년 선생님들이 판단하고 진행할 거라고 생각합니다. 마찬가지로 학교나 가정 환경에 따라서 일부 서비스가 제한될 수 있다는 점도 이해하면 좋겠습니다.

안쌤의 꿀팁

온라인 수업은 등교가 제한되는 상황에서 학교 수업을 위한 대비책입니다. 등교를 못 하는 상황이 발생하지 않는 것이 가장 좋지만, 천재지변으로 온라인 수업을 받게 될 수도 있어요. 우리 아이들을 위해 미리 다양한 수업 방식을 참고한다면, 혹시 온라인 수업을 받게 되는 날이 오더라도 당황하지 않을 거라고 봅니다. 그리고 담임 선생님이 알림장이나 가정통신문 등에서 해당 학급에서 운영하는 온라인 수업 준비와 방법에 대해 정말 자세히 안내할 테니 걱정하지 않아도 됩니다.